박정희의
기업가적 국가경영과
위기관리 리더십

초판 1쇄 발행 | 2014년 7월 30일
지은이 | 전대열
펴낸이 | 최대석
펴낸곳 | 행복우물

편   집 | 디자인여우야(umbobb@daum.net)

등록번호 | 제307-2007-14호
등록일 | 2006년 10월 27일

주   소 | 경기도 가평군 경반안로 115
전   화 | 031)581-0491
팩   스 | 031)581-0492
이메일 | danielcds@naver.com

ISBN 978-89-93525-21-2
정가 14,000원

박정희의
기업가적 국가경영과
위기관리 리더십

전대열 지음

앨빈 토플러, 피터 드러커, 브루스 커밍스 같은
세계적인 석학들은 왜 박정희를 찬양하는가?
덩샤오핑, 헨리 키신저, 푸틴 대통령조차도
왜 박정희로부터 배워야 한다고 말하는가?
이 책은 그 질문에 대한 대답이자 국가경영의 기본서이다.

행복우물

왜 우리에게는 워싱턴이나 처칠 또는 간디처럼 '이분이 우리의 선조요.' 하고 자랑스럽게 내세울만한 위대한 인물이 없을까? 우상으로 섬길 사람이 없어서인가? 아니면 위대한 사람조차도 비판자들에 의하여 묻혀 버린 때문일까?

유럽이나 미국 같은 나라들을 여행하다보면 곳곳에서 작은 흉상이나 동상을 많이 볼 수 있다. 그러나 우리나라에서는 그런 것들을 거의 볼 수 없다. 이런 현상을 단순히 그들 서양 사람들은 동상 세우는 것을 유난히 좋아해서 그렇다는 식의 문화적 차이로 옹졸하게 변명하려 해서는 안 된다.

이런 현상을 보면서 나는 우리나라에서는 훌륭한 인물이라도 정파 간 파쟁의 희생물로 추락시키는 나쁜 문화가 있다는 생각을 하곤 한다. 우리나라 지식인들 중에는 긍정의 역사보다 부정의 역사를 기록하는데 더 많은 공을 들이고 있는 사람들이 많은 것을 보면 이런 추측에 상당한 타당성이 있어 보인다.

우리에게는 (최근에 퇴임한 이명박 대통령을 제외하고) 모두 아홉 분의 대통령이 계셨다. 그러나 그분들 중 위대한 대통령은 한 사람도 없었다는 게 그 잘난 역사가들의 평가이다. 그들에게 비쳐진 과거 대통령들은 그저 모두 흠 있는 문제투성이의 대통령들뿐이었다.

이승만 대통령은 독재자로, 윤보선 대통령은 무능한 사람으로, 박정희 대통령은 쿠데타의 주범으로, 최규하 대통령은 그저 있었는지도 없었는지도 모르는 대통령으로, 전두환 대통령은 철권 독재로, 노태우 대통령은 물태우로, 김영삼 대통령은 IMF의 원흉으로, 김대중 대통령은 북한에 퍼주기로, 노무현 대통령은 몰상식한 대통령으로 매도되어 온 것이 엄연한 현실이 아니었던가. 그러나 우리가 조금만 달리 생각해 보면 그분들 모두가 훌륭한 지도자들이었다는 점을 수긍할 수 있으리라.

이승만 대통령은 자유민주주의 국가를 건국하였고 독도를 실효적으로 지배하는데 결정적 역할을 한 '평화선'을 설정하였다. 또 미국과의 한·미상호방위조약체결 등, 오늘의 대한민국을 존재하게 한 공로만으로도 존경받기에 충분한 분이다.

윤보선 대통령은 헌법적 권한이 많지 않아 실질적으로 할 수 있는 일이 별로 없었음에도 불구하고, 5.16 군사혁명이 일어났을 때 자칫 내전으로 치달을 수 있는 혁명군과 정부군과의 교전을 사전에 막아 5.16혁명의 성공을 가져왔고, 결과적으로 한국의 근대화를 이룩하게 하는데 기여하였다.

박정희 대통령은 대부분의 국민들이 알고 있듯이 세계 최빈국의 나라를 세계일류 국가로 만드는 기반을 만들어 5천 년간 내려오던 가난을 없앤 대통령이다. 전 세계의 어떤 지도자가 채 20년도 안 되는 짧은 시기에 국가의 가난을 몰아낸 지도자

가 있었단 말인가.

전두환 대통령은 철권 통치만 한 대통령이 아니었다. 그는 마약과 같은 권력을 단임으로 끝냈으며 제2차 오일쇼크 이후 어려웠던 경제를 성장시키고 물가를 가장 안정시킨 분이었다. 37년간 지속되어온 야간통행금지 해제, 연좌제를 폐지하여 6.25 때부터 내려오던 폐단을 청산하였고, 일본 히로히토 왕으로부터 사과를 받아내는 등, 많은 일들이 모두 그분의 재임 중에 이루어졌다.

노태우 대통령은 정말 물태우였던가? 만약 그분이 철권정치를 계속했다면 압축 성장과정에서 소외되었던 계층들이 수면 위로 올라와 오늘과 같은 노동운동이며 사회운동이 정착할 수 없었을 것이다. 그분이 묵묵히 민주화의 열망을 들어주고 인내해 주지 않았다면 우리의 민주화는 더 늦어졌을 것이다. 그뿐만이 아니다. 러시아, 중국 등 공산권 45개국과의 수교를 앞당긴 '북방외교'도 그분의 공로이다.

김영삼 대통령은 IMF 금융위기를 불러온 원흉으로 매도되고 있지만 당시의 금융위기는 상당부분이 과거 30년간의 성장과정에서 누적되어온 결과이다. 그분은 공직자재산등록제도의 제도화, 금융실명제를 실시함으로써 정치의 투명화와 우리 사회의 윤리적 수준을 한 단계 높이는 데 기여하였다. 그리고 군대의 '하나회' 척결로 군이 다시는 정치에 기웃거리지 못하도록 제도화한 점도 김영삼 대통령의 높은 업적으로 평가해야

한다.

김대중 대통령은 IMF 금융위기로 실의에 빠져있던 국민들을 결속해서 금융위기를 조기에 빠져나오게 하였으며 남북문제를 평화적 방법으로 접근하였다. 그 복잡다단한 이해관계를 조정하고 마침내 의약분업을 이루어낸 것도 그분의 업적이다. 김대중 대통령은 대통령에 당선됨으로 해서 호남사람들의 한을 풀어 주었으며 결과적으로 고질적인 동서갈등을 완화시켰다. 그분의 공로로 인하여 대한민국은 단합된 나라로 한걸음 더 나아갔다고 할 수 있다.

노무현 대통령은 한국의 공공 서비스의 질을 세계 최고로 끌어올렸고 제왕적 대통령이 갖는 권위주의를 탈피하는데도 큰 기여를 하였다. 그리고 국가균형발전을 효율성 측면보다는 전 국민의 평등권 차원에서 발전시켰다는 점은 높이 살만하다.

이렇게 훌륭한 역대 지도자들 중 본인이 특별히 박정희 대통령의 위대함을 책으로 엮은 가장 큰 이유는 우리에게도 훌륭한 대통령이 있었다는 사실을 널리 알려야 하겠다는 사명감 때문이다. 지금까지의 비판자적 입장에서만 바라보는 시각을 고쳐 우리 젊은이들의 역할모델로 삼을 수 있도록 긍정적인 시각에서 평가해 보자는 것이다. 그분이야말로 충분히 그러한 대우를 받을만한 자격이 있다고 나는 추호의 의심도 없이 확신한다.

나 역시도 박정희 대통령 통치시대를 함께 살아오면서 때로는 비판적 입장에서 그분을 바라보기도 하였다. 1972년 유신을 시작할 때는 월남전에 참전 중이었고 월남 전선에서 치러진 국민투표에 반대표를 찍기도 하였다. 그러나 지금 되돌아 보면 그 분이 아니었다면 오늘날 이렇게 눈부시게 발전한 대한민국이라는 나라는 없었을 것이다. 전 세계 220여개 국가 중 5%의 선진국 안에 자리매김하게 한 것은 오로지 그 분이 그 당시 전 국민에게 허리띠를 졸라매고 한 방향으로 나아가게 한 리더십이 있었기에 가능하였다. 박정희 대통령은 우리들이 세계인들에게 떳떳하게 자랑해도 좋을 만큼 청렴결백하였다. 그분이 서거한지 35년이 되었지만 돈에 관하여 일체의 뒷말이 없음은 바로 그 산 증거가 아니겠는가.

나폴레옹은 쿠데타란 말을 만든 장본이기도 하지만 프랑스 인들은 그를 비난하기보다 위대한 프랑스인으로 섬기지 않는 가. 지금도 파리 샹드리제 거리에 개선문을 세워 그를 기리고 있는 프랑스 국민들을 보면서 나는 그들이 부럽기도 하였다.

얼마 전 남아프리카공화국의 넬슨 만델라 대통령이 서거하자 전 세계적인 추모열풍이 휩쓸고 지나갔다. 우리나라도 예외는 아니었다. 그러나 차분하게 생각해 보자. 만델라가 정말 그렇게도 훌륭한 사람이었던가? 그는 인종차별정책에 반대하여 흑백평등을 이룩하고 민주적인 선거를 통하여 대통령이 되었다. 27년 간 옥살이를 하고 풀려난 후 자신을 그렇게까지 학대했던 사람들을 용서하고 보복하지 않았다. 그리고 그 공로

박정희의 기업가적 국가경영과
위기관리 리더십

로 노벨평화상을 받았다. 그렇지만 그는 남아공을 부유한 나라로 만들지는 못하였다. 자기를 학대했던 사람들을 용서하는 일은 본인만 인내하면 얼마든지 가능하다.

　미국에서 가장 위대한 대통령의 한 사람으로 추앙받고 있는 링컨 대통령도 남북전쟁 발발 전 300여개의 신문사를 문 닫게 만들었고, 남부에 우호적인 인사 수천 명을 재판 없이 연금하는 등, 극단적인 처방을 하기도 하였다. 또한 변호사 시절 수많은 노예를 고용하고 있던 농장주를 위하여 변호를 하기도 하였다. 그러나 미국인들은 당시 시대성을 감안하여 링컨의 과오는 땅에 묻은 채 노예해방과 미국의 분열을 막은 위대한 대통령으로 그를 추앙하고 있다.

　우리도 어린이들에게 영웅이 될 수 있는 위대한 대통령을 갖자. 아니 우리에게는 이미 열 한분의 위대한 대통령들이 있었다. 단지 지금까지 네거티브 적 사고에 익숙하여 올바른 평가를 하지 않았을 뿐이다. 그분들 중 특히 박정희 대통령은 우리 어린이들의 역할 모델이 될 수 있는 위대한 대통령의 자격을 충분히 갖고 있다. 이것은 나의 소망이기도 하지만 우리 후손들이 당연히 가져야 할 자세이자 덕목이기도 하다.

앞에서 밝힌 이유가 이 책을 내는 표면적인 명분이라면, 보다 실제적인 이유는 박정희 대통령을 제대로 설명한 '실제적인' 책을 만들고 싶어서이다. 시중 서점이나 대학도서관에 가보면 박정희 대통령에 대한 책이 수백 권 있다. 또 그보다 더 많은 숫자의 연구논문도 있다. 그중에서도 금과옥조 같은 저서들이 있으니 그 대표적인 책들이 조갑제님의 《박정희 - 전13권》와 《내 무덤에 침을 뱉어라 - 전8권》, 김정렴님의 《최빈국에서 선진국 문턱까지》와 《한국경제정책 30년사》, 김형아님의 《박정희의 양날의 선택》, 조이제님과 카터 에거트님의 《한국근대화 - 기적의 과정》, 김석야님의 《실록 박정희와 김종필》, 오원철님의 《박정희는 어떻게 경제강국 만들었나》와 〈한국경제건설 - 전5권》, 그리고 김교식님의 《다큐멘터리 박정희 - 전3권》들이 바로 그런 저서들이다.

나는 지난 10여년 이상을 박정희 연구에 푹 빠져 지내면서 수많은 자료를 대할 때마다 항상 무언가 1% 부족하다는 느낌을 받곤 하였다. 박정희라는 사람을 이해하려면 1945년 해방 이전부터의 설명이 필요한데 문제는 바로 그렇게 일목요연하게 박정희라는 사람을 중심으로 서술한 저서가 없다는 점이었다. 단 하나 가장 완벽한 책이라고 한다면 조갑제님의 《박정희 - 전13권》을 들 수 있을 것이다. 그 책은 기록을 발굴하고 수집하고 수많은 사람들을 인터뷰하여 완성한, 정말 너무나도 훌륭한 저서이다. 그 책을 쓸 당시에 저자는 아주 냉철하게 중도의 입장에서 박정희를 그려보려고 노력하였다는 사실이 책의 곳곳에서 묻어난다. 그럼에도 불구하고 모두 13권과 되는 방대한 분량이기에 일반인들이 접근하기는 사실상 쉽지 않다는 게 그 책의 문제점이다. 보통의 독서량이라면 거의 한 달을 읽어야 할 분량이다. 다른 책들은, 물론 박정희 대통령을 폄훼하는 만화류 같은 것들은 일고의 가치도 없지만, 저자의 성향이나 집필동기에 따라 경제 분야에만 편중된 것도 있고, 군사나 과학 분야에만 비중을 두어 설명한 책도 있다. 또 어떤 책은 5.16혁명(또는 쿠데타) 과정만을 자세하게 설명해 놓아 책의 균형감을 상실한 책도 있다.

박정희 세대를 겪어보지 않은 요즘 학생들은 거의가 중도좌 내지 좌 편향된 역사교과서에 의하여 교육을 받아서 더욱 더 '박정희 = 독재자'라고 이해하고 있는 게 현실이다. 나는 공무원으로 평생을 중소기업정책 분야에서만 일해 온 사람이다. 현직에서 30년 이상을 일하면서, 그리고 세월이 지나가면 지나갈수록 더욱 더 박정희 대통령이야말로 우리 후세들이 두고두고 본받아야 할 지도자라는 생각을 갖게 되었다. 그분의 강직함, 검소함, 청렴함과 아울러 강한 추진력 같은 게 바로 우리들이 본받아야 할 덕목들이다. 그래서 감히 졸필이지만 400쪽 분량의 책 단 한권 속에 박정희 시대를 '업적위주'로 정리해보자는 생각을 하게 되었다. 그로부터 지난 몇 년 간을 자료 속에 파묻혀 지내면서 마침내 원고를 완성하였다.

나는 이 책 속에 그분의 사상과 행동을 편향됨이 없이 냉정하게 설명하여 보려고 노력하였다. 어떻게 그분이 '잘 사는 나라'를 만드는 것만이 자신의 평생의 소원이 되었는지 그 성장과정도 밝혀 보았다. 책을 끝까지 읽어가다 보면 그분의 못다 이룬 꿈이 무엇인지 독자들은 자연스레 알게 될 것이다. 한 가지 양해를 구해야 할 점은 5.16혁명의 모의과정이나 진행과정은 이미 수많은 책이나 영화 또는 연속극으로 나와서 독자들이 다 알고 있는 사실이라 그 부분은 생략하였다는 점이다.

나는 이 책을 통하여 어떤 경제적인 이득을 구하지 않는다. 지난 몇 년간 결코 적지 않은 시간이 투입된 이 책이 특히 젊은 층에게 많이 읽혀져서 박정희 대통령이 올바로 평가를 받았으면 좋겠다. 그것만이 나의 바람이다. 그런 취지로 책의 가격도 아주 최소한의 금액으로 정하였다.

끝으로 책을 쓰는 과정에 참고한 내용들을 가능하면 모두 밝히려고 하였으나 많은 자료들을 참고하다보니 일일이 나열할 수 없었음을 송구스럽게 생각한다. 또, 본문에 나오는 인용문들은 전체의 흐름에 맞추어 쓰다 보니 본의 아니게 내용의 일부가 훼손되었을 수도 있음을 미리 밝혀둔다. 이점 선배 제현들의 너그러운 이해가 있으시리라 믿는다.

또한 긴 시간을 묵묵히 기다려주고 항상 도움의 손길을 준 아내 김희진에게도 감사드린다. 끝으로 본인의 졸고를 아름다운 책으로 만들어주신 행복우물 출판사의 최대석 대표께 깊은 감사의 마음을 전한다.

2014년 6월 저자 전대열

목차

목차

- 제1장 -

자유당 정부 : 체제선택에 올인

❀ 한 민족(one nation) 두 국가(two states)로 해방되었다

한반도, 그 옛날부터 아시아의 극동 쪽에 작은 반도의 형태로 어중간하게 붙어 있는 땅, 위도 상으로는 북위 33°~43°, 경도 상으로는 동경 124°~132° 사이의 땅. 우리는 그곳에서 한민족(韓民族)으로 국가를 형성하면서 살아왔다. 국가가 융성할 때는 위도 상으로 훨씬 위인 만주까지도 우리의 영토 내에 있었다. 한민족이 한반도에서 세운 마지막 국가인 조선은 500여 년간 정체성을 가지고 존속하여 왔다. 1910년 일본으로 병합되면서 조선이라는 국가는 지도상에서 사라지고 일본의 식민지로 전락하였다. 그러던 우리가 일본 식민지 생활 36년 만에 일본 스스로가 선택한 제2차 세계대전의 패전에 따른 어부지리로 하나의 민족이면서 두개의 국가로 불행한 해방을 맞게 되었다. 다시 말해, 우리 스스로의 의지와 노력에 의한 해방이 아니라 일본 제국주의가 제2차 세계대전에서 미국의 원자폭탄 세례에 무릎을 꿇음으로써 주어진 해방이었다.

이러한 해방은 우리 민족 모두가 원하는 형태는 아니었다.

삼팔선으로 상징되는 남북분단은 5천년 동안 중국의 주변국으로 살아온 우리민족에게 더욱 더 초라한 영세국으로 전락하는 비운의 역사적 사건이었다. 그러나 삼팔선은 세계사의 한편에서 바라보면 제2차 세계대전을 뒷정리하던 미국 전쟁성 작전국의 정책과장과 밑의 두 대령에 의해 30여분 만에 지도상에 그어진 국경 아닌 국경선이다.

삼팔선은 미국이 제2차 세계대전 막바지인 1945년 8월 6일 히로시마에, 그리고 8월 9일 나가사키에 원자폭탄을 투하하면서 배태되었다.

미국에 의한 원자폭탄 두 발로 일본은 1945년 8월 10일 포츠담선언을 수용한다는 의사를 미국 측에 전달하였다. 미국은 1945년 8월 10일부터 11일 사이의 급박한 정세에서 한반도에 주둔하고 있는 일본군의 항복을 받기 위해 분주히 움직였다. 그 날 오후 미국의 국무성, 전쟁성, 해군성 등 전쟁관련 3성으로 구성된 '3성 조정위원회'가 일본의 항복조건들을 담을 항복문서 초안 작성에 돌입하였다. 3성조정위원회는 항복문서 작성을 주무부서인 전쟁성 작전국 전략정책단에 긴급히 지시한다. 이 명령을 전달받은 전략정책단은 한반도와 극동지역에 관계된 초안 작성 임무를 전략정책단의 정책과장 조지 린컨 준장과 찰스 본스틸 대령 그리고 딘 러스크 대령에게 맡겼다.

린컨 준장과 젊은 두 대령에게 주어진 시간은 단 30분이었으며, 이들은 30분 만에 지도를 펴고 북위 38도선을 분할선으로 잡은 보고서를 작성하였다. 바로 이것이 한국이 북위 38도선으로 분할되는 역사적 사건이고 그 보고서는 '일반명령 제1호'로 확정되어 맥아더 사령관에게 전달된다. 미국은 1945년 8월 14일에 한국의 38도선 분할안을 소련 측에 전달하고 그 다음 날 소련은 미국의 제안을 수락하였다. 미국은 소련이 이 분할선을 선선히 응낙한 데 놀랐고, 소련은 자기들이 점령한 지역보다 위도 상으로 훨씬 남쪽으로 내려간 데 놀랐다고 한다.

이처럼 한 국가의 국경이 5천 년을 살아온 당사자인 우리민족과 아무 관계도 없는 제3자인 미국의 군인 세 사람에 의해 30여분 만에 지극히 사무적으로 그어지고 소련에 의해 수락됨으로써 확정되었다는 사실은 그야말로 역사의 아이러니다.

이렇게 시작된 한반도의 정치적 운명은 1945년 8월 8일, 일본에 선전포고를 하고 한반도의 북반부에 진주한 소련과, 1945년 9월 8일 일본군의 무장해제를 위해 남반부에 진주한 미국이 북위 38도선을 사이에 두고 대립하게 되는 상황을 맞게 된다.

제2차 세계대전 후 국가가 분할된 나라는 전쟁을 일으킨 당사국 독일, 전쟁 전에 독일에 합병당한 오스트리아, 전쟁 중 일본에 점령당한 베트남, 그리고 한국이 있었다. 그러나 이 나라들 중에 오스트리아는 1945년 5월 독일이 연합국에 항복한 후 자국 내 좌우익들이 협력하여 통일되었고, 베트남은 북베트남에 의하여 무력으로 통일되었다. 독일은 동독의 붕괴로 인하여 자동적으로 통일되었다. 오직 대한민국만은 아직 통일되지 않은 채로 분할된 상태가 지속되고 있는 것이다.

한반도에도 통일시도가 없었던 것은 아니다. 북한이 1950년 6월 25일 전쟁을 통하여 공산화 통일을 기도하였으나 수백만 명의 인명만을 살상하고 민족 간에 감정의 골만 깊게 파놓았을 뿐이다.

얄타회담

얄타회담은 제2차 세계대전이 막바지에 있을 때인 1944년 2월 4일부터 11일 사이에 연합국 지도자들이 나치 독일을 최종 패배시키고 그 후의 점령 방법을 논의하기 위해 우크라이나 남부 크림 반도의 최남단의 얄타에서 가진 회담을 말한다.

얄타회담에서 미국의 루스벨트 대통령, 영국의 처칠 수상, 소련의 스탈린 최고인민위원 등은 다음과 같은 중요한 내용에 합의하였다.

"패전 독일은 미국·영국·프랑스·소련 4국이 원칙적으로 분할 점령하며 그밖에 다른 패전국이나 광복을 맞는 민족에 대하여는 모든 민주 세력을 대표하는 인사들에 의해 임시정부를 구성한 후, 가능한 한 빠른 시일 내에 자유선거를 통해 책임있는 정부를 수립하도록 한다."

극동문제에 있어서는 비밀의정서를 채택하였는데, 그것은 소련이 독일 항복 후 2~3개월 이내에 대일전(對日戰)에 참전해야 하며, 그 대가로 연합국은 소련에게 러일전쟁에서 잃은 영토를 반환해준다는 것이었다. 또한 외몽골의 독립을 인정한다는 등에도 합의하였다.

얄타회담의 일부 조항은 태평양과 만주에서 일본을 패배시키는 데 소련의 지원이 절실히 필요하다는 가정에서 체결된 것이었다. 그러나 소련의 참전은 계속 지연되다가 미국이 일본에 두 번째 원자폭탄을 투하한 1945년 8월 8일 자정에야 겨우 참전하였고, 소련 참전 불과 일주일 만에 일본은 항복하였다.

포츠담 선언

포츠담선언은 1945년 7월 26일 독일 포츠담에서 미국, 영국, 중국의 3개 국 수뇌회담 결과로 발표된 공동선언이다.

이 선언은 모두 13개 항목으로 되어 있으며, 제1~5항에서는 전문(前文) 으로 일본의 무모한 군국주의자들이 세계인류와 일본국민에게 지은 죄 를 뉘우치고 이 선언을 즉각 수락할 것을 요구하였다. 제6항은 군국주 의의 배제, 제7항은 일본영토의 점령보장, 제8항은 카이로선언의 실행과 일본영토의 한정, 제9항은 일본군대의 무장해제, 제10항은 전쟁범죄자의 처벌, 민주주의의 부활, 언론·종교·사상의 자유 및 기본적 인권존중의 확립, 제11항은 군수산업의 금지와 평화산업유지의 허가, 제12항은 민주 주의 정부수립과 동시에 점령군의 철수, 제13항은 일본군대의 무조건항 복을 각각 규정하고 있다.

특히 제8항에서는 "카이로선언의 모든 조항은 이행되어야 하며, 일본의 주권은 혼슈[本州]·홋카이도[北海道]·규슈[九州]·시코쿠[四國]와 연합 국이 결정하는 작은 섬들에 국한될 것이다."라고 명시하여 카이로선언에 서 결정한 한국의 독립을 확인하였다. 그러나 일본은 이 선언을 거부하였 기 때문에 히로시마[廣島]와 나가사키[長崎]에 원자폭탄이 투하되었고 전 대미문의 막대한 인명손실을 입게 된다. 소련도 8월 8일 선전포고를 하고 대일전에 참전하자 8월 10일 일본은 마침내 이 선언을 수락하고 1945년 8 월 15일 천황의 무조건 항복으로 제2차 세계대전은 완전히 끝나게 되는 것이다.

박정희의 기업가적 국가경영과
위기관리 리더십

❀ 대한민국의 건국과정은 혼란 그 자체였다

일제 36년(1910~1945) 간의 식민지 시대가 끝나고 우리에게는 해방이라는 선물이 주어졌지만 해방정국을 수습할 체제는 구축되지 않았다. 일제 36년 동안 일본의 강압정치로 독립운동이 중국, 미국 등 한반도 밖의 외국에서 주로 이루어졌기 때문에 해방이 되었을 때 한국에는 지도부다운 지도부가 없었기 때문이다.

일본의 항복과 함께 일본군 무장해제를 위해 서울에 진주한 미군은 미군정청을 설치하고 38도선 이남의 여러 지역에 군대를 진주시키면서 실질적 통치자로서 행정력을 장악했다. 미군정청은 남한지역을 장악하면서 한국인에 의해 설립된 어떠한 정치조직도 인정하지 않음을 공식적으로 공표하였다. 그럼에도 불구하고 한국민주당이 1945년 9월 송진우, 김성수, 장덕수, 조병옥, 윤보선 등에 의해 결성되었다. 미국에서 독립운동을 하던 이승만이 1945년 10월에 귀국하자 한국민주당, 조선공산당 등 200여 좌우파 정치단체들이 협의체 성격의 독립촉성중앙협의회를 결성하고 이승만을 대표로 추대했다.

중국에서 활동하던 임시정부는 미 군정청으로부터 정부로 인정받지 못하고 1945년 11월과 12월 두 차례에 걸쳐 개인자격으로 남한으로 들어왔다. 그 이외에 미국에서 활동하던 흥사단과 중국에서 활동하던 조선독립동맹과 동북항일연군도 귀국했다. 조선독립동맹은 김두봉, 최창익, 김창만, 한빈, 무정, 박일우, 허정숙 등이 중심이 되어 중국의 화북지방에서 마오쩌둥이 이끄는 중국공산당과 같이 항일투쟁을 하던 단체였다.

조선독립동맹은 산하에 조선의용군을 창설하여 무정이 사령관으로 있었으며 당시 해외 독립세력 가운데서 실병력을 가장 많이 보유하고 있었다. 조선독립동맹은 해방 후 1946년 초에 북한으로 귀국해 연안파라는 이름으로 활동하게 된다.

동북항일연군은 김일성, 김책 등이 1930년대 후반에 중국의 동북지방에서 마오쩌둥의 중국 공산당과 함께 항일투쟁을 하던 단체로서 일본군에 쫓겨 1941년 연해주로 피신하였다. 이때 소련 극동군은 동북항일연군의 조선인과 중국인을 혼성하여 88여단이란 첩보부대를 편성하여 대일 전쟁에 활용하였다.

김일성은 1945년 9월 19일 소련의 도움으로 원산으로 입항하여 소련군과 함께 북한 내의 조직을 준비하고 본인의 포장 과정을 거쳐 10월 14일부터 평양에서 공개 활동을 시작하게 된다.

그 당시 북한은 소련을 등에 업은 김일성과 조선독립동맹의 김두봉, 최창익 등 연안파, 국내에서 공산주의 활동을 하던 박헌영 등 국내파, 그리고 조만식 중심의 조선민주당 등이 활동하고 있었다. 그러나 우파성향인 조선민주당의 조만식이 1946년 1월 소련군에 의해 감금되면서 북한은 좌파일색으로 개편되었다.

남한은 우파 성향의 한국민주당, 독립촉성중앙협의회, 임시정부 중심의 한독당 등과, 좌파 성향의 건국준비위원회, 조선공산당, 조선인민당 등이 서로 경쟁하는 구도였다. 한반도는 해방 후 소련 중심의 공산주의 체제와 미국 주도의 자유민주주의 체제 중 어느 체제로 갈 것인지, 그리고 통일체제로 갈것인지가 중요 이슈였다.

이러한 와중에 1945년 12월에 모스코바 삼상회의에서 한반도를 신탁통치 한다는 발표와 함께 삼팔선 이북과 이남의 새로운 대립이 시작되었다. 삼팔선 이북의 정치단체들은 신탁통치를 찬성하고 이남지역은 신탁통치를 반대하는 단체가 훨씬 많아 찬성과 반대의 정치적 갈등은 증폭되었다. 이러한 찬반양론이 대립하는 가운데 반대하는 좌파계열의 모든 노조원이 9월부터 총파업을 시작하여 폭력전술로 전환하였다. 이 와중에 한반도에 존속했던 좌파계열은 이남에서는 남조선노동당(남로당)을 결성했으며 이북에서는 북조선노동당을 결성했다. 미군정청이 폭력화한 남로당계열을 강하게 제재하면서 남한에서 활동이 어려워진 남로당은 북한으로 도망가 북한노동당과 통합하였다.

한편 미국은 1947년 초부터 세계전략을 수정하게 된다. 미국의 세계전략이 소련 공산주의를 봉쇄하는 전략으로 바뀌자 한반도는 봉쇄전략의 최첨단에 위치하게 되었다. 이에 따라 한반도 문제에 대해 미국과 소련은 사사건건 충돌로 가기 시작했다. 미국은 한반도 문제를 풀기위해 두 차례에 걸쳐 소련과 미소공동위원회를 개최하였지만 별다른 성과를 내지 못하고 결렬되고 말았다. 이에 따라 미국은 마지막으로 소련에 남북한 공히 보통선거를 실시하여 남북한 각자의 입법기관을 설치하고 그 대표로 통일임시정부를 수립하며, 이 임시정부와 미·영·중·소 4개국이 조선의 완전독립 문제를 협의하자고 제의했다. 그러나 소련은 이에 반대하고 계속해서 미소공동위원회를 고집했다. 마지막으로 미국은 유엔 감시 하에서 남북한의 인구비례에 따른 총선거를 실시하여 단독정부를 설립한다는 유엔결의안을 가결시켰다. 그리하여 1948년 1월에 유엔의 감시위원단이 남북한에 입국하기로 하였으나 북한에는 소련의 거부로 입국이 거절되었다. 그 결과 그해 5월 10일 남한에서만 총선거를 실시하기에 이른다.

삼팔선 이남의 정치세력 간에도 이남의 단독정부 수립을 놓고 찬반으로 양분되었다. 이승만과 우익단체들은 유엔결의안에 따른 단독정부 수립을 찬성하였으나, 임시정부 중심의 한독당은 그에 반대해 중도파와 연합해 통일정부수립운동에 나서게 되었다. 마지막까지 남북한 단독정부 수립을 반대한 김구, 김규식은 삼팔선 이남의 선거를 반대하였고 1948년 4월 말 남북협상을 위해 북한을 방문했으나 김일성의 비협조로 아무 성과 없이 돌아왔다.

이처럼 해방 후 3년간에 걸친 체제선택에 대한 미국과 국

박정희의 기업가적 국가경영과
위기관리 리더십

내 정치지도자들의 노력은 수포로 돌아가고 남과 북은 제 갈 길을 가게 되었다. 그러나 5.10선거가 결정된 뒤에도 남로당 은 이를 저지하기 위해 1948년 4월 3일 제주도에서 무장봉기 를 일으켜 제주지역의 일부는 5.10 선거가 치러지지 못했다. 우여곡절 끝에 남쪽에서는 선거에 의한 민주주의 정부가 같은 해 8월 15일에 들어서게 되었고, 북쪽역시도 같은 해 9월 9일 소련의 후원 하에 공산주의 국가가 성립되기에 이른다.

남북이 자유민주주의 정부와 공산주의 정부가 들어선 이후 에도 남한에서는 체제 선택에 대한 갈등이 잔존하고 있었다. 남로당이 5.10선거를 저지하기 위해 기도한 제주도의 4.3 무 장봉기는 정부 수립 이후에도 진정되지 않았다. 이에 따라 정 부는 제주도 전역에 계엄령을 선포하고 여수에 주둔하고 있 던 제14연대를 파견해 반란을 진압하려고 했다. 그런데 제14 연대 내에 숨어 있던 공산주의 세력이 주동이 되어 1948년 10 월 19일 여수에서 반란을 일으켰다. 이 반란군은 순천 등 인근 지역으로 확산되었다가 많은 군인과 민간인 사상자를 내고 진 압되는데 이것이 바로 여순반란사건이다. 여순반란사건에 가 담했던 군인과 민간인 일부는 정부군에 쫓겨 지리산과 주변의 산악지대로 도망갔다. 이들 패잔병들은 그 이전부터 정부의 탄압을 피해 산속으로 도피했던 공산주의 계열 사람들과 결합 해 반정부 무장활동을 전개했는데 이들이 빨치산이다.

1949년 겨울, 정부는 빨치산에 대한 대대적인 토벌작전을 펼쳤지만 빨치산이 완전히 토벌되기도 전인 1950년 6월 25일 한국전쟁이 터지면서 남한 내에 잔존하고 있던 공산주의 세력은 더욱더 확대되기도 하였다. 그러나 미군의 인천상륙작전으로 인민군이 북으로 후퇴를 시작하면서 미처 도망가지 못한 인민군 잔당들이 산으로 숨어들었고 그 와중에 전쟁이 휴전으로 끝나면서 빨치산 세력은 북한으로부터는 버림받고 남한으로부터는 토벌 대상이 되었다. 백선엽 장군이 이끄는 전투사령부의 세 번에 걸친 토벌작전으로 대부분의 빨치산이 괴멸되었다. 1952년 2월 8일 끝난 토벌 작전의 결과 7,000여명 사살, 6,000여명 생포 성과를 올리면서 빨치산의 주력부대는 사실상 파괴되었다. 1953년 9월 18일 이현상의 사살, 1954년 1월 31일 마지막 전북도당 위원장 방준표가 최후를 맞이함으로써 빨치산은 남한에서 사라지고 남한 내에서의 체제 선택의 갈등은 마무리 되었다고 할 수 있다.

돌이켜 생각해 보면 대한민국이 자유민주주의와 자본주의의 시장경제로 건국된 것은 우리에게는 엄청난 행운이었다고 할 수 있다. 아직도 북한은 과거의 왕조국가 같은 국가형태를 갖추고 있고 국민은 빈곤의 악순환으로 인해 외국으로부터 원조에 의해 생계를 이어갈 수밖에 없는, 세계 최빈국의 신세를 면치 못하고 있는 현실이다.

모스코바 삼상회의

모스코바 삼상회의는 1945년 12월 16일부터 27일 사이에 소련의 모스크바에서 미국 대표 번스 국무장관, 소련 대표 몰로토프 외무장관, 영국 대표 베빈 외무장관이 모여 전후처리 문제 중 미진한 사항에 대해 가진 회담이었다.

모두 7개 항의 의제 중 제6항이 한반도에 관한 내용이었는데 그것은 4개 항으로 되어 있다.

① 조선을 독립국가로 재건하고 또한 민주적 원칙에 바탕을 둔 발전을 이룩할 수 있는 여건을 창출하기 위하여, 그리고 장기간의 일본지배로 인한 참담한 결과를 가능한 속히 제거하기 위하여, 조선의 산업과 운수 및 농업 그리고 조선인의 민족문화 발전에 필요한 모든 조치를 취할 민주임시정부를 수립할 것이다.

② 조선의 임시정부의 구성을 돕기 위하여, 그리고 적절한 방책을 미리 만들기 위하여, 남쪽의 미군사령부와 북쪽의 소련군사령부의 대표로 구성되는 공동위원회를 설립할 것이다

③ 조선 민주임시정부와 민주단체들의 참여 아래, 조선인의 정치·경제·사회적 진보와 민주적인 자치정부의 발전 및 조선의 민족적 독립의 달성을 위하여 협력·원조(신탁통치)할 수 있는 방책을 작성하는 것이 공동위원회의 임무이다. 공동위원회의 제안은 최고 5년 기한으로 4개국 신탁통치의 협약을 작성하기 위하여 미국, 영국, 소련, 중국 4개국 정부가 공동으로 참작할 수 있도록 조선 임시정부와 협의한 후 제출되어야 한다.

④ 미·소 사령부 간의 긴급회담이 2주일 내로 개최된다.

❀ 국토의 분단으로 남한경제는 4분의 1로 동강났다

국토의 분단은 남북의 인구의 분할, 시장의 분할, 지하자원의 분할, 동력자원의 분할, 산업조직의 분할로 남북 공히 절름발이 경제가 되었다. 그 동안의 산업구조는 남한의 농업과 북한의 공업, 그리고 공업에서는 남한의 경공업과 북한의 중화학공업으로 규모는 작지만 어느 정도 균형적인 산업구조였다.

산업운영 측면에서는 일제 36년간 농업을 제외한 대부분의 산업을 일본인이 차지하고 운영해 왔기 때문에 해방과 더불어 이러한 산업을 이어받아 계승발전 시키기에는 우리들 스스로의 역량이 부족하였다. 1940년 당시 기준으로 제조업 공칭자본의 무려 94%가 일본인 자본이고 제조업 부문의 기술자 80% 이상이 일본인이었다. 또한 1940년대 초반의 식민지 조선의 총 수출입 중 수출은 78%, 수입은 86%가 일본에 의존하고 있었다. 제조업 부문의 산업을 움직이고 있었던 일본인 경영자와 기술자가 일시에 물러감으로써 한국의 제조 기업들은 공황상태에 빠지고 말았다.

또한 중요한 지하자원은 대부분 북한지역에 매장되어 있었기 때문에 모든 산업의 원재료 구득난이 심각하게 대두되었다. 1942년 조사결과를 보면 주요광물의 북쪽 비중이 금 69%, 은 30%, 동 66%, 구리 89%, 아연 78%, 무연탄 71%, 유연탄 98%, 중석 72%, 흑연 54%가 북쪽에 치우쳐 있었다.

또한 전력의 경우는 남북한 비율이 시설용량 측면에서 남한 14% 대 북한 86%이며 평균 발전실적을 기준으로는 더욱 심각하여 8% 대 92%로 북쪽에 편중되어 있었다. 그런데다 북한이 1948년 5월에 단전을 실시함으로써 남한의 전력량은 절대적으로 부족하여 대부분의 농어촌을 비롯하여 일부 도시지역까지 아예 전기를 보낼 수 없었다. 이처럼 전력자원이 북한에 편중되어 남한 국민들의 일상생활의 불편은 물론 공업생산을 가동할 수가 없었고 이는 또 다시 공업생산의 부족을 가져오는 악순환이 연속되었다.

시장분할은 남북한의 인구수 측면에서 1944년의 조사결과 총 인구 2,590만 명 중에서 남한 65%, 북한 35%로 분할되었다.(이대근 '해방 후 ~ 1950년대의 경제')

8·15해방으로 경제는 일본으로부터의 예속을 벗어나 경제적으로 자립경제, 정치적으로는 통일된 국가를 기대했으나 남북분단으로 한반도의 경제적 상황은 반쪽짜리로, 그것도 지하자원, 전력, 농산물, 공업구조 측면에서 기형적이고 불균형적으로 분할되어 독립된 자립경제 건설은 해방 때부터 이미 물건너 간 것이었다.

중공업분야와 지하자원, 전력의 대부분이 북한지역에 편중되어 분단됨에 따라 남한에서의 경제력은 해방 전을 완전한 1로 보았을 때 해방으로 반의 반쪽 경제로 전락하였다.

또한 한반도는 단순한 물리적 분단만이 아니라 미국의 자본

주의와 소련의 공산주의가 첨예하게 경쟁하는 이념적 시험장
으로 변했다. 이러한 자본주의와 공산주의 체제경쟁의 문제를
민족 스스로 극복할 역량도 없었고 미국이 주도하는 자본주의
의 변방에 자리 잡은 대한민국은 스스로 자립경제를 구축할
수 있는 상황도 아니었다.

❀ 미군정 3년이 링크역할을 제대로 못하였다

1945년 9월 8일 미군이 일본군의 무장해제를 위해 한반도 삼팔선 이남에 진주하면서 남쪽에서는 미군정이 실시되었다.

미군정은 1948년 8월 15일 이승만 정부가 수립될 때까지 약 3년 간 지속되었는데, 이 기간 동안 미군은 입법 · 사법 · 행정 등 모든 통치권을 행사했으며 그 나름의 업적도 상당히 남겼다. 미군정 기간 3년 동안 한국에서 시행한 개혁조치는 일제시대 통제경제체제의 잔재를 털어내고 전형적인 자본주의 경제체제로 가기 위한 준비단계에 해당한다.

첫째, 가장 먼저 사유재산제를 인정하고 자유 시장경제제도를 도입하였다. 소금, 담배, 인삼, 의약품, 사탕 등을 제외한 나머지 품목, 즉, 미곡을 포함하여 대부분의 물품을 자유화 시켜 자유 매매가 가능하도록 하여 36년간 일본의 통제경제를 해제하였다.

둘째, 사회 안정 차원에서 소작료의 최고한도제도를 신설하였다. 당시의 주요산업이 농업이었고 엄청난 고율의 소작료는 농민에게 인간다운 삶을 허락하지 않았고 국민들의 생활은 반노예적인 빈곤 그 자체였다. 따라서 소작인들의 생활향상을 위해 소작료의 최고한도를 당해 토지 생산물의 3분의 1(3 · 1제)을 넘지 못하도록 조치하였다.

셋째, 당시 사회안정에 가장 큰 문제였던 물자부족과 물가

문제를 풀기 위해 1946년 5월 중앙식량행정처와 중앙물가행정처를 동시에 설치하였다. 이 두 기구를 통해 식량 및 물가에 대한 정부의 통제를 실시하였다.

넷째, 미군정은 총 4억3천4백만 달러에 달하는 막대한 금액의 소비재 원조를 하였다.

다섯째, 토지개혁을 준비하였다. 미군정청은 처음부터 전근대적인 토지 소유관계를 근본적으로 개혁할 구상을 가지고 있었다. 그런데 북한이 1946년 3월 5일 전격적으로 토지개혁을 시행함에 따라 미군정이 선수를 빼앗겨 토지개혁을 서둘러 시행하게 되었다. 북한은 토지뿐만 아니라 과수원, 산림, 건축물과 소, 말 등 가축까지도 모두 무상몰수, 무상분배의 사회주의 방식으로 이루어져 지주계급의 추방과 새로운 자작농민층의 창출이라고 하는 농촌사회에서의 전통적인 권력구조를 개편하였다.

미군정은 1947년 초 토지개혁초안을 과도정부 입법의원에 상정시켰으나 지주계급 출신 위주로 구성된 입법의원은 심의를 거부하였다. 이에 따라 전체 토지를 대상으로 하는 전반적인 토지개혁사업은 포기하고 일본으로부터 인계받은 귀속재산(일본인 소유의 농지, 주택, 기업 등 미 군정에 몰수된 재산)만을 대상으로 1948년 4월 1일에 전격적으로 불하하는 조치를 취하였다.

이러한 개혁조치를 시행하였음에도 불구하고 머지않아 정

박정희의 기업가적 국가경영과
위기관리 리더십

부를 넘겨주고 떠나야 한다는 주인 의식이 없는 임시방편적인 조치로 많은 문제가 노출되기에 이르렀다.

대표적인 문제점은 첫째, 공장과 근로자 수의 격감을 들 수 있다. 귀속기업체는 해방 전 3,555개 업체였으나 해방 후에는 그 중 거의 대다수 업체가 소재불명이거나 이미 망하고 없었다. 공장과 근로자 수의 감소는 물론 생산성 측면에서도 공장 가동률이 떨어지고 가동이 정지된 공장이 늘었다. 이는 전력난, 자금난, 원료난, 기술난, 경영주의 부재 등이 겹쳐 나타난 결과였다. 이에 반해 북한은 일본인 기술자의 잔류를 설득하여 1946년 11월 기준으로 총 868명의 일본인 기술자를 잔류시킴으로써 일제시대부터 내려온 기업들의 가동률을 최대한 유지할 수 있었다. 남한의 1948년 공업생산력은 1940년의 26%에 불과하였다. 업종별로 금속공업은 45%, 화학공업은 49%, 기계공업은 24%, 섬유공업은 35%, 식품공업은 8%에 지나지 않았다.

둘째, 물가문제도 심각한 수준이었다. 물가에 커다란 영향을 미친 통화량은 해방 직후 조선총독부의 업무청산, 일반대중의 예금 인출, 미결상태의 국고금 지급의 증대, 일본인의 철수에 따른 긴급한 자금 수요, 양곡수매제의 부활 등으로 일시에 급증하였다.

셋째, 고용사정도 악화되었다. 종업원 5인 이상 기업이 1944년 6월의 9,323개에서 1946년 11월에는 5,249개 업체로 44%나 감소하였고 근로자 수도 30만 명에서 12만 명으로 60%나 감소하였다. 고용을 흡수할 수 있는 기업체 수는 급감하는 반면 유입인구는 증가하였다. 1944년 5월의 남한 인구가 1,587만 명이던 것이 다음 해 8월에는 1,936만 명으로 무려 22%의 인구증가를 가져왔다. 거기에는 해외 동포의 귀환이 122만 명, 북에서 남으로 내려온 인구 97만 명의 인구가 포함되어 있다. 기업체 수의 감소와 인구의 급팽창으로 실업은 대폭 증가하였다.

미군정 3년 동안에 미국으로서는 4억3천4백만 달러의 원조 제공, 물자배급제 실시, 물가통제를 위한 제도 시행, 귀속재산의 불하 등, 나름대로는 최선을 다하였다. 그러나 남한 정부에 지배체제를 넘기고 곧 떠날 것이란 무책임성과 통화증발, 해외 및 북한으로부터의 인구 유입, 생산기업체의 감소 등으로 엄청난 물가고와 실업난을 고스란히 넘겨주었다. 그 결과 아직 국가운영 체제도 갖추지 못한 상황에서 국가를 물려받은 이승만 정부가 이러한 난제를 효율적으로 해결하기에는 역량이 부족할 수밖에 없었다.

❀ 6.25전쟁은 한반도를 초토화 시켰다

1948년 8월 15일 남한은 단독정부가 수립되었고 북한도 1945년 9월 9일 정부가 들어서면서부터 한반도에는 불행의 씨앗이 싹트고 있었다. 그 이유는 너무나도 자명하였다. 우리 민족은 5천년 동안 같은 문화를 가지고 살아온 민족이었고 일제 36년간의 압박 속에서도 해방이 유일한 목표였기 때문에 통일이 되지 않은 해방은 무의미할 수밖에 없었다. 따라서 남북한 두 국가는 정부 수립 이후에도 통일이 가장 간절한 목표 중의 하나였다. 그러나 남북한 모두 통일이라는 동일한 목표를 지향하고 있었지만 한국은 자유민주주의로, 북한은 공산주의로의 통일을 바라고 있었다.

삼팔선에서는 끊임없는 분쟁이 발생하고 있었음에도 불구하고 일본군 무장해제를 위해 한국에 주둔하고 있던 미군은 대한민국 정부가 수립된 지 불과 한 달 만인 1948년 9월 15일부터 철군을 시작하였다. 10월에 여수와 순천에서 반란 사건이 일어나자 잠시 중단되기도 했지만 다시 철수를 재개하여 1949년 6월에는 겨우 500명의 군사 고문단만 남기고 모두 철수해 버렸다.

한편, 소련이 1949년 9월 원폭 실험에 성공함으로써 미국의 원자무기 독점시대가 끝났으며, 10월에는 중국이 공산화됨에 따라 삼팔선을 사이에 두고 자유민주주의와 공산주의 간의 냉전이 깊어지기 시작하였다. 그러던 차에 미국의 딘 애치슨 (Dean G. Acheson) 국무장관이 1950년 1월 12일 미국 신문기자 협회에서 행한 '아시아에서의 위기'라는 연설에서 미극동군 방위선인 '애치슨 라인'을 발표했다. 애치슨은 스탈린과 마오쩌둥의 영토적 야심을 저지하기 위하여 태평양에서의 미국의 방위선을 알류샨열도-일본-오키나와-필리핀을 연결하는 선으로 정한다고 발표하였다. 이에 따라 한국과 대만은 미국의 방위선 밖에 있게 되었다.

미군이 철군하면서 미국은 한국과 1948년 12월에 한·미 원조협정(ECA협정)을 체결하고 군사지원보다는 경제적 지원에 치중하게 된다. 이 원조협정을 체결하면서 한국경제의 안정을 도모하기 위하여 긴축재정의 편성과 통화발행 억제, 외환의 완전한 정부통제, 수출산업의 육성 등을 우리 정부에 요구하였다. 미국의 지원과 우리 정부의 적극적인 노력으로 1950년 초에는 15% 수준의 높은 상승률을 보이던 물가도 2월부터는 5~6% 상승에 그치는 등, 어느 정도 안정추세를 유지하는 과정에 이르렀다.

이렇게 한국경제가 안정화 추세에 돌입한 1950년 중반인 6월 25일 북한이 6.25전쟁을 일으켰다. 이 전쟁으로 한국은 엄청난 인적, 물적 피해를 당하게 되었다. 6.25전쟁으로 한국이 겪은 피해는 다음과 같이 정리해 볼 수 있다.

① 엄청난 전비조달이 불가피하게 되었다. 한국은 갑작스런

박정희의 기업가적 국가경영과
위기관리 리더십

북한의 남침을 받게 되자 모든 정부활동이 전쟁수행과 전비조달에 모아졌다. 세출의 80% 이상이 군사비 지출에 충당되었고 1950년도에는 무려 7차례의 추가경정예산을 편성하여 세입 615억 원에 세출 2,352억 원으로 재정적자가 극에 달하였다.

② 재정적자 보전과 전비조달을 위하여 국민의 담세능력 이상의 조세징수와 통화량 증가가 불가피했다. 임시조세증징법(臨時租稅增徵法)을 제정하여 최고 100%까지 전시세를 부과하고 각종 소비세를 중과하였다. 또한 1951년도에는 막대한 군량미를 조달하기 위해 임시토지수득세를 물납으로 실시하였다.

③ 정부의 재정적자 보전과 유엔군대여금의 신설 등에 따라 통화량이 급증하였다. 세입에 비해 세출이 4배에 달하고 1950년 7월부터 1954년 6월까지 유엔군에게 대여한 234억 원의 원화공급량은 물가에 직접적 영향을 미쳤다. 이에 따라 소매물가지수가 1947년 평균을 100으로 볼 때 1951년 말에는 2,128, 1952년 말에는 5,248, 1953년 말에는 9,051로 기하급수적으로 상승했다.

④ 6.25전쟁은 엄청난 규모의 물적 피해를 가져왔다. 해방과 함께 일본으로부터 이어받은 산업시설은 물론 민간보유 자산까지도 완전히 파괴되었다. 1951년 8월 통계에서 산업시설의 약 43%가 피해를 입은 것으로 집계되었다.

⑤ 인명피해도 엄청났다. 공보처와 국방부 통계를 보면 군경 전사자 231,787명에 민간인 사망 및 학살자 373,599명을 합하면 605,386명에 달한다. 그 밖에 군경 및 민간인 실종자 354,212명, 피랍자 85,164명 등, 이들을 모두 합치면 총 인명 손실은 1,044,762명에 이른다. 여기에다 부상자 954,204명을 합하면 전쟁으로 인한 인명 피해는 무려 200만 명에 달한다. 이 인명 피해를 전쟁 전인 1949년 5월 당시의 남한 인구 2,016만 명과 비교하면 전체 인구의 10%, 즉, 열 명 중 한 명이 전쟁의 참화를 입었다는 계산이다.

⑥ 국민의 사상도 극단적으로 이분화 되었다. 해방 후 6.25전쟁까지만 하더라도 이념적 상이성에도 불구하고 조선인이라는 두 개의 정체성을 함께 공유하고 있었다. 그러나 6.25전쟁을 치르면서 한국과 북한(조선)이라는 두 개의 정체성으로 갈리는 계기가 되었다.

⑦ 미국의 동아시아정책의 변화와 국제적인 외교 전략의 변화를 가져왔다. 6.25전쟁은 세계를 미국과 소련이라는 양극체제를 공고화 시키는 구체적 계기가 되었다. 반면에 대만은 공산화 직전에 화를 면하는 어부지리를 얻었다. 중국이 대만 공격을 위해 준비해 두었던 군대를 6.25한국전쟁에 투입함에 따라 대만은 중공에 흡수당하게 되는 위기를 모면하게 되는 것이다. 또한 일본은 한국전쟁의 특수를 통하여 경제부흥과 발전을 이루게 되고 결과적으로 미국의 통제로부터 벗어나는 계

기를 마련하게 된다.

　이처럼 6.25한국전쟁은 한반도에 살아온 사람들에게는 북한이든 남한이든 엄청난 인적 물적 손실을 가져왔다. 그리고 전쟁이 끝난 지 60년이 훨씬 넘었는데도 남북한의 이념적 상처가 그대로 존속하고 있다. 2014년 현재 이 지구상에는 220여개 국가가 있지만 자유롭게 방문할 수 없는 유일한 나라가 북한이다. 휴전선을 사이에 두고 남한은 섬나라 아닌 섬나라가 되어버렸고 앞으로도 얼마나 더 긴 시간이 흘러야 남북한이 자유롭게 왕래할 수 있는 시대가 올지도 난망한 상황이다.

❀ 자유민주주의와 시장경제로의 건국은 탁월한 선택이었다

1948년 8월 15일은 몇 가지 측면에서 한반도의 남쪽에 사는 사람들에게는 의미 있는 날이었다. 이 날은 한반도의 반만이라도 해방 후 3년, 한일합방 후 38년 만에 대한민국이라는 국호와 애국가, 태극기를 갖춘 자주정부를 갖게 되는 그 출발선에 서게 되는 날이다.

신생 이승만 정부는 정치적으로는 서구식 자유민주주의, 경제적으로는 자본주의와 시장경제를 근간으로 하는 새 정부 권력구조의 틀을 형성하게 되었다. 비록 반쪽짜리이긴 하지만 한국이 자유민주주의와 시장경제를 선택한 것은 지금까지 세계 역사의 흐름에 비추어 볼 때 천만 다행이었다고 볼 수 있다.

이렇게 세워진 신생 정부는 시장경제 기조 하에서 기본 경제정책의 틀을 토지개혁과 식량 증산, 생필품의 자급자족, 전력자원의 개발, 지하자원 및 수산자원의 개발, 교통 및 통신의 복구, 황폐한 산림의 복원으로 잡았다. 새 정부는 이와 같은 여섯 가지 기본정책의 틀 하에서 다음과 같은 세부 과제를 정하였다.

첫째, 시급히 해결해야 할 과제로 식량증산, 생필품의 자급자족, 새로운 동력원의 확대를 잡았다. 둘째, 민생안정을 위해 물가의 통제, 실업의 구제, 양곡수매사업을 계속 실시하기로 하였다. 셋째, 장기적인 경제기반 확충을 위해서 교통 및 통신시설의 긴급 복구, 황폐된 산림의 복원, 토지개혁의 단행, 노동조건의 개선 및 사회보장제도를 확립하기로 하였다. 넷째, 귀속재산 대책을 수립하고 대일배상을 적극 추진하며, 해방 후 난립한 각종 산업 단체를 정비하는 것으로 하였다.

새 정부는 시장경제의 기조 하에서 짜여진 기본정책의 틀과 세부 추진과제에 따라 1948년에는 양곡의 수매와 배급제를 실시하고, 인플레 예방을 위해 통화량의 조절과 주요 생필품의 가격을 통제하며, 토지개혁의 준비와 귀속사업체의 관리를 철저히 하는 등, 정부의 역할을 강화해 왔다.

민생문제 해결과 경제운영에 획기적인 변화를 가져온 것은 1948년 12월에 체결된 '한·미원조협정(ECA협정)'이었다. 이 원조협정은 미군정 하의 점령지역행정구호원조를 대체하는 새로운 원조였다. 점령지역행정구호원조가 긴급구호적 성격의 소비재 중심 원조였다면, ECA협정은 한국경제의 자립과 부흥이라는 장기적 목적 하에 소비재뿐만 아니라 기계시설과 원자재를 제공하는 것을 목표로 삼았다.

ECA협정은 한국이 원조물자를 사용함에 있어 미국의 의견을 적극 반영해야 하는 아쉬움이 있긴 하지만 한국경제 부흥의 기틀이 될 수 있었다. 즉, ECA협정 하의 '산업부흥 5개년 계획'은 민수공업품의 자급자족, 수출공업진흥, 중공업의 육성에 목표를 두었다.

이 종합계획을 달성하기 위하여 부처별, 분야별로 중장기

계획들을 수립하였다. 농림부의 농업증산 3개년 계획, 상공부의 석탄생산 5개년 계획과 전력생산 증강계획, 전매청의 소금생산 5개년 계획, 수산청의 수산업 5개년 계획 등이 그것들이다. 이렇게 한국 정부가 들어선 후 부처별로 추진계획들을 수립하였으나 제대로 수행되지는 못하였는데, 그 이유는 무엇보다 6.25전쟁으로 인하여 계획을 시행할 수 있는 재원을 확보할 수 없었기 때문이다.

대부분의 계획들이 추진되지 못했으나 그나마 실제로 추진된 대표적인 조치의 하나는 토지개혁이었다. 토지개혁은 해방 이후 미 군정청에서 가장 먼저 시행준비를 하였으나 시행되지 못했고 한국 정부가 들어서서야 제대로 추진되기에 이르렀다. 처음에는 지주계급으로 구성된 한민당계의 반대로 진행되지 못하다가 1949년 6월에야 농지개혁법이 공포되었으나 법안 조문 간에 모순점이 발견되어 재심의를 요청하여 1950년 3월에야 법과 시행령, 시행세칙이 제정 공포되고 실행에 옮겨졌다. 우여곡절 끝에 실제 분배된 농지는 57만 정보(귀속농지 24만 정보 포함)였다.(이대근 '해방 후~1950년대의 경제')

비록 완전하지는 않지만 이렇게라도 토지개혁이 이루어졌기 때문에 6.25전쟁에서 한국이 공산화 되지 않는데 상당한 영향을 미쳤다고 할 수 있다. 왜냐하면 토지 소유자가 확대됨에 따라 소유재산을 놓지 않으려는 국민 숫자가 많아지고 국가에 충성하려는 국민 다수가 존재하게 되었기 때문이다.

어려운 과정을 거쳐 시행된 토지개혁은 그 당시의 산업의 근간인 농업분야에서 유상몰수 유상분배라는 자본주의 씨앗을 뿌려 사유재산을 인정함으로써 오늘의 자본주의 시장경제가 제대로 틀을 잡는 계기가 되었다고 할 수 있다. 이에 반해 북한은 남한보다 먼저 토지개혁을 실시하였지만 무상몰수 무상분배로 사유재산을 인정하지 않음으로써 공산주의의 전형적인 저생산성을 가져왔다. 그 결과 북한은 아직도 세계에서 제일 못사는 나라라는 불명예를 떠안고 있는 것이다.

결과적으로 보면, 이승만 대통령에 의한 자유민주주의 체제로의 건국은 가장 탁월한 선택이었다는 사실을 알 수 있다. 이러한 선택이 가능했던 이유는 그가 전제왕조의 폐해에도 과감히 맞서 싸워보았고(고종임금 치하 7년의 옥살이) 또 자유민주주의 제도의 장점을 몸소 겪어 보았기 때문(미국 생활 40년)이라고 할 수 있다.

❀ 건국초기에는 외국의 원조로 국가를 연명하였다

해방 이후부터 대한민국 건국까지 미국이 한국에 제공한 원조는 세 가지였다.

첫 번째가 긴급 구호적 성격의 점령지역 행정구호 원조였고 두 번째가 점령지역 경제부흥원조였다. 행정구호원조의 원조품목으로는 물자부족이나 질병구제 등에 필요한 식료품, 피복, 의약품, 연료, 석유류 등이었고, 경제부흥원조의 원조품목으로는 철광석, 중유, 면화, 건축자재, 화학약품 등이었다. 그리고 세 번째가 해외 미군이 보유하고 있던 잉여시설 및 물자를 연리 2.5%, 20년 분할 상환이라는 장기 저리의 차관 형태로 한국에 제공한 것이다. 이 세 가지를 합친 원조 총액은 4억 3천4백만 달러였다.

그 다음이 휴전 후의 원조이다. 6.25전쟁이 김일성의 의도대로 단기간에 끝나지 않고 지연되자 이에 따라 유엔주재 소련 대사 야콥 말리크가 한국전쟁의 휴전을 제안함에 따라 울며 겨자 먹기로 교전 쌍방의 양축인 미국과 중국은 이 제안을 즉각 받아들이기로 하고 1951년 7월부터 휴전회담에 들어갔다.

그러나 전쟁의 당사자이고 가장 큰 피해자인 한국은 휴전보다는 통일이 우선이었다. 한국은 유엔군이 철수하지 않는다는 사전 보장 없이는 휴전을 절대 용납할 수가 없다고 극렬 반대하였다. 이러한 조건이 충족되지 않는 한 휴전에 반대한다는 군중데모를 계속했고, 1953년 6월에는 2만 5천 명에 달하는 반공포로를 일방적으로 석방하면서까지 미국에 저항했다. 이에 따라 미국은 한국을 설득하여 휴전동의를 얻어내기 위해 '휴전 후 공산측이 다시 전쟁을 일으킬 경우에는 참전 16개국이 결속하여 싸우고, 한국군을 20개 사단으로까지 육성하며, 한국경제 부흥을 위해 10억 달러규모의 경제원조를 한다.'는 조건을 제시하였다.

이러한 휴전조건의 성립을 보장하기 위해 휴전 전후(前後)에 한국은 두 가지 협정을 맺게 된다. 첫째는 1952년 5월에 체결한 '경제조정에 관한 협정(일명 마이어 협정)'이고, 두 번째는 한국에 군사지원을 위해 1953년 10월 체결한 '한·미상호방위조약'이다.

다음은 미국 공법 480호에 의한 미국 잉여농산물 원조가 시작 되었다. 잉여농산물 도입은 1955년 5월에 최초로 1천만 달러어치의 원면 도입에서 출발하여 1956년 3천 3백만 달러, 1957년 4천 6백만 달러, 1958년 4천 8백만 달러, 1959년 1천 1백만 달러, 1960년 1천 9백만 달러 등, 1960년까지 모두 1억 5천 8백만 달러어치가 도입되었다.

한편, 유엔은 6·25전쟁 발발과 함께 안전보장이사회와 경제사회이사회를 연달아 열고 유엔군 파견과 함께 민간구호원조(CRIK : Civilian Relief in Korea)를 한국에 제공하였다. CRIK원조는 1950년 10월부터 시작되어 1956년까지 합계 4억 5천 7백만 달러가 제공되었다. 도입물자는 대개가 소비재로써 식료품 40%, 의류 24%, 농사용품 12%, 연료 5.5%, 의약품 3.5%의 순이었다.

그리고 유엔 측은 전후(戰後)의 한국경제 부흥을 위한 국제연합한국재건단(UNKRA : UN Korean Reconstruction Agency)을 설치하고 원조사업을 활발히 전개하려 하였다. 유엔 산하의 식량농업기구(FAO), 세계보건기구(WHO) 및 교육과학문화기구(UNESCO) 등의 전문가를 한국에 파견하여 한국경제 실태에 대한 조사연구와 함께, 각자 소관별로 한국농업5개년계획(FAO), 한국보건 5개년계획(WHO) 및 한국교육재건계획(UNESCO) 등을 수립케 하였다. 또한 UNKRA는 미국의 전문용역회사인 네이산 협회(Nathan Associations)에 한국경제에 대한 전반적인 실태조사와 그에 의거한 장기부흥계획의 수립을 의뢰하였다. 네이산 협회는 1952년 12월 '한국경제 재건 계획'이라는 이름의 예비보고서를 유엔에 제출하였다. 이 보고서에서 네이산 협회는 적정한 외부원조와 재건계획만 제대로 수립한다면 한국경제는 적어도 5년 이내에 전후복구와 자립수준에 도달할 수 있다는 전망을 하였다.

이렇게 해서 1945년부터 1960년까지 미국 및 UN이 한국에 지원한 경제 및 군사원조는 모두 합쳐 29억 3천 6백만 달러에 달하였다. 여기에다가 차관 성격의 원조인 미군정 해외청산위원회(OFLC) 차관 2천 4백만 달러와 1958년 미국 MSA법의 개정에 따라 신설된 개발차관기금(DLF)에서 1960년까지 제공된 원조자금 1천 3백만 달러 등, 모두 3천7백만 달러가 추가로 도입되었다. 미국 및 UN이 한국에 지원한 원조금액은 개발차관을 포함하여 무상원조 29억3천 6백만 달러와 차관성 원조 3천 7백만 달러 등, 29억7천 3백만 달러가 지원되었고 이중 미국이 실질적으로 제공한 지원액은 23억 5천 6백만 달러로 전체의 약 81%를 차지한다.

1953년 이후 외국원조 규모는 한국 GNP의 10% 이상을 차지할 정도로 컸다. 또한 1953년~1960년 사이에 총세입에서 차지하는 대충자금(원조물자 판매 대금)의 비중이 평균 46%였으며 가장 높았을 때인 1957년은 53%로 국가 전체 세입의 절반을 넘기도 하였다.

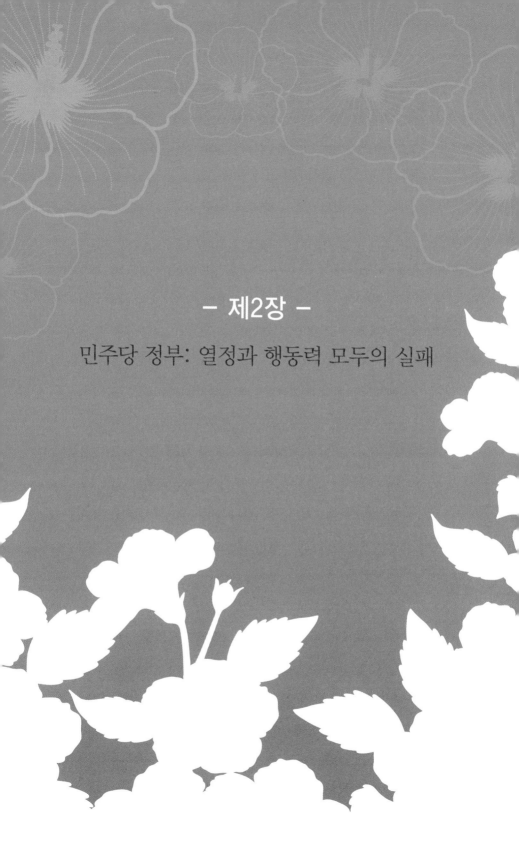

– 제2장 –

민주당 정부: 열정과 행동력 모두의 실패

❀ 민주당 정부는 선언만 있고 실천이 없었다

4.19혁명으로 새로이 들어선 민주당 정부에 대한 국민들의 기대는 무엇보다 컸다. 1950년에 일어난 3년 간의 전쟁을 치르면서 국민들을 단기간에 잘 살게 한다는 것은 어느 누가 통치자의 자리에 있다손 치더라도 용이한 일은 아닐 것이다. 이승만 정부 12년 동안은 건국과 전쟁 수행, 전쟁 복구에 전념했음에도 불구하고 전쟁 전의 상태로 돌려 놓을 수는 없었다.

이러한 한국호를 이어받은 민주당 정부도 난망하긴 마찬가지였다. 1960년 당시 인구가 2,500만 명, 국민소득 80여 달러로 125개 국가 중에서 100위 정도였으며 또한 국토구조는 산지가 68%, 도로와 하천이 11%, 농경지는 21%에 불과하였다. 이러한 환경적 불리함과 함께 남북한의 체제경쟁이 치열하게 전개되는 상황에서 북한은 지하자원이 풍부했고(석탄 매장량 남한의 2배, 시멘트 5배, 철강석 7배, 선철 60배), 산업생산량도 월등히 (어획량 2배, 목재 생산량 2배, 발전기 5배, 기계류 10배, 비료 50배) 앞서고 있었다.

당시 우리나라는 농민이 전체 인구의 63%나 되는 전형적인 농업국가임에도 보릿고개, 절량농가, 초근목피 같은 단어들은 한국 농촌을 상징하는 말이기도 하였다. 1961년 3월 전라남도의 통계를 보면 절량농가는 16만 4천여 가구에 94만 6천여 명에 달하여 전체 인구의 6분의 1에 해당하였다. 가장 평야가 넓은 전라남도의 경우가 이 정도라면 다른 지역 농민은 더 이상 말할 필요가 없을 것이다. 그 당시 우리나라 농촌에서는 매일 보통 한 집에 3~4명의 거지가 밥을 얻어가곤 하였으며 잔치나 장례 때에는 거지가 50~60여 명씩 떼를 지어 다니면서 밥을 얻어먹는 거지나라였다.

1961년의 실업율은 24%까지 치솟았다. 1961년 2월의 경제 백서에 따르면 250만 명의 완전실업자와 농촌의 잠재실업자 200만 명을 합치면 450만 명에 달해 전체 노동력의 45%가 실업상태에 있었다는 연구결과도 있다.

생존을 위해 자기 몸속의 피를 팔 수밖에 없는 사람들도 많았다. 1950년대와 1960년대 초반까지만 해도 서울시의 대형 병원 앞에는 매혈 인구가 줄을 서서 기다리고 있었고 1979년 말까지만 하더라도 매혈로 우리나라에서 필요한 혈액의 10% 이상을 조달해 왔다는 통계만 봐도 당시 생존상황이 얼마나 비참했는가를 유추해 볼 수 있다.

한국전쟁 직후 한국의 복구를 돕기 위해 UN에서 파견한 특별조사단의 단장인 인도 대표 메논(Menon)이 한국 방문 후 1955년 10월 8일 UN한국재건단(UNKRA)에 보고하는 자리에서 '쓰레기통에서 과연 장미꽃이 피는가?'라는 말을 하였다. 그는 한국 땅에서 경제재건을 기대한다는 것은 마치 쓰레기통에서 장미꽃이 피기를 기대하는 것과 같다고 결론지었다.

1960년 10월에 발간된 미국의 외교평론지 《포린 어페어

즈》는 당시 한국경제를 이렇게 표현하고 있다.

"실업자는 노동인구의 25%, 국민 1인당 GNP는 100 달러 이하이고 전력 산출량은 멕시코의 6분의 1, 수출 2천만 달러, 수입 2억 달러, 이래서 한국의 경제회생 가능성은 아예 없다. 경제성장의 조건은 북한이 남한보다 순조로운 상태이다. 한국인들은 미국이냐 소련이냐가 아니라 서울이냐 평양이냐를 선택해야 할 것이다".

외국인들이 진단한 것처럼 1950~1960년대 초의 한국경제는 기적이 일어나지 않는 한 절대빈곤에서 회생이 불가능하며 아무런 가능성도 기대하기 어려운 처지였다.

민주당 장면 정부도 출범하자마자 경제제일주의를 표방했지만 장면 정부 하에서 경제사정은 별로 나아지지 않았다. 물론 그것은 9개월이라는 기간적 한계도 있었지만 문제는 부강한 나라를 만들어 국민을 잘 살게 하겠다는 지도자의 강한 집념과 실천의지, 추진능력이 없었기 때문이었다.

경제제일주의를 표방한 장면 정부는 1960년 11월 말 산업개발위원회를 중심으로 경제개발계획 수립을 추진하였다. 이 위원회는 1959~1960년에 이승만 정부에서 만든 3개년 계획을 참조하여 1961년 5월 10일 경제개발5개년계획안(1961~1965)을 거의 마무리 하였으나 이 계획은 미국의 원조를 전제로 하는 계획이었다. 이 계획이 수립되었을 때 미국정부는 그것을 단지 '미국의 물품구매목록'에 지나지 않는다고 조롱하며 혹평하였다.

　민주당 장면 정부는 경제제일주의를 표방하고 장기경제개발계획에 착수는 하였지만 계획을 입안하는 데 너무 많은 시간을 허비하였다. 1961년부터 시행할 계획을 1961년 5.16혁명이 일어나기 직전까지도 확정하지 못했고 이를 실천할 조직을 정비하지도 못했다.

　결론적으로는 민주당 장면 정부는 활동을 하겠다는 선언만 있었고 이를 실천에 옮기지 못하여 제대로 된 성과를 하나도 내지 못했다.

❀ 데모로 해가 뜨고 데모로 해가 지는 데모 천국이었다

4.19혁명이 가져온 가장 두드러진 사회현상 중의 하나는 정부 우위에서 시민사회 우위로 역학관계가 역전되어 그 동안 억눌려 왔던 시민사회의 목소리가 커지고 정부의 역할이 위축되는 현상이다. 시민사회의 목소리가 커지고 우월적 지위가 됨에 따라 학생, 노동운동가 및 혁신세력들은 극단적이고 과격하며 실정법을 어기면서 데모를 하는 것을 아무렇지도 않게 생각하는 분위기가 우리 사회에 팽배해졌다.

학생들은 4.19혁명의 성공에 결정적인 역할을 한 세력이었다. 이러한 역할을 할 수 있었던 가장 큰 요인은 우선 해방 이후에 학생들의 양적 규모가 급속히 팽창한 데에 있다. 1952년 말 12만 명에 불과했던 고등학생 규모가 1960년에는 26만 명으로 증대되었고 초급대학 이상의 대학이 2만4천 명에서 1959년 말에는 8만 명에 이르렀다. 게다가 이승만 장기독재와 이에 따른 부정부패, 그리고 1950년대 말의 경제위기 등에 가장 민감하게 반응했던 세력이 바로 학생들이었다. 그런 점에서 볼 때, 학생들은 특정의 계급적 이해를 직접 대변했던 것은 아닐지라도, 3.15부정선거를 계기로 급속히 결집하여 4.19혁명을 성공시킬 수 있었던 유일한 집단이었다고 할 수 있다. 이들은 당시의 상황에서 의도하지 않았던 정권교체 세력의 주역이 되었다.

4.19혁명 직후 이승만 정권이 붕괴하자 학생들은 곧장 학교로 복귀하였지만 그들은 본연의 임무인 학습보다는 학내문제에 개입하는 일에 더 열을 올리기 시작하였다. 먼저 학도호국단을 해체하고 자율적인 학생회 조직을 만드는 한편, 어용교수 퇴진과 학원행정 민주화 등을 요구하는 학내민주화운동을 전개했다. 이어 국민계몽운동 전개, 양담배 소각, 사치추방캠페인 등 '신생활운동'을 펼쳤다.

민주당 장면 정부 초기에는 학내 위주의 온건한 학내민주화, 국민계몽운동에 치중했던 학생운동이 민주당 정권이 내부 파벌싸움 속에서 4.19혁명 과업을 제대로 수행하지 못하자 상황은 점차 변화하기 시작했다.

학생들은 1961년 2월 중순에는 11개 대학을 중심으로 '전국 학생 한미경제협정 반대투쟁위원회'를 결성하였고 혁신정당 및 사회단체들과 공동보조를 맞추어 가두시위에 나서기 시작했다. 1961년 3월부터는 고등학생까지 데모에 참여하기 시작하였고 점차 규모가 커지고 지역도 확대되었다. 예컨대, 대구에서는 고등학생 및 대학생 2~3만여 명이 거의 매일 가두시위를 하였고 부산, 마산, 원주, 광주에서도 연일 데모가 계속되었다.

1950년대 후반 한국의 경제는 미국의 원조 축소로 실업자가 점차 늘어나는 추세였다. 잠재실업자를 제외하고 완전실업자만 하더라도 1958년에 33만 명에서 1960년에 44만 명으로 급속히 늘어나고 있었다. 이처럼 노동환경은 자꾸 나빠져서 1960년에는 최악의 상태에 달하게 된다. 노동운동의 행태도 보다 과격하게 나타나기 시작하여 1960년 9월 말에는 경상북도 내 교원노동조합 조합원 8천5백여 명이 대우개선 등 요구조건을 내걸고 5일간 기한부로 단식농성에 들어갔다. 그리하여 교원노동조합 조합원들이 서울로 모여 데모를 하기 시작했으며 한 때는 국회의사당 앞에 수천 명이 모여서 데모를 한 일도 있었다.

1960년 9월 말에는 철도원들이 임금인상을 이유로 태업에 들어갔다. 철도원들의 준법투쟁으로 무궁화호와 태극호 등 모든 기차가 서행 운행함으로써 일반 승객의 불편은 말할 수 없이 컸다.

이상한 데모도 있었다. 중앙청에 근무하는 경찰관이 김선태 무임소장관으로부터 따귀를 맞았다하여 경찰관들이 데모를 하는 사태가 발생한 것이다. 1960년 10월에는 4.19혁명 중에 부상당했던 학생들이 국회에 난입하여 의장단을 일시 점거한 사태가 발생하기도 하였다. 11월에는 비구니 및 불교 신도 4백여 명이 불교분쟁 사건에 대한 대법원 판결에 불만을 품고 대법원 청사에 난입하는 사건이 발생하였고, 12월에는 박태선 장로교회(일명 전도관) 교인 2천여 명이 동아일보 기사에 불만을 품고 신문사에 난입하는 사건이 벌어지기도 하였다.

이처럼 4.19혁명 이후 봇물처럼 터져 나온 학생, 노동계, 사

박정희의 기업가적 국가경영과
위기관리 리더십

회단체의 데모는 민주주의와 자유라는 이름으로 행해진 절제되지 않은 방종 그 자체였다. 4.19혁명이 남긴 부정적인 행태의 하나는 모든 것을 데모로 해결하려는 '데모 만능의 시대'를 초래하였다. 특히 학생들에 의해 주도된 4.19혁명의 성공은 학생들의 오만과 절제할 줄 모르는 방임된 분위기를 가져왔고 그것은 우리 사회가 감내할 수 없는 수준까지 이르렀다.

이러한 사회 불안정 속에서 정부가 그 불만과 요구사항을 담아낼 충분한 능력이 없었고 민주당 장면 정부는 급기야 통솔력을 상실하기에 이르렀다. 경찰마저도 3.15부정선거를 계기로 이승만 정부의 독재체재를 옹호했다는 이유로 국민들로부터 신뢰를 잃어 국민들의 증오의 표적이 되었다. 따라서 치안이 부재하고 정치권의 무능력 등이 종합적으로 작용하여 국내 상황은 무질서와 혼란으로 점철되는 무정부상태와도 같은 매일 매일이 계속되었다.

❀ 무법, 불법의 생활 범죄가 난무했다

4.19혁명 이후 과도정부 4개월, 민주당 9개월 동안 사회 구석구석에서 치안질서가 무너지고 무법, 불법이 난무하였다.

① 밀수가 횡행하였다. 부산을 중심으로 인천, 군산, 목포, 여수 등, 바다에 인접한 항구도시를 통해 밀수한 제품들이 대도시 시장을 중심으로 공공연히 판매되었다. 그렇지 않아도 물자가 부족한 시절에 밀수는 벼락부자의 대명사였고 한탕주의의 대표적인 행위였다.

② 불법 건축물이 대거 등장하는 시기였다. 해방 후 해외에 흩어졌던 사람들의 일시적인 대량 귀환, 6.25전쟁을 거치면서 북한 주민의 남한 이주와 농촌 인구의 대도시 이주 등으로 도시의 주택수요는 급증하였으나 공급량은 절대 부족한 상황이었다. 4.19혁명 이후 경찰력이 무력화된 틈을 타서 무허가 판잣집을 대대적으로 짓기 시작하는 계기가 되었다. 1960년 4.19혁명 이전 통계로 28채밖에 없었던 서울의 판잣집이 4개월 후에는 4천 채 이상이 지어졌다고 언론은 보도하고 있다.

③ 도전(盜電)이 만연하였다. 1945년 해방 이후 남북으로 갈리면서 가장 심각하게 국민생활에 지장을 초래한 것이 바로 전력난이다. 1948년 5월 14일 북한이 전기 송전을 중단함에 따라 남한은 그야말로 암흑천지였다. 이러한 전기사정을 해결하기 위하여 정부에서는 전원개발, 제한송전, 절전 및 도전

박정희의 기업가적 국가경영과
위기관리 리더십

방지에 적극 나섰다. 당시 도전(盜電)은 가장 큰 사회범죄 중의 하나였다. 다양하고 교묘한 방법으로 도전하기 때문에 쉽게 발견하기도 어려웠다. 긴 대나무 장대 속에 전선을 넣어 전기가 필요한 밤 시간에 장대를 전선에 걸쳐 두었다가 아침이면 장대를 치워놓는 경우가 그 한 가지 예이다.

④ 도박이 횡행하였다. 농촌에서는 가을 추수가 끝나 농한기가 되면 별 할 일이 없는 상황에서 많은 사람들이 도박에 빠져 패가망신하는 사례가 비일비재했다. 1961년 5.16 혁명 이전까지만 해도 농촌은 농번기가 끝난 농한기에는 아무 할 일이 없이 무위도식하는 게 일반적이었다.

⑤ 마약사범들이 많았다. 평소에 마약 사범 단속으로 검거된 통계가 연 1,000여건에 지나지 않던 것이 5.16혁명 이후 1년 동안에 그 10배인 11,000여건에 달하는 것만 봐도 당시 마약범죄가 우리사회에 얼마나 크게 만연되어 있는가를 가늠할 수 있다.

⑥ 법보다 주먹이 앞서던 시대였다. 경찰이 3.15부정선거를 방조하고 4.19혁명을 방해한 주축세력으로 국민들에게 인식되면서 경찰의 신뢰는 땅에 떨어져 버렸다. 따라서 폭력범, 강력범들이 도처에 날뛰고 있어 밤늦게는 시내를 다닐 수도 없을 정도로 치안이 부재한 상황이었다. 5.16혁명 후 200여명의 깡패들을 소탕하여 거리에서 회개하게 하는 퍼포먼스도 하였다. 그처럼 불법 폭력범들이 사회의 구석구석에 기생하고 있

어 사회의 안정은 기대하기 어려웠다.

⑦ 사이비 기자가 난무하던 시대였다. 민주당 장면 정부가 집권하면서 언론규제정책이 종래의 허가제에서 등록제로 바뀌었다. 이에 따라 집권 후 1년도 채 안 되어 일간지와 주간지, 기타 무등록 잡지를 합쳐 무려 1,600개 사에 기자와 직원들이 무려 16만 명으로 증가되었다. 이는 그 당시의 한국의 언론 시장 규모에 비추어 볼 때 지나치게 비대하였다는 것을 삼척동자도 알 것이다. 시장규모가 협소한데 비해 기자의 수가 많다 보니 언론사에서는 손익을 맞출 수 없었고 언론 권력을 가진 자들이 윤리의식까지 갖추지 않은 사이비 기자가 난무하며 결과적으로 사이비 기자들이 부정부패와 결탁하여 기업체와 관공서에 기생하며 사회를 혼탁하게 하였다.

❀ 정부는 당쟁으로 세월을 보냈다

　4.19혁명으로 이승만 정권이 무너진 뒤 처음 등장한 정치적 이슈가 내각책임제 개헌이었다. 이승만 대통령의 독재가 대통령 중심제라는 제도적 결함에서 비롯됐다고 여기는 분위기에서 자연스레 내각책임제 분위기가 팽배했던 것이다. 4.19혁명 당시의 여당인 자유당과 민주당 구파, 무소속 의원들까지도 내각제개헌을 원하는 입장이었다. 또한 민주당 신파의 핵심인 장면도 내각제개헌을 천명하고 지지를 밝힘으로써 개헌추진이 급속히 진행되었다. 이에 따라 내각제 개헌안은 1960년 6월 19일 국회에서 표결에 붙여져 재석 2백 11명 중 찬성 208표로 통과 되었다. 개정된 헌법에 따라 국회가 민의원과 참의원의 양원제로 구성되었고 1960년 7월 29일 총선거가 실시되었다.

　총선 실시결과 민주당은 민의원 재적 233석 중 172석을 차지했고 참의원 58석 중 31석을 차지하여 4.19혁명 후의 새로운 집권세력으로 등극했다. 제5대 국회는 행정부의 수장인 대통령에 윤보선(구파)을 뽑았다. 윤보선 대통령은 행정부를 구성하기 위해 구파인 김도연을 총리로 지명하여 인준요청을 하였으나 재적 과반수를 얻지 못해 인준에 실패했다. 윤보선 대통령은 다시 장면을 총리로 지명하여 인준을 받았다. 그러나 재적 과반수에 2표가 넘는 아슬아슬한 결과였다. 여기서부터 민주당 신파와 구파의 대립은 시작되었다.

장면 총리는 총리 인준 후에 각료 구성을 위해 8월 21일 청와대에서 구파 대표 두 사람, 즉, 윤보선 대통령과 유진산, 그리고 신파인 곽상훈 민의원 의장과 함께 청와대 4자회담을 가졌다. 신구파를 대표해 넷이 모인 자리에서 양쪽은 신구파 각 5명, 무소속 2명으로 내각을 구성하는 데 합의하였다. 다만, 구파는 별도의 교섭단체를 두며 원하면 내각에 파견한 장관을 언제라도 소환할 수 있다는 단서를 달았다.

구파에서는 의원총회를 통해 합의한 구파 측 명단을 장면 총리에게 제시했으나 장면은 '장관 소환권과 별도 교섭단체 구성을 용인할 수 없다.'는 말로 4자 회담의 합의 내용을 뒤집어 버렸다. 그리고 장면 총리는 8월 23일 신파 10명, 구파 1명(정헌주 교통), 무소속 2명(박세환 농림, 오천석 문교)으로 구성된 각료진을 발표했다.

조각이 발표된 후 민주당 내 신파의 이철승과 구파의 김영삼 두 소장파 대표가 만나 정당발전을 가로막는 일부 노장층 의원들을 몰아내자고 합의하였다. 이들은 당내의 당으로 자처하면서 시시비비를 가리겠다고 공언했다. 한편 노장파 의원들은 소장파의 이러한 행동을 감투싸움에 밀려 반발한 것으로 보기도 했다. 소장파는 한때 신파 의원의 절반 가까이를 확보할 만큼 세력을 키웠고 그에 따라 장면 내각에 사사건건 공격을 가했다.

이렇게 되자 장면은 구파는 물론 소장파까지 등을 돌려 자기를 지지하는 세력보다 자기를 배척하는 세력이 훨씬 많은 고립무원인 상황에 빠졌다. 이에 따라 장면은 1차 조각 발표 후 한 달도 채 되지 않아 조각 각료 중에서 신파인 홍익표 내무, 현석호 국방, 이태용 상공, 오위영 국무원 사무처장 등 네 명을 내리고 권중돈 국방, 김우평 부흥, 박해정 교통, 조한백 체신, 나용균 보사장관 등 구파 5명을 새로이 받아들인 개각을 단행했다.

그럼에도 불구하고 구파는 9월 중순에 민의원 65명, 참의원 17명으로부터 분당에 동참한다는 서명을 받았고 이에 신파도 민주당 명의로 원내교섭단체를 등록했다. 이렇게 교섭단체별 의원 수는 신파 중심의 민주당 95명, 구파동지회 86명, 무소속의 민정구락부 41명, 어느 교섭단체에도 소속되지 않은 의원 9명 등이었다. 이렇게 되니 어느 일방도 다수를 차지하지 못해 정국안정은 어려웠다.

민주당 구파는 11월 8일 드디어 신당 발기준비대회를 열어 신민당이라는 이름을 사용하는 별개의 당으로 독립했다. 이렇게 해서 민주당은 창당 5년 만에 민주당과 신민당으로 갈라섰고 신민당은 1961년 2월 20일에 정식 출범했다.

소장동지회는 1961년 1월 '신풍회'로 이름을 바꾸고 정식으로 정파의 모습을 갖췄다. 또한 신민당과 무소속의 소장파가 합쳐 새생활 운동을 전개 하겠다는 기치를 내걸고 '청조회'를 만들었다.

윤보선 대통령과 장면 총리 사이에도 갈등이 많았다. 윤보선 대통령은 대통령이 된 뒤에도 구파의 수장 역할을 하며 장면 총리와 팽팽한 긴장관계를 유지했다. 장면의 2차 내각 이후에도 구파 몫의 장관자리가 빈탕이라고 불만을 표출했다. 1961년 1월 초 민·참의원 합동회의 신년 치사에서도 현 정국이 국가적 위기라고 규정하고 정쟁의 중단을 촉구하기도 했다. 1961년 3월 23일 저녁에 윤보선 대통령, 장면 총리, 곽상훈 민의원 의장, 백낙준 참의원 의장, 현석호 국방부장관과 신민당으로 분당한 민주당 구파의 김도연, 유진산, 양일동, 조한백, 서범석 등 10인이 청와대 요인회담을 열었다. (그 얼마 전, 윤보선 대통령은 경무대가 독재의 인상을 준다며 그 명칭을 청와대로 바꾸었다)

내각책임제 하에서 대통령과 총리가 협력하고 지원하는 동반자 관계가 아니고 반목하고 갈등하는 관계로 변함으로써 그 결과는 정치력 약화로 이어지고 국정운영에 있어 치명적인 부작용을 초래했다. 여기에 장면 총리의 우유부단한 성격이 합쳐지면서 국정은 파행적으로 운영될 수 밖에 없었다.

박정희의 기업가적 국가경영과
위기관리 리더십

✿ 유약한 지도력과 미국의 우려가 중첩되었다

제2공화국의 내각제 하에서의 총리는 실질적으로 국정을 관리하는 최고 책임자이다. 그 당시 국정의 최고책임자였던 장면은 유복한 가정에서 장남으로 태어나 성장과정도 순탄하고 성격도 깔끔하고 온순하여 마치 성직자 같은 스타일이었다. 장면은 일찍이 미국 맨해탄 카톨릭 대학 문과를 졸업했고 1946년 과도입법의원, 1948년 제헌의원, 1949년 주미 대사, 1951년 국무총리, 1956년 부통령, 1960년 의원내각제에서 민의원 및 국무총리로 당선되어 제2공화국의 실질적인 국정의 총책임자가 되었다. 성장과정에서 보다시피 장면은 어렵고 힘든 과정이 없었고 위기과정도 없었기 때문에 경험에서 얻는 관리능력도 체득할 기회가 별로 없었다.

미국의 정부 요인들도 장면을 높이 평가하지 않았다. 1956년 당시 주한 미군 사령관이던 렘니처 장군은 장면 부통령을 '허약한 보수적 기회주의자'라고 평하는 보고서를 상부에 올렸다. 1957년 9월에 허터 미 국무차관이 내한하자 장면은 민주당의 정책에 관한 각서를 제출했는데 그 주요 내용은 무력에 의한 통일정책의 포기, 한국군 병력 삭감, 대일 강경 정책의 완화, 민간 부문 중시의 경제정책 등, 미국 측이 좋아할 만한 내용만을 담았다. 이 각서를 읽어본 국무부 차관보 로버트슨은 '너무 미국 정책과 비슷하기 때문에 장면의 진의를 의심하게 된다.'고 말하기도 하였다.

　장면 총리가 집권한 이후, 1960년 11월에 미국 행정부가 작성한 《한국의 전망》이라는 보고서는 한국의 향후 몇 년 동안 리더십의 변화와 세력 재편에서 현재의 보수 정당 우위에서 사회주의 세력의 힘이 강화될 것이라면서 장면 정부의 미래를 비관적으로 전망했다. 또한 1961년 3월 미국원조기관 유솜(USOM)의 부원장인 팔리(H. Farley)가 한국을 떠나면서 제출한 보고서(일명 팔리 보고서)에서도 한국을 우려하고 있었다. 팔리는 백악관에 보낸 《한국의 상황, 1961년 2월》이라는 보고서에서 장면 정부의 독직, 부패, 무능이 한국을 위기로 몰고가 4월을 넘기기 어려울 것이라고 전망했다. 이를 막기 위해 미국 정부가 한국에 특명전권대사를 파견하여 개혁을 단행하지 않으면 최악의 경우 군사 쿠데타가 일어날지 모른다고 경고하기도 했다.

　1961년 3월 미국 CIA의 주관 하에 국무부, 국방부, 육해공군, 그리고 합참의 각 정보기관이 참여한 가운데 한국 상황에 대한 종합 판단서, 즉, 특별국가 정보판단서(Special National Intelligence Estimate)인 《한국에 대한 단기전망》이라는 보고서를 작성하여 국가안보위원회에 제출하였다. 이 보고서에는 민주당 내분에 따른 분당, 언론의 무책임한 비판, 공산당의 선동, 학생·노동자·제대 군인들의 개혁부진에 대한 불만 등이 한국사회의 집단시위와 대중 집회를 일상화 시켰으며, 한국은

　박정희의 기업가적 국가경영과
위기관리 리더십

경제적 취약성과 정치적 불안정으로 그 미래가 밝지 않다고 전망하였다.

1961년 4월 매카나기 주한 미국 대사는 장면 총리에 대한 다음과 같은 내용의 비판적인 보고서를 러스크 국무장관에게 보낸 적이 있다.

"장면 총리의 박력 없는 지도력은 그의 인간성을 반영하는 것으로 바꾸기가 힘들다. 장면 총리와 측근들은 준(準)비상사태 하에선 평상시의 상투적인 정치로서는 문제를 해결할 수 없음을 알아야 하는데 그러지 못하고 있다. 지난 몇 달 동안 장면 총리와 장관들은 기근으로 고생하고 있는 지역을 한 번도 찾아가지 않았다. 우리는 여러 차례 장면 총리에게 충고했다. 장면 총리는 자신의 패거리나 서울의 정치판으로부터 벗어나 국민들의 문제를 공감하고 그들의 이익을 대변하는 지도자로 바뀌어야 하는데 그러지 못하며, 또한 젊은층을 많이 등용해야하는데 동양적인 서열의식 때문에 이것이 어렵다. 한국의 30대는 그 위의 세대와 사고방식이 크게 다르다. 이들 젊은층이 사회의 지도층으로 등장하면 독직과 부패를 척결하는 데 도움이 될 것이다."(조갑제 '박정희 3권')

장면의 정치적 유약성과 지도력의 문제는 5.16군사혁명의 수습과정에서도 여실히 들어났다. 군사혁명이 일어났는데도 국정 최고책임자가 3일 씩이나 나타나지 않고 수녀원에 숨어 있었다는 것은 세계사에 유례없는 무능과 무책임, 유약성의 극치였다. 5.16혁명 당시 미국 케네디 대통령은 장면 총리가 쿠데타를 수습하기 위해 전면에 나서지 않고 몸을 피했다는 소식을 전해들은 뒤 '집권을 포기하고 도망간 사람을 우리가 지켜줄 필요가 없다.'면서 사실상 쿠데타 성공을 인정했다고 한다.

지도자 상은 시대상황이나 처해있는 환경에 따라 달리 나타나겠지만 특히 36년간의 일제 식민지 지배 이후의 국가상황, 6.25전쟁 이후의 경제적 어려움과 좌우익의 정치적 대립 상황, 4.19혁명 이후 시민들의 의식의 변화속에서, 장면 총리처럼 유약한 지도력으로는 이처럼 어려운 상황을 돌파하는데 한계가 있음을 나타낸 좋은 사례라고 할 수 있다.

❀ 군인들을 효율적으로 통제하지 못했다

군대는 가장 강력한 물리적 힘을 가진 집단이다. 군은 6.25 전쟁을 거치면서 60만 명에 달할 정도로 양적으로 거대화되었고 조직운영 등 업무 수행능력은 미군과의 합동작전을 통해 정부 내에서 가장 선진화 되었다.

또한 군대는 물리적 힘을 가진 집단으로서 어느 집단보다 본연의 임무에 충실해야 함에도 불구하고 어느 집단보다 정치적 집단으로 변화되어 있었다. 이처럼 군대가 정치화되기 시작한 첫 번째 계기는 바로 한국군의 통제권한이 한국의 대통령과 미군에 동시에 주어지면서부터 시작되었다고 할 수 있다.

6.25전쟁이 발발하고 한국군이 심각하게 후퇴하는 과정인 1950년 7월 15일에 이승만 대통령은 원활한 전쟁 수행을 위해 한국의 국군통수권을 유엔군사령관에게 넘겼다. 그리고 휴전 후 1954년 11월 체결된 '한미합의의사록'에서 유엔군 사령관에게 작전통제권을 넘기는 것이 양국 간의 상호이익에 유리하기 때문에 한국의 군대를 유엔군사령관의 작전통제권 하에 둔다는 명문 규정으로 대체되어 지금까지 고착화되었다.

이를 계기로 한국군은 한국 대통령의 통수권 밑에 있으면서 동시에 유엔군사령관의 작전통제권 아래에 속하는 이중지배 구조 하에 놓이게 되었다. 미국은 6.25한국전쟁 이후에 이승만 대통령에 대해 일종의 공포감을 가지고 있었다. 미국은 이승만 대통령이 북진통일을 외치며 단독으로 북진할 것을 두려워하여 한국군을 자기편에 묶어두려고 했다. 또한 미국은 한국군 지휘부를 친미화하여 유사시엔 한국 대통령이 아닌 미군의 지시를 따르도록 하였다. 그 일환으로 주한 미군 사령관은 한국군 육군 참모총장을 비롯하여 군 인사권을 행사함에 따라 한국의 장성들은 미군의 눈치를 보는 것이 일반화 되어 있었다.

한편, 6.25전쟁 이후 한국군의 부패는 군의 정치관여와 깊은 상관관계가 있었다. 정부의 예산에서 군 관련 예산의 비중이 높았고 예산 집행과정에서 부패는 군인들 자신들의 개인치부와 정치권에 대한 상납과 밀접한 관계가 있었다. 군이 부패를 통해 취득한 자금으로 정치자금에 상납하고 그 대가로 자신들의 진급 청탁이라는 생태계가 구조화 되어 있었다. 그리고 선거 때마다 여당에 유리하게 군을 동원하는 것도 이 당시의 흔한 모습이었다.

그런데 4.19혁명을 거치면서 군의 정치화는 그 양상이 변하기 시작했다. 사회전반에 퍼진 민주화는 군에도 영향을 미쳤다. 군 내부에서도 이승만 독재에 협력했거나 부패한 장성이나 장교들을 추방하자는 움직임이 일어났다. 박정희 소장과 육사5기 및 8기생들이 중심이 된 장교들이 이 활동을 주도했다. 이들은 3.15부정선거에 개입하고 부패한 정치군인들을 추방하고 군의 혁신을 주장했다는 점에서 새로운 의미의 정치군인들이었다. 이들은 강한 민족주의적 열망을 가지고 있었고 빈곤 국가를 어떻게 하면 부강한 나라를 만들 수 있는지, 그리고 군대가 조국 근대화에 해야 할 역할이 무엇인지를 고민하는 사람들이었다.

청년장교들의 불만은 진급이 더딘 데에도 영향이 있었다. 6.25전쟁을 거치면서 군이 양적으로 증가일로에 있을 때는 승진이 잘 되었으나 종전 후 양적인 증가가 침체될 때부터 승진이 정체되기 시작했다. 육사 5기 및 8기생들이 대개 중령 아니면 대령이었는데 그보다 몇 기 빠른 사람들은 나이가 비슷하지만 벌써 장군이 되어 있는 상황이었다. 예컨대 장도영 육군참모총장은 37세인데 김종필은 36세로 한 살밖에 차이가 나지 않는데 중장과 중령이라는 계급차이가 났다.

장면 정부가 집권하자마자 군인 10만 명 감축계획을 발표한 것도 군인들의 불만을 샀다. 10만 명 감축계획이 그대로 시행될 경우 장교 여섯명 중 한 명이 전역을 해야 할 운명에 처하게 되었다. 그 당시의 우리의 경제적 역량에 비추어 60만 명의 군인을 유지하는 것은 버거운 것이 사실이고 감축안의 필요성은 어느정도 인정되었다. 그러나 당시 북한의 상비군이 58만 명, 노동적위대가 140만 명이나 되는 상황에서 정확한 상황판단 없이 감군을 실행하는 것은 전반적인 사정을 고려하지 않은 정책발표였다. 이 정책은 미국과 군부의 반발로 철회되었지만 청년장교들에게는 상당히 불안감을 주는 정책이었다.

한국군과 미군 수뇌부는 1960년 가을에 박정희 육본 작전참모부장을 김종필 중령 등 16명이 일으킨 정군(整軍)활동의 배후 조종자로 지목하였다. 미국 측에선 여러 경로를 통해서 박정희를 과거의 좌익 전력을 문제 삼아 예편 조치하라는 압력을 장면 정부에 넣었다. 특히, 맥그루더 미8군사령관은 권중돈 국방장관과 최경록 참모총장을 만나 그런 뜻을 전달했다.

맥그루더 미8군사령관은 1960년 11월 최경록 총장에게 편지를 보내 '현재 군법회의에 넘어가 있는 16인 항명 사건을 엄격히 다루고 그 선동자들을 조종한 박정희(작전참모부장) 장군과 박병권(인사참모부장) 장군을 제거한다면 미 국방부의 태도가 한국 측에 유리하게 바뀔 것'이라고 전했다.

1961년 봄부터는 장교들이 부대 내 식당에 모여 앉아 식사를 하면서 대놓고 '야, 박정희 장군이 쿠데타를 한 대.'라는 말이 오갈 정도였으며 혁명 모의자 가운데는 이런 분위기에 편승하여 '우리가 박정희 장군을 모시고 혁명을 준비하고 있으니 참여하라.'는 식으로 광고를 하고 다니는 이들도 생겼다.

육군방첩대도 쿠데타 모의설의 중심으로 떠오르고 있는 박정희를 근접감시하기까지 하였다. 육군방첩대 서울지구대는 박정희가 대구에서 상경한 1961년 5월 12일부터 방첩대의 4인 1조 미행 팀을 박정희에게 붙여놓고 24시간 감시를 하기도 하였다. 거사일이 12일에서 15~16일경으로 연기된 것도 알고 있었다.

미국 CIA는 박정희 직속 참모의 일원인 어느 한국군 장교로부터 사전에 제보 받은 군사 혁명에 관한 내용을 장면 총리에게 통보해 주었다. 그러나 장면 총리는 이 보고를 심각하게 받아들이지 않는 것 같았다고 한다.

민간인 중에서도 장면 총리에게 군사혁명 모의 사실을 전한 사람도 있다. 서울에서 사업을 하는 사람에게 박정희 지인이 연락을 하여 대구로 내려와 '혁명자금을 보태라.'는 말을 듣고 서울로 오자마자 모 국회의원을 찾아가서 쿠데타 음모를 제보하고 이 내용을 장면 총리에게 전달하기도 하였다.

장면 총리로부터 박정희 소장이 주동이 되어 쿠데타 모의설에 대한 조사지시를 받은 검찰총장은 서울지검 부장검사에게 수사를 맡겼다. 수사를 맡은 부장검사는 관련자를 체포하여 조사한 결과 '박정희 장군의 쿠데타 음모설은 사실로 판명되었다.'고 검찰총장에게 보고했다.

이미 군은 고도로 정치화 되어 있었고 언제든지 격발만 되면 혁명을 행동으로 옮길 수 있는데도 이러한 쿠데타를 조사하고 밝히는 일을 본연의 임무로 하고 있는 방첩대나 검찰은 조사는 했지만 행동으로 옮기지는 않았다.

❀ 통일논의가 봇물처럼 쏟아졌다

분단 이후 통일 논의가 공개적으로 가장 활발하게 전개된 시기는 제2공화국 장면 정부 시절이었다. 대한민국의 건국 이후 6.25전쟁을 거치면서 북한 공산세력에 대한 국민들의 강한 반감과 이승만 정부의 반공정책은 사실상 우리사회에 북진통일 이외의 다른 남북통일방안을 공개적으로 꺼내기에는 시대적으로 불가능에 가까웠다. 그러나 4.19 이후 다양한 국민들의 목소리가 표출되기 시작하였는데 그 중 하나의 집단이 혁신계였다.

그들은 4.19혁명과업을 완수해야 할 책임이 자기들에게 주어진 역사적 과업의 일부라고 판단하고 4.19혁명이 열어놓은 정치적 공간에 그들의 활동무대도 열렸다고 확신했다. 4.19혁명 이후 혁신계 인사들은 정치활동을 하기 위해 혁신계 정당들을 만들었다. 사회대중당, 혁신동지총연맹, 한국사회당, 사회혁신당 등, 이런저런 단체들이 우후죽순처럼 창당되기 시작했다.

이때부터 혁신계열 정당들은 통일문제를 선점 이슈로 내걸고 문제제기를 하기 시작했다. 사회대중당은 1961년 들어 민족자주통일중앙협의회(민자통)를 무대삼아 통일과 한·미관계를 이슈로 내걸고 대대적인 실력행사에 들어갔다. 민자통의 통일론은 자결의 원칙에 입각한 평화적 통일이며 북한과의 무조건적인 협력을 주장했다. 통일사회당은 민자통의 경쟁세력인 중립화통일연맹(중통련)을 지지했다. 중통련은 남북한 전역에서 민주적인 선거를 통해 통일을 하고 통일된 한국에는 중립을 보장해야 한다는 원칙을 견지했다.

1960년의 7,29선거 때 민의원과 참의원 선거 기간 중 가장 중요한 이슈도 통일론이었고 혁신계 정당들은 통일론을 선거의 쟁점 이슈로 제기하기 시작했다. 한국사회당(대표 전진한)은 '유엔 감시 하에 총선거를 실시하되 통일조국은 민주주의를 견지해야 한다.'고 했고 혁신동지연맹(장건상)은 '민주적인 모든 정당, 사회단체가 통일위원회를 구성해 민주주의가 승리하는 정치적 통일을 달성해야 한다.'고 주장했다. 사회혁신당(고정훈)은 '김일성 괴뢰가 타도돼 자유로운 정권으로 바뀌면 남북교류를 허용하고 그 다음에 남북 총선거로 평화통일을 기한다.'는 일정을 발표했다.

윤보선 대통령도 취임사에서 '유엔 감시 하에 남북한 총선거를 통한 통일'원칙을 다시 한 번 천명했고 장면 총리도 시정연설에서 '선 건설 후 통일' 방안을 밝혔다.

통일논쟁이 확산되자 학원가는 통일문제를 논의하는 동아리가 결성되고 토론회, 강연회도 잇따랐다. 서울대에서는 민족통일 연맹을 결성하고 통일에 관해 국민의식을 고취하고, 분위기를 무르익게 하며, 통일방안을 정부 사회에 제시하고 여론을 조성하겠다고 공표했다. 4.19 혁명 1주년 기념일을 맞아 민족통일연맹은 '통일을 기피하고 탄압하는 현 정권은 피를 보기 전에 물러나라.'고 시국선언문을 발표했다. 1961년 5월 초 서울대 민통련은 '남북한 학생회동을 위한 결의문'을 통해 남북의 학생들이 구체적인 학생회담과 학생기자 교류, 모든 예술·학문·창작의 교류, 학생친선체육대회 등을 실현할 것을 단시일 내에 결의함으로써 남북학생회담을 공식 제안하기도 했다.

서울대 민통련의 이러한 제안에 대해 혁신계단체들은 전폭적인 지지를 약속했고 북한 역시 이들에 대한 신변보장을 약속하기도 하였다. 그 동안 논란을 거듭했던 통일문제는 급기야는 남북학생회담 개최 주장으로 이어지게 되었다. 5.16 혁명이 일어나기 3일 전까지도 민족자주통일중앙협의회(민자통)는 서울운동장에서 3만 여명의 시민 및 학생대표들이 참여한 가운데 '남북학생회담 환영 및 통일촉진 궐기대회'를 개최하였다. 대회 직후 시위대원들은 '배고파 못살겠다! 통일만이 살길이다!', '가자! 북으로! 오라! 남으로!', '나가자! 통일광장으로!' 등의 구호를 외치며 서울역 앞까지 행진을 감행하였다.

이러한 통일 논의는 처음에 혁신계 정치인들로부터 시작하여 4.19혁명의 주체세력인 학생들에게로 확산되면서 우리 사회에 극도의 혼란을 부추겼다.

❀ 남북체제경쟁은 엄청난 스트레스를 가져왔다

자유민주주의와 공산주의의 체제경쟁이 전 세계적으로 시작된 것은 1947년부터라고 할 수 있다. 1946년 말까지 미국의 세계전략 기조는 국제주의로 미국은 공산주의 국가까지도 포함한 대부분의 국가들과 우호적인 통상 및 교류관계를 유지하여 왔다. 제2차 세계대전을 치를 때에는 미국과 소련이 연합하여 파시즘국가들을 상대하여 전쟁을 치르기도 하였다. 그러나 루즈벨트 대통령의 서거로 미국 내의 뉴딜정책추진자들이 전면에서 물러나면서 세계 정치지형은 제2차 세계대전 중의 연합국과 파시즘 국가의 대립형태에서 미소간의 체제대립형태로 변화되었다.

이러한 현실을 반영해 미국은 1947년 3월 트루먼 대통령이 의회에서 미국외교정책에 관한 새로운 원칙, 즉, 공산주의 확대를 저지하기 위하여 자유와 독립의 유지에 노력하며, 공산주의 지배를 거부하는 의사를 가진 세계 여러 나라에 대하여 군사적·경제적 원조를 제공한다는 '트루먼 독트린'을 발표하였다. 한국은 미국의 공산주의 소련 봉쇄정책의 최전선에 자리하게 되었다.

이미 소련은 1945년 9월부터 북한에 독자적인 정치조직을 구축하기 시작하여 1948년 9월 9일 공산주의인 김일성 정권이 수립되었고 남한에서는 1948년 8월 15일 이승만의 자유민주주의 정부가 들어섰다. 이때부터 남북한은 자유민주주의를 기조로 하는 미국과 공산주의를 이념으로 하는 소련의 각축장이 된 것이다.

남한은 이승만 정부가 들어서기 전부터 체제에 대한 도전이 시작되었다고 할 수 있다. 1948년 5월 10일의 총선거를 저지하기 위한 남노당의 지령으로 제주도에서 4월 3일 시작된 무장봉기는 정부 수립 이후에도 진정되지 않았다. 이에 정부는 제주도 전역에 계엄령을 선포하고 여수에 주둔하고 있던 14연대를 파견해 반란을 진압하려고 했다. 이를 계기로 14연대 내부에 숨어있던 좌익 세력이 1948년 10월 19일 여수에서 반란을 일으켰다. 이 반란은 많은 민간인과 군경의 사상자를 내고 진압되었다.

또한 북한의 김일성은 한반도를 무력으로 공산화 하기위해 6·25전쟁을 일으키면서 남북한의 체제 경쟁은 본격적이고 극단적으로 치닫기 시작했다. 따라서 남북 어느 곳에서든 상대를 긍정적으로 이야기하는 사람에게는 곧 체제 부정에 따른 극단적인 제재만이 있을 뿐이었다.

한국전쟁이 낳은 체제경쟁은 악의의 경쟁이었고 목숨을 내거는 경쟁이었으며 체제경쟁에서 밀리면 정부가 존재할 수 없다는 사활경쟁이었다. 체재경쟁의 본질이라 할 수 있는 경제적 상황은 해방 직후는 북한이 공업, 특히 중화학 공업 그리고 전력 등이 우월했다.

북한은 1947년과 1948년 2년에 걸쳐 경제개발계획을 추진하였으며, 1949년에는 2개년계획을 착수하였다. 2개년계획에서는 각 산업 분야에서 일제의 식민지적 잔재와 폐해를 제거하고, 생산을 급속히 늘릴 목표를 세웠으나 6·25전쟁으로 중단되었다. 북한은 1954년에서 1956년까지 전후복구 및 경제부흥 3개년 계획을 실시하였다. 이 계획은 6.25전쟁 전인 1949년 수준으로 높일 것을 목표로 하였다. 이 계획은 중·소의 원조 등에 힘입어 4개월 조기 달성되었다고 발표하였다. 이 전후복구 및 경제부흥 3개년 계획의 추진으로 생산재와 소비재가 1956년에는 1953년에 비해 각각 4배와 2.1배가 증가하였다. 1957년부터 착수한 5개년계획은 사회주의 경제의 공업기반 구축과 주민의 의·식·주 문제를 기본적으로 해결하는 데 목표를 두었다.(김광희 '박정희와 개발독재')

이러한 계획경제를 통해 1960년대 후반까지는 북한이 경제적으로 남한보다 월등히 앞섰다. 1961년에 한국의 GNP가 80달러 선일 때 북한은 320달러로 중진국 대열에 속했을 정도였다.

- 제3장 -

박정희: 국가를 개혁한 지도자

❀ 군이 개혁세력으로 나섰다

우리 군은 1945년 11월 13일 미군정령 제28호에 의해 국방 사령부가 설치되고 국방사령부 산하에 육군과 해군의 2개부를 두면서 창설되었다. 미군정청은 국군창설에 대비한 군사영어학교를 1945년 12월 5일에 개교하여 110명의 장교를 배출하였다. 미군정청은 우리나라 군대의 모태라 할 수 있는 남조선국방경비대를 1946년 1월 14일 창설하고 1월 15일 서울의 태능에서 제1연대를 시작으로 1948년 5월 4일 제15연대 창설까지 5개 여단 15개 연대규모로 확대하였다.

군간부 양성을 위해 현재의 육군사관학교의 모태인 남조선 국방경비사관학교를 1946년 5월 1일 새로 설립하고 군사영어학교에서 임관하지 못한 학생을 포함하여 80명을 제1기생으로 개교하였다. 남조선국방경비사관학교는 1946년 6월 16일 조선경비사관학교로 개칭하여 제7기 1,800여명의 장교를 배출하였다. 그리고 대한민국정부가 수립된 후인 1948년 9월 5일 국군이 창설됨과 동시에 육군사관학교로 개칭하고 제8기생부터가 육군사관학교라는 교명 아래 배출되기 시작하였다. 이것이 제10기까지 이어져 오다가 6.25전쟁 이후인 1951년 10월 30일에 4년제 사관생도들을 모집하기 시작하여 오늘에 이르고 있다.

이렇게 시작된 장교배출은 6.25전쟁 직전까지 약 4,100명이 배출되었고 6.25전쟁 직전의 한국군 병력은 장교포함 10만 6,000명에 달하였다. 3년 1개월간의 6.25 전쟁을 거친 직후의 한국군은 육군 57만 6,400명, 해군 1만 2,000명, 공군 1만 1,500명 합계 60만 여명으로 대폭 증강되었다. 국군은 대한민국에서 가장 거대한 공적 조직으로 발전되었고 국방부는 정부예산 중에서 가장 많은 예산을 집행하는 부서로 확대되었다. 1953년의 경우 일반회계 세출예산의 73%가 국방비 예산이었다.

이렇게 많은 예산을 집행하고 많은 인력에 대한 인사가 진행되는 과정에서 자연스럽게 부정과 부패가 일어날 수밖에 없었다. 당시 빈곤이 일상화되어 있었고 부패가 만연되어 있어 군인들에게만 도덕성을 요구하기에는 모순이 없지 않았지만, 새로 들어선 정부가 군부통제의 한 수단으로 군인들의 경제적 궁핍을 조장하였다는 데에도 문제가 있다.

혁명에 가담했던 어느 장교는 '장교들은 불식미(不食米)라는 전표를 모아 쌀을 바꾸어 먹었고, 미국에 유학까지 다녀온 군 장교가 쌀이 부족해 군용 파카의 털 달린 안감을 시장에 내다 팔아야 살 수 있던 시대였다.'고 푸념했다.

6.25전쟁 이후부터 군 내부에 일상화된 부패의 하나인 '후생사업'이라는 것이 있었다. 후생사업이란 군이 보유하고 있는 차량을 민간에 대여해 주고 대여료를 받아 장교들의 보수를 보완해 주고 일부는 부대 운영비로 쓰는 것을 말한다.

장교 및 사병들에게 제공되는 보급품을 팔아 챙기는 행위는 부패의 대표적인 유형이었다. 송요찬이 1군 사령관 시절 1군 전 부대에 대한 모포실사를 하였는데 장부상으로는 사병 1인당 여섯 장이 지급된 것으로 되어 있었는데 실사결과 1인당 한 장 꼴도 되지 않았다고 한다. 나머지는 모두 시중에 팔아 챙긴 것이다.

그리고 휴전선 근방에서는 주변 산의 나무를 베어 숯을 구워 팔아 높은 사람들의 생활비와 부족한 부대 운영비를 보완하는 숯굴부패가 있었다. 예컨대, 군단장 숯굴, 사단장 숯굴, 연대장 숯굴, 대대장 숯굴같은 것들이다.

일선 군인들이 날마다 군 자체의 연료목과 건축자재용 목재를 자르고 비정상적인 숯굽기에 동원되다 보니 군 본래의 업무에 종사하는 군인은 전체 군인 중 10%에도 미치지 못하였다고 한다. 상부에서 검열이 나오면 이웃 부대에서 병력을 꾸어 와서 검열을 받기도 하였다는 웃지 못할 촌극도 벌어졌다.

이석제 전 총무처 장관은 그 당시의 군인들의 빈곤을 이렇게 회고했다.

"4.19가 일어난 1960년, 육군 중령이던 내 월급이 보잘것없어 거지 신세를 겨우 면할 정도로 살림이 어려웠다. 군대 월급으로 네 식구가 보름을 버티면 다행이었다. 월급으로 생존이 불가능하니까 장교들은 사병들에게 지급되는 주식과 부식, 각종 보급품을 빼돌려 가정생활에 보태야 했다. 군을 통솔하고 지휘하는 고급장교가 부대 보급품에서 퍼낸 쌀자루를 어깨에 메고 귀가하는 모습은 어색하지 않은 군 사회의 일반적인 풍속도였다. 당시엔 수송차량이 대부분 일본에서 건너온 닛산 트럭이렀다. 이 트럭을 외부에 임대해 돈을 챙기거나, 국유림에 자생하는 나무를 벌목 해다가 몰래 팔아 부대 운영비에 보태거나 지휘관 호주머니로 들어가곤 했다. 이런 형편에 매관매직이 공공연하게 성행하면서 뜻있는 장교들의 기를 꺾었다. 진급을 위해 집을 팔았다는 소문은 어디서나 들을 수 있는 흔한 이야기였고, '누구에게 얼마 주고 계급장을 샀는지' 알 만한 사람은 다 알 정도였다."

위기는 기회라고 하듯이 부패한 군부 집단에서 부패를 척결할 집단이 싹트고 있었다.

군대는 6.25전쟁을 미국과 함께 치르면서 선진화된 조직운영방법을 학습하고 종합적이고 장기적인 기획업무도 처리할 수 있는 능력에 도달해 있었다.

한 가지 예로 군은 1950년대부터 이미 미군의 도움으로 타자기를 쓰고 있었는데 공무원은 1961년 5.16혁명 이후까지도 펜으로 모든 것을 쓰고 있는 실정이었다. 젊은 군대의 타자기와 노쇠한 관청의 펜대문화는 그 자체로도 능률성과 후진성을 대조적으로 보여주고 있었다. 이러한 상황에서 미국의 선진화된 조직 관리나 기획예산제도 등을 학습하고 돌아온 젊은 군인들은 국가 개혁에 관심을 가질 수밖에 없었다.

창군 이래 1960년 말까지 군에서 해외에 유학한 장병의 숫자는 11,609명에 달한다. 육군이 7,036명, 공군이 2,764명, 해군이 1,291명, 해병대가 518명이며 이 중에서 사병은 14%인 1,592명에 지나지 않으며 장교는 전체의 86%에 해당한다. 해외유학 기관도 다양하다. 육군만 보더라도 미국 보병학교 유학생이 1,551명, 포병학교가 1,202명으로 가장 많았다. 이들이 다녀온 학교와 기능도 참모학교, 화학학교, 공병, 군의, 병기, 병참, 통신, 부관, 경리, 군종, 기갑, 정훈, 헌병, 고사포, 수송, 심리전, 항공, 여군, 군수, 법무학교 등 모든 분야를 망라한다. 이들은 전쟁수행을 위해 필요한 전술학뿐만 아니라 조직운영과 경영기술을 배웠다. 그리고 미국이라는 선진화되고 자유화된 나라의 현장을 눈으로 보고 견문을 넓히기도 하였다. 이당시에는 외무부 공무원보다도 군 장교들의 유학이 훨씬 많았다. 1953년의 경우 우리나라 민간인 외국 유학생 수는 모두 613명이었는데 이 해 장교들의 유학은 1,038명이나 됐다.

이렇게 유학한 장교들이 미국의 풍요한 자유와 경제를 보고 돌아와 생존조차 어려운 후진된 조국을 보면서 조국을 개혁해야겠다는 울분을 품게 되었을 것이다. 이러한 선진문물을 경험하고 돌아온 젊은 장교들이 강한 조국애와 열정이 합쳐지고 박정희라는 애국애족에 불타고 청렴하고 개혁적인 지도자를 만나면서 개혁의 분출구는 5.16혁명으로 발전되었다.

박정희의 기업가적 국가경영과
위기관리 리더십

⚅ 국가운영의 기본인 법률체계를 정비하였다

한 국가가 유지되기 위해서 가장 필요한 하드웨어는 법령제도일 것이다. 1961년 5.16혁명이 일어났을 때 가지고 있었던 법령체계는 대한제국에서의 법률과 일제 36년 동안 총독부가 한국을 통치하기 위해서 제정하고 개정한 법률, 미군 군정 3년 간의 군정통치를 위한 법령, 대한민국이 성립되고 이승만 정부 때의 법령, 그리고 허정 과도정부 및 장면 민주당 정권 때의 법령 등으로 혼재되어 있는 상태였다. 해방 된지 16년, 건국 및 한글전용법이 만들어진 1948년 후 13년이 지났는데도 우리말로 된 법령집이 없었다. 그말은 곧 일본어와 영어로 된 법률로 한국민을 통치했다는 말이다.

군사혁명 정부가 들어서고 20여일 후인 1961년 6월 6일 국가재건비상조치법을 국가재건최고회의령 제42호로 제정하고 6월 10일 국가재건최고회의법을 법률 제618호로 공포하면서 법령제정이 시작되었다. 부정부패의 제거, 반공태세의 강화, 군사혁명의 과업수행 등에 필요한 특수범죄 처벌에 관한특례법, 특정범죄처벌에 관한 임시조치법, 반공법, 폭력행위처벌에 관한 법 및 행정조직의 개편 기타 광범위한 분야에 대한 법령을 제정 공포하였다. 5.16 군사혁명정부 2년 간 (1961.5.16~1963.5.15) 제정 공포한 법령은 법률 734개, 조약 41개, 각령 1,300개, 부령 560개 합계 2,635개나 되었다. 이러한 사실은 정부 수립 이후 민주당 정권까지 13년 동안 법률 617개를 처리한 것에 비교해 보아도 실로 엄청난 양이라는 사실을 알 수 있다.

대한민국 헌법 제정 당시에 법령의 공백상태를 방지하기 위한 경과조치로 헌법 제100조의 규정에 의하여 사용해 왔던 구법령은 대한제국, 일제시대, 미군정, 과도정부 시대 등 과거에 제정하여 사용하던 법령이 613개나 되었다. 이를 새로운 대한민국 법령으로 대치하거나 폐지하기 위하여 1951년 5월 12일자 대통령령 제499호로 법령정리간행위원회 규정을 공포하였다. 그러나 기본적인 계획수립과 예산조치가 없어 방치상태에 있었다. 그러다 1956년 7월 19일 대통령령 1169호로 법령정리위원회 규정을 개정하고 구법령 정비사업에 착수하였으나 동 위원회가 발족한 이후 5.16혁명까지 4년 7개월간 40개의 법령을 폐지하고 19개의 법률과 8개의 대통령령으로 대체하는데 지나지 않았다.

그러나 5.16혁명 직후인 1961년 7월 15일 법률 제659호로 구법령정리에 관한 특별조치법을 제정하고 종래 대법원에 설치되었던 법전편찬위원회를 폐지하고 동 위원회 소관 업무를 법령정비위원회에 인계함으로써 정리사업의 단일화를 추진하고 각령 제48호로 기존의 법령정비위원회 규정을 전면 개정하여 위원회의 진용을 강화하였다. 전체 정리대상 613개 법령 중 5.16혁명 이전까지 폐지한 40개를 제외하고 나머지 573개

박정희의 기업가적 국가경영과
위기관리 리더십

법률을 특별법에 규정된 1962년 1월 20일까지 완전 정리하고 이에 부수되는 하위 법령인 각령, 부령 등도 1962년 3월 말까지 모두 정리하여 법치국가 대한민국을 정상화하였다.

《법제처 50년사》는 '구법령 정리 사업이 1962년 1월 20일에 완료됨에 따라 우리나라는 독립된 법치국가로서의 면모를 일신하였고 모든 법령이 헌법을 기본으로 하여 그 하위 법령으로써 법률, 대통령령 및 총리령, 부령이라는 법체계가 확립되었다.'라고 이 작업의 의미를 정리하고 있다.

― 5.16군사혁정부의 법령정비 현황(1961. 7. 18~1962. 1. 20) ―

폐지 구 법령		신 법령		
법령	법령수	법률	각령(대통령령)	부령
법률	76(8)			
칙령	80(1)			
제령	92(11)			
총령	246(11)	213(19)	220(8)	100
도령	20(1)			
군정법령	26(3)			
과도정부법령	9			
기타	64(5)			
계	613(40)	213(19)	220(8)	100

( )내는 군사혁명 이전에 정비된 법령 현황임

❀ 공공조직을 획기적으로 개혁하였다

혁명정부는 국가개혁과 경제개발을 나아갈 방향으로 정하고 이를 가장 효율적으로 추진하기 위해 국가법령정비와 함께 정부와 공기업의 조직을 먼저 개혁하였다. 혁명주체 세력은 혁명 후 3일 만인 5월 19일 군사혁명위원회를 국가재건최고회의로 명칭을 바꾸고 다음 날 혁명내각을 구성했다. 그리고 혁명정부가 추진해야할 국가개혁과 경제개발을 위한 조직개혁에 착수하였다.

첫 번째 개혁은 조선 500년 동안에 굳어진 사대주의, 일제 36년 동안의 패배주의, 사색당파로 굳어진 악성 이기주의, 상층부의 특권의식에 의한 근로천시주의 등, 국가근대화에 걸림돌인 국민정신개조운동이었다. 이를 담당할 정부 특별조직으로 재건국민운동본부를 설치하고 초대 재건국민운동본부 본부장으로 유진오씨를 임명하였다. 재건국민운동은 나중에 새마을운동으로 발전하여 한국의 근대화를 위한 의식개혁과 국민생활의 합리화를 추진하게 된다.

두 번째 개혁은, 경제개발을 전담할 정부조직을 설치하는 것이었다. 이를 위해 혁명 내각의 초대 부흥부 장관으로 제2군사령부 공병참모부장이며 육군 대령인 박기석 씨를 임명하였다. 박기석 장관은 임명된 직후 국가재건최고회의에 보고할 부흥부의 확대개편안을 준비하였다. 당시 실무책임자였던 조사과장 정재석(상공부 장관, 교통부 장관, 경제기획원 장관 역임)은 부흥부의 확대개편안을 제1안 '경제기획원' 제2안 '개발부'로 정리하여 두 장의 차트를 만들어 내용을 보고하였다.

부흥부의 확대개편안은 그동안 부흥부가 수행했던 6.25전란의 복구사업에서 정부 주도 하의 경제 개발에 착수할 수 있는 조직으로 개편되어야 함을 강조했다. 향후 부흥부의 주 기능은 본래부터 가지고 있었던 기획과 조정기능, 재무부가 가지고 있었던 예산기능, 내무부의 통계기능을 흡수하여 경제개발계획을 추진할 수 있도록 개편하고 내각 내의 서열도 최상위에 격상시키고 명칭도 부가 아니라 경제기획원으로 할 것을 역설하였다. 그리고 여러 부처에 걸친 이런 대수술은 당장 시행할 수 없으므로 당분간 부흥부를 개발부로 확대·개편하여 시급한 경제개발 계획부터 입안할 수 있도록 부흥부의 조직인 기획국, 조정국, 산업개발위원회, 지역사회개발위원회, 국토건설본부 등을 통합하여 종합기획국, 물동계획국, 국토건설국, 지역사회국으로 재편하여 경제개발계획부터 입안할 수 있도록 할 것을 건의하였다.

이렇게 하여 건설부가 탄생되었고 건설부는 한국의 경제개발을 위한 활동에 돌입한다. 건설부는 탄생 두 달 동안 재무부로부터 예산국, 내무부로부터 통계국을 흡수했다. 그리고 내무부의 토목국을 흡수하여 기존의 국토건설과 합하여 국토관리청을 별도로 설립하였다. 이렇게 시작된 건설부는 두 달 후인 1961년 7월 22일 경제개발을 전담할 경제기획원과 국토를 건설할 건설부로 개편되었다. 이렇게 시작된 경제기획원은 종합경제개발계획의 수립 및 시행을 전담하여 한강의 기적을 견인하는 중추적 역할을 수행하였다.

세 번째 혁신으로 그간 정부에서 혁신의 필요성은 알고 있었지만 이를 추진하지 못했던 공공조직을 개혁하였다.

우선 전기 3사의 통합이다. 전기3사는 발전을 담당하는 조선전기, 배전을 담당하는 경성전기(서울, 경기지역 전기 공급회사), 남선전기(서울, 경기지역을 제외한 남한 일대의 전기 공급회사)로 분리되어 인력과 시설의 중복과 낭비적 운영이 심했다. 이승만 정부도 이런 폐단을 일찍부터 알고 이를 통합하기 위한 조치를 시작하지만 실행에 옮기지 못하였다.

혁명정부 내각의 상공부장관에 취임한 정래혁 육군소장은 취임하자마자 전기 3사의 통합작업을 전광석화처럼 진행하였다. 먼저 전기 3사의 사장들을 군인들로 교체했다. 조선전기 사장엔 황인성, 경성전기 사장엔 조인복, 남선전기 사장엔 김덕준을 임명했다. 통합작업의 가장 핵심적인 문제는 당시 3사가 보유하고 있던 방대한 잉여인원을 대폭 감원하는 것이었다. 전기 3사의 사장들은 6월 8일까지 노동조합을 해산하고 종업원 1,654명을 감축했으며 통합에 사사건건 반대해 오던 민간 주주들의 반발을 침묵시켰다. 1961년 6월 21일까지 열 번의 회의를 통해서 통합에 따른 사무처리를 마무리 짓고 23

일엔 최고회의가 한국전력주식회사 법안을 의결, 공포함으로써 전기 3사는 한국전력주식회사로 통합되었다. 그리고 한국전력주식회사 사장엔 9사단장인 박영준 소장이 임명되었다. 민간 정부가 10년이 걸려도 해결하지 못한 일을 한 달 만에 해치운 것이다.

다음은 농협과 농업은행의 통합이다. 농림부 장관에는 육군본부 교육처장인 장경순 육군준장이 임명되었다. 장경순 장관이 임명되었을 때 농림부의 가장 큰 현안사항은 농협의 건전 경영이었다. 농협이 발족한 이후 농협이 신용업무를 통합할 것이냐 아니면 분리할 것이냐로 논쟁하다가 1958년에 농협에서 농업은행을 분리시켰다. 그 뒤 농업은행은 경영이 순조로웠으나 농협은 자기자본의 부족으로 대부분의 단위조합이 적자 경영 또는 개점휴업 상태였다. 민주당 시절에 통합 이야기가 다시 나왔지만 농림부는 통합을 재무부는 분리를 주장하여 어떤 합의도 이루어지지 않았다.

혁명정부는 이 문제를 간단하게 해결하였다. 혁명 성공 보름 뒤인 5월 31일 정부는 농촌경제를 살리기 위해 농업협동조합을 재편성한다는 방침을 정했다. 통합요령은 농협과 농업은행의 자산과 부채는 통합된 신기구가 인수하며 임원 및 직원은 통합처리위원회의 의결에 의하여 정리하기로 하였다. 쟁점이 되는 통합처리위원회 위원장은 농림부 장관, 부위원장은 재무부 차관이 되고 위원은 위원장과 부위원장이 필요하다고 인정되는 자를 임명하도록 했다. 단, 통합기한은 7월 말까지로 못 박았다. 이에 따라 6월 19일부터 7월 1일까지 8차의 회의를 가진 통합위원회는 신농협법안과 그 시행령안을 만들어 7월 3일 최고회의에 제출하여 7월 29일에 전문 176조 부칙 17조로 구성된 새로운 농협법안이 공포되었고 8월 15일에 통합된 농협이 발족되었다.

다음은 대한수리조합의 구조조정이다. 수리조합이란 물이 잘 들어가지 않는 논에다가 물을 대주는 사업을 하는 기관이다.

대한수리조합연합회 회장은 1군 사령부의 심리전 참모로서 혁명에 가담했던 허순오 대령이 임명되었다. 허 회장 임명 당시 전국의 수리조합의 수는 695개였다. 허 회장이 임명 된 후에 안을 들여다보니 수리조합의 활동을 규정한 법률도 없이 일제 때 만든 조선수리조합 시행령을 적당하게 운용하고 있었다. 조직 내부는 부정부패가 만연하고 관리는 느슨하기 짝이 없었다. 이에 따라 허 회장은 일차적으로 구조조정을 단행하여 부정 부패자, 무능력자, 축첩자 등 전직원의 26%에 해당하는 250명을 해고했다.

이어서 은행을 개혁하였다. 제일 먼저 영세 상공업자를 전담할 중소기업은행을 설립하였다. 영세 상공업자 전담은행은 자유당 민주당 시절부터 그 필요성에 대한 논의가 있었으나 실현되지 못했다. 혁명정부는 그 발상을 신속하게 실현하였

박정희의 기업가적 국가경영과
위기관리 리더십

다. 중소기업은행법을 1961년 7월 1일 제정공포하고 농협 통폐합 시 농업은행의 도시지역 점포를 모체로 하여 8월 1일 중소기업은행을 발족시켰다. 또한 1961년 말 서민 금융을 전담할 국민은행을 발족시켰다. 국민은행은 한국무진 주식회사와 중앙무진 주식회사를 합병하여 탄생시켰다. 산업은행의 기능도 확대시켰다. 산업은행의 기능이 융자 중심에서 투자업무를 부여하는 개정 법률안이 국회에 제출된 것은 1958년이었다. 그러나 이 법안은 정쟁의 소용돌이 속에서 5.16혁명 때까지 잠자고 있었다. 최고회의는 1961년 12월 말에 이 법률안을 통과시켰다. 또한 1961년 11월 1일에는 한국은행법에 규정된 공개시장조작 기능을 법제화하기 위해 한국은행 통화안정증권법을 제정 공포하였다.

　이처럼 혁명정부는 지난 정부에서 추진하다 끝을 보지 못했던 정부의 여러 공공조직을 일사천리로 개혁함으로써 국민을 위한 국가개혁 작업을 책임질 각종 공공조직들이 하나씩 본격적인 궤도에 오르기 시작한 것이다.

❀ 직업 공무원제도를 정착시켰다

1963년 12월 제5대 대통령으로 취임한 박 대통령은 첫 국무회의에서 '민생고 해결과 관기확립(官紀確立)'을 당부했다. 그리고 그 당시 이석제 총무처장관에게 '공무원은 신분이 안정되어야 열성적으로 일을 한다. 공무원이 자진해서 뛰어야 대통령의 지시가 하부까지 전달되고 제대로 수행된다.'면서 직업공무원 제도의 확립을 신념을 가지고 추진하라고 지시했다.

제3공화국은 국가근대화, 즉, 후진국 상태에서 벗어나 선진국으로 도약해야 한다는 절대적 명제를 가지고 출발했다. 이러한 국가목표 달성을 위해서는 우리 실정에 맞는 정책과 이를 능률적으로 집행하는 직업공무원의 역할이 대단히 중요했다. 서구 사회는 산업혁명을 계기로 근대화가 시작되었고 가까운 일본 역시 명치유신을 통해 서구문명을 받아들이고 100년의 세월을 거쳐 오늘과 같이 탄탄한 공무원 조직을 갖추었다.

우리나라의 공무원 조직의 역사를 살펴보면 조선 500년 동안은 당파싸움으로 헛된 에너지만 소비했지 국민을 위해서 해준 일이 아무 것도 없다고 해도 과언이 아니었다. 관료가 백성을 섬기기보다는 오히려 백성을 수탈함으로써 관료들의 부정부패는 만악의 근원이었다. 해방 후 건국한 이승만 정부도 훈련되고 준비된 관료가 없었기 때문에 일제시대 때의 관리들을 등용하고 치안분야도 일제시대 때의 경찰 출신을 등용하는 등

과거의 제도를 그대로 답습하여 신생국가의 한계를 드러 낼 수밖에 없었다.

4.19혁명으로 자유당 이승만 정부가 물러나고 민주당 장면 정부가 들어서면서 정치체제는 내각책임제를 도입하였으나 관료제도의 개혁은 이루어지지 않았다.

5.16혁명 후 직업공무원제도의 정착을 위해 제일 먼저 추진한 것이 공문서 처리제도이다. 공문서 규정은 5.16혁명 후 3개월 만인 1961년 9월 처음 개정된 후, 1963년 11월 개정 시에 처음으로 새로운 공문서 분류규정이 도입되었다.

두 번째로는 시행한 제도는 정부 조직관리 제도의 개편이다. 5.16혁명 이전까지는 조직에서 정원(T/O : Table of Organization)이라는 제도가 없었고 국가공무원의 수도 부서별로 몇 명인지 정해지지 않았다. 정원은 조직관리와 행정관리의 기본 중의 기본인데 이것이 없다는 것은 지금 입장에서는 상상이 되지 않을 것이다. 조직정비 과정에서 제일 먼저 각 부서별 정원을 정하였다. 조직의 정원은 조직의 기능과 적절한 인원이 결정되는 것이다. 따라서 정부 내의 유사성 있는 업무를 통합하고 각 단계별로 유능한 사람이 관리 감독할 수 있도록 조직을 새롭게 구성하였다.

세번째로는 인사관리제도를 정비하였다. 인사관리의 요체는 유능한 인재를 채용하고 교육훈련을 통해 능력을 개발하고 퇴직할 때까지 유지하는 것이다. 그 전에도 채용제도가 없었던 것은 아니었으나, 채용시의 청탁이 심해 유능한 인재가 제대로 채용될 수 없는 시스템이었다. 정치인이나 국회의원, 사회 유명 인사들의 인사 청탁이 아무런 범죄의식 없이 자행되던 시절이었다.

공무원 인사제도 개선의 첫째는 공무원 채용의 공정성을 확보하는 일이었다. 공무원 채용의 공정성은 제도의 문제이기도 하지만 운영의 문제였다. 그래서 공무원 채용에 있어 부정과 청탁을 배제하기 위한 시험문제의 은행을 만들었다. 한 과목당 40~50 문항 정도의 문제를 만들어 은행에 보관하고 시험 일정이 잡히면 장관이 금고에서 시험문제를 무작위로 뽑아 교도소에 들어가 관리자들이 지켜보는 가운데 인쇄를 하고 원본은 소각시켰다. 시험 문제지를 시험현장에 배포할 때도 관계자 세 사람이 시험 현장 시ㆍ도청 소재지에 내려가 시험 문제지를 시ㆍ도지사 창고에 넣었다가 시험 장소에 가서 나눠주고 문제지를 철저히 회수하도록 했다. 또한 시험 응시자들의 접수제도도 혁신했다. 접수번호를 뒤죽박죽으로 섞고 5단계의 절차를 거쳐 접수번호를 변경하여 아무도 접수번호와 당사자가 누구인지를 알 수 없도록 하여 청탁을 원천적으로 봉쇄하도록 하였다. 채점 과정에 특정인의 답안지를 잘 봐주려면 번호 바꾸기에 참여한 다섯 사람이 한 자리에 모여서 난수표 추적하듯이 해야만 누구 답안지인지를 알 수 있도록 했다. 당시의 청탁관행을 해소하는데 무려 3년이 걸렸다. 이 제도가 정착되기 전에는 장관 집에 청탁목적으로 찾아오는 손님이 하루에 80~100명 가까이 되었다고 한다.

시험제도혁신에 이어 공무원의 질을 향상시키고 유지하는데 필수적인 인사고과제도를 개혁하였다. 인사고과는 각 조직에서 근무성적에 따라 공정하게 이루어져야 한다. 인사고과가 공정하게 이루어지지 않으면 공정한 승진서열이 정해지지 않고 그러면 인사결과에 대해 조직원들이 승복하지 않게 되고 윗사람에 대한 신뢰가 깨지고 상명하복이 이루어지지 않게 된다. 따라서 근무성적에 따른 공정한 인사고과를 매길 수 있도록 차상급자와 차차상급자 2인이 연간 2회에 걸쳐 작성하도록 했다. 계원은 계장과 과장이, 계장의 경우 과장과 국장이 1년에 2회씩 작성하여 같은 급수의 조직원들에 대한 부서 내의 서열을 정하도록 하였다. 인사권자의 정실방지와 횡포를 막기 위하여 승진에 필요한 최소 근무연한을 법으로 정하고 승진요청 배수를 5배수로 하여 엉뚱한 사람이 승진에 들지 못하도록 하였다.

다음에 공무원 처우개선을 추진하였다. 아무리 능력 있는 인재가 공무원으로 들어와도 처우가 생계비에도 미치지 못한다면 쉽게 부정에 휩싸일 가능성이 높고 열정을 다해 공직에 오래 머물러 있지 않을 것이다. 따라서 '공무원처우개선 5개년 계획 백서'를 발표하고 처우개선에 돌입하였다. 그 결과 공무원들의 보수가 전년대비 1966년에 30%, 1967년에 23%, 1968

년에 30%, 1969년에 30%, 1970년에 20%를 각각 인상하였다. 이때의 재정형편상 공무원 보수를 매년 30%씩 인상한다는 것은 상상할 수 없는 일이었다. 오로지 대통령의 결단이 있었기에 가능한 일이었다.

그 다음에 공무원 연금제도의 정착이다. 당시의 공무원연금제도는 본인이 보수의 2.3%를 내고 국가가 2.3%를 내는 구조였다. 그러나 보수수준이 낮아 퇴직 후 연금을 받는 게 크게 자극이 되지 않았다. 획기적으로 개혁을 추진하여 본인 부담을 보수의 5.5%, 국가부담 역시 5.5%로 높여 퇴직 후에 받는 금액을 높였다. 그리고 본인이 죽어도 배우자가 연금의 70%까지 받도록 하였다.

공직사회의 획기적 개혁은 능력있는 인재들이 공직사회에 많이 채용되고 이들이 안정되게 일하는 환경을 조성함으로써 애국심이 투철하고 부정부패가 없는 공직사회로 만드는 계기가 되었다. 또한 공직사회를 과거의 호적 서류나 토지대장 따위를 다루던 서기형(書記型) 공무원에서 미래를 기획하고 분석하는 전문기술관료(Technocrat)형으로 바꾸어 놓았다. 지금의 공무원들이 세계에서 가장 능률적이고 서비스정신이 투철한 집단으로 발전하게 된 계기는 50여 년 전의 뼈를 깎는 혁신 덕택이라고 해야만 한다.

❀ 500년 대물림된 농어촌 고리채를 일괄 정리하였다

5·16혁명 후 초창기에 혁명정부가 역점적으로 시행한 국가 개혁사업의 하나는 농어촌의 고리채정리사업이다. 국가재건 최고회의는 5.16 혁명 후 10일 만인 1961년 5월 25일에 농어촌 사채시장에서 농어민의 고리(高利) 대차관계를 법적으로 단절시키기 위해 '농어촌고리채정리령'을 발표하고 고리채정리사업을 추진하였다. 농어촌의 현금 및 현물 대차는 당시에는 현대화된 금융기관이 없어 사적인 인관관계에 크게 의존하고 있었다. 고리채는 오랫동안 농어민들의 인간관계에 의한 사적 금융시스템에 의해 누적되어온 것으로 농어촌 빈곤의 상징이었다.

농어촌에서 현금 및 현물의 임대차에 따른 고리채가 생성될 수밖에 없었던 데에는 여러 가지 요인이 있었다.

첫째, 국가적으로 보편화된 공적인 금융시스템이 존재하지 않아 인적관계에 따른 수요와 공급의 시장원리에 따라 이루어지다 보니 고리채로 발달해 왔다.

둘째, 조선시대 말기의 국가 통치그룹인 관료의 부패가 주요한 국가 생산계층인 농어민에게 수탈로 이어진 데 기인한다.

셋째, 일제 36년 동안 일본이 수탈을 위한 식민정책에 따라 농어민의 생활이 황폐화한 데 기인한다.

넷째, 자연재해 등으로 기본적인 생산물의 공급에 비해 수요가 많은 데 원인이 있다.

다섯째, 제2차 세계대전의 종결에 따른 갑작스런 해방과 남북분단에 의한 불균형적인 산업의 재편, 6.25전쟁 중 생산량의 감소, 또한 농어촌이 감내할 수 있는 능력 이상의 과도한 현물세의 부담 등이 직접적인 원인의 하나였다.

전체농가의 90%가 고리사채의 부담을 지고 있는 현실적인 문제를 정리하지 않고는 어떠한 정책으로도 농어촌의 절대빈곤을 해결할 수는 없는 실정이었다.

고리사채의 이자율은 현금부채의 경우 월 평균 9%, 현물부채의 경우 월 평균 17%로서 연 평균 이자율은 100%가 훨씬 넘는 수준이었다. 또한 1961년 가구당 평균생계비 중에서 음식료품비가 차지하는 비중이 58%에 이르고 음식료품비의 연 평균 증가율이 21%에 달하는 것으로 봐도 그 당시의 농어촌생활이 얼마나 곤궁했는지를 어느 정도 짐작할 수 있을 것이다.

또한 식량자급사정조사에서도 볼 수 있는데 충남 대덕군 회덕면의 한 부락의 농가를 조사한 바에 따르면 1954년 1월까지 자급가능 농가는 45%, 2월까지 자급가능 농가가 25%, 하곡(보리)추수기까지 자급 가능한 농가는 5%로 3월 후에는 농가에 식량 여유가 없어 양곡이 이미 입도선매된 상황이었다. 이에 따라 1월-5월에 부채가 발생되고 가을 추수기에 다시 빚을 갚다보니 생산한 양곡이 재생산에 필요한 자가 식량으로 축적되지 못하고 다시 빚을 갚기 위하여 생산곡의 대부분을 지출하고, 또다시 차입하는 부채를 통해 생계를 유지하는 구조였다.

5.16혁명정부는 이러한 대물림되는 농어촌의 고리채를 정리하는것을 국가개혁의 최우선으로 정하였다.

고리채 정리사업은 이 사업을 시행하기 위한 법적인 근거를 마련하는 것이 우선이고 그 다음이 실태 조사를 실시하는 일이었다.

우선 농어민이 연리 20% 이상으로 차입한 일체의 부채를 조사하였다. 조사는 1961년 8월 5일부터 12월 31일까지 실시하여 신고를 받은 결과 총 신고 1,170,671건에 48억 6백만 원이었다. 이중 890,329건에 29억 2천 7백만 원이 고리채로 판정되어 고리사채 정리에 들어갔다. 고리사채의 채권자에게는 농업금융채권을, 채무자에게는 5년 동안 연 12%의 금리로 농협에 분할상환토록 하는 조치를 단행하였다. 전체 고리사채로 판명된 29억2천7백만 원 중, 채권자에게 농업금융채권을 지급한 금액은 26억 6천3백만 원이었다. 농업금융채권에 대한 채무자의 상환은 1962년부터 1966년까지 5년 동안에 상환토록 하였다.

결론적으로 말하면 농어촌 고리채 정리사업은 농어촌의 사금융시장의 위축과 당시 농어촌의 대표적인 금융행태인 계조직이 해체되었다는 비판도 있지만, 영세 농어민들의 장기간에 걸쳐 대물림되는 고질적인 부채의 고리를 끊고 빈곤의 악순환을 끊었다는 데에 더 큰 의의가 있다고 할 수 있다. 이러한 사적인 채권채무관계를 정부가 중간에 개입하여 처리한다는 것은 자본주의 사회에서는 혁명적인 방법이 아니고서는 시도하지도 마무리하지도 못하였을 것이다. 무엇보다 고리채 정리사업을 통해 농업 및 수산업 협동조합조직의 선진화와 농정을 시행할 수 있는 행정력이 확대되었으며 농수협금융이 발전적으로 정착되고 조직적 체계가 완성됨으로써 선진농수 산업으로 가는 디딤돌 역할을 한 것은 누구도 부인할 수 없는 사실이다.

❀ 세종대왕도 벗어나지 못했던 기우제가 사라졌다

1960년대 중·하반까지만 해도 농촌에서 가뭄이 심하고 장기화되면 시골 당산에 가서 기우제를 지내는 풍경을 흔하게 볼 수 있었다. 조선시대에는 가뭄이 심하여 흉년이 들면 임금이 덕이 없어 그렇다고 민심이 흉흉해지고 민란으로 이어지는 경우가 허다하였다.

쌀농사는 파종기에 가뭄이 심하게 들면 한 해 농사를 망치게 되고 흉년은 농어촌 사람들의 생존을 위협하는 근본 요인이 되었다. 그 당시에 한국 농어촌의 가난을 대표하는 보릿고개, 절량농가, 춘궁기, 초근목피 등은 인간 생존의 한계를 말하는 상징어들이었다.

우리나라는 한강, 금강, 낙동강, 영산강 등을 중심으로 하는 4대강 유역이 주요 농업지대를 이루고 있으며 강우량도 연평균으로 보면 1천2백mm로 농업생산에 결코 부족한 양은 아니다. 그러나 비가 6~7월 두 달간에 집중되는 바람에 저수시설의 미비로 홍수와 가뭄이 거의 매년 되풀이되는 실정이었다.

매년 되풀이되는 가뭄과 홍수 문제를 해결하기 위해서는 6~7월에 집중되는 빗물을 저수시설을 만들어 저장해야 한다. 그러나 저수시설을 만들기 위해서는 단기간에 엄청난 투자가 필요한데 당시의 사정은 이를 감당할 능력이 되지 못했다. 군사정부는 1차적으로 4대강 지역의 전천후 농업기반이 되는 대단위 다목적댐을 건설하여 저수시설을 건설하였다. 북한강에는 기존의 화천 및 청평댐 외에 동양 최대의 사력댐인 소양강댐을 위시하여 춘천댐, 의암댐, 팔당댐을 건설하였다. 남한강 유역에는 충주댐, 금강유역에는 대청댐을 건설하였고 평택안성천 하류에는 아산만 방조제를 건설하였다. 영산강 유역에는 장성댐, 담양댐, 대초댐, 동복댐의 건설과 영산강 하구둑 건설을 추진하였다. 이러한 댐 및 하구둑 건설은 수해방지, 가뭄방지, 식수난 해결, 농업용수 개발은 물론 수력발전까지 할 수 있어 지역 전력사정을 해결하는데도 일조하였다.

 2차적으로 1967년과 1968년 2년 연속 살인적인 가뭄을 계기로 지하수를 개발하였다. 2년간의 가뭄에 즈음하여 박 대통령은 '천재는 불가항력이요 농사는 하늘이 지어주는 것이라는 체념과 무기력 속에 하늘만 바라보는 수치스러운 유산을 청산할 때가 왔다.'면서 항구적인 가뭄대책을 마련하도록 지시하였다. 먼저 농업용수개발지침을 시달하고 가뭄 상습지는 지하수개발을 통한 수리안전답과 밭농사 전환지역으로 구분하여 계획을 수립하라는 지시를 내리고 이에 필요한 재원은 대일청구권자금과 상업차관으로 활용하도록 하였다.

 가뭄해결에 대한 박 대통령의 열망이 얼마나 강했는지에 대한 일화가 있다. 다음은 황병태 당시 경제기획원 공공차관과장의 회고담이다.

 "1968년 봄, 박충훈 부총리를 모시고 중화민국의 한중(대만)

연례경제협력위원회를 다녀와서 장제스(蔣介石) 총통의 안부를 전하기 위해 박 부총리와 함께 청와대에 올라갔을 때였다. 나는 그 때 한중경제협력위원회의 우리측 사무국장을 맡고 있었다. 우리들이 집무실에 들어갔을 때 박 대통령은 창가에 서서 하늘을 뚫어지게 쳐다보고 있었다. 떠도는 구름 몇 점 밖에는 없을 터인데 도대체 무엇을 바라보고 계신 것일까 하고 궁금했지만 방해할 수는 없었다.

우리는 집무실에 들어서서 인기척도 내지 못하고 엉거주춤한 자세로 서 있을 수밖에 없었다. 그러기를 2~3분 정도가 지났을까. 그 제서야 고개를 돌려 우리가 들어왔다는 사실을 알아챈 대통령은 미처 알아보지 못해 미안하다는 듯이 '어, 언제 왔는가?' 라는 말을 꺼냈다. '오늘 아침 관상대 예보에 날씨가 흐릴 거라고 했는데 도무지 기미가 보이지를 않는군, 비는 언제나 올는지….' 대통령은 비 소식을 기다리고 있는 중이었다. 전국적으로 가뭄이 들어 논밭이 갈라지고 작물이 말라붙고 있었던 무렵이었다. 그 때만 해도 가을철 수확기만 되면 농사가 잘 됐느냐 못 됐느냐가 큰 뉴스거리가 되던 시절이었으니, 비가 오지 않는 것이 그에게는 큰 근심이었던 것이다. 얼굴도 초췌한 듯이 보였다. 대통령은 집무실에서도 구름을 살피면서 날씨를 점검하고 있었던 것이다."

1967년까지 수리안전답의 비율이 58% 밖에 되지 않았으나 제3차 경제개발5개년계획 (1972~1976) 및 제4차 경제개발5개년

계획 (1977~1981) 기간 중에 전력투구한 끝에 1979년 말에는 수리안전답 비율을 87%까지 끌어올렸다. 이로서 세종대왕도 벗어나지 못했던 기우제가 우리 농촌에서 사라지게 되었다. 4대 강을 중심으로 많은 댐이 건설됨으로써 지하수가 고갈되지 않아 갈수기에 지하수를 이용할 수 있게 되었고 홍수기에 물을 가두는 역할을 함에 따라 홍수 피해가 사라졌다.

소양댐을 건설한 정주영 회장이 소양댐이 건설되면 서울의 상습 수몰지역에서 벗어날 지역이 어딘가를 보고 그 지역의 땅을 구입하였다. 지금의 아산병원 일대가 바로 그 땅이다. 그만큼 서울에도 북한강의 화천 및 청평댐과 같은 기존 댐들 외에 동양 최대의 사력댐인 소양강댐을 비롯하여 춘천댐, 의암댐, 팔당댐이 건설됨으로써 댐이 건설되기 전에 상습 수몰지역으로 쓸모가 없던 강남 일대의 땅들이 금싸라기 땅으로 변하였고 홍수 시 서울의 수몰이 사라지게 되었다.

박정희의 기업가적 국가경영과
위기관리 리더십

❈ 허례허식의 가정의례를 개혁하였다

우리나라의 가정의례는 혼례, 상례, 제례가 불교, 유교, 도교, 기독교 등, 다양한 종교적 배경과 오랜 역사 속에서 변화되어왔다.

5.16혁명 후 재건국민운동본부에서 국민정신개조운동의 일환으로 1961년 9월에 '표준의례'를 제정하여 국민계몽에 나서기도 하였지만 오랫동안의 전통문화 유형으로 정착되어 있어 개혁의 성과를 별로 내지 못했다. 정부는 보다 효과를 높이기 위해 1969년에 '가정의례준칙에 관한 법률'을 제정하고 이에 근거한 가정의례준칙을 제정하여 시행하였다. 특히 농어촌의 허례허식은 농어촌 빈곤의 가장 큰 원인이었다.

1969년의 가정의례준칙은 복잡하고 허례허식으로 치우친 가정의례를 누구나 쉽게 이해하고 실행하게 하는데 의미를 두었다. 다시 말해 과거의 형식적이고 과시적인 허례허식으로 가득찬 가정의례절차를 경제적이고 간편하게 간소화하여 근대화된 규범으로 정착시키는 것이 목적이었던 것이다.

이 제도 시행으로 청첩장의 격감, 혼례의 간소화 같은 긍정적인 효과가 많이 나타났지만 제도자체가 권고적이고 훈시적인 법률조항으로 처벌조항이 없다보니 실제로 준수율은 전체의 5%에 지나지 않았다. 이에 따라 1973년에 관련법령을 실천 중심의 법률로 제정하면서 처벌조항을 보완하였다.

주요 개정내용으로는 ① 청첩장, 부고장 등 인쇄물에 의한 개별고지 ② 화환, 화분, 이와 유사한 상징물의 진열 또는 사용 ③ 답례물의 증여 ④ 굴건제복의 착용 ⑤ 만장의 사용 ⑥ 경조기간 중 주류 및 음식물의 접대 등을 모두 허례허식으로 간주하고 그러한 행위들을 금지시켰다. 이를 어길 경우 50만원 이하의 벌금형에 처하도록 하였다. 그리고 상기(喪期)를 9일장, 5일장에서 3일장으로 제한한 것을 포함하여 기존의 의식절차를 대폭 간소하게 규정하였다.

그 결과 다소의 저항은 있었어도 일반 대중들은 가정의례준칙이 도입된 시점부터 그 동안 생활부담과 불편을 가중시킨 가정의례준칙의 근대적, 합리적인 변화를 수용하고 있었다. 무엇보다 상례와 제례는 별 저항 없이 가정의례준칙을 따름으로써 간소화가 급속히 진행되었다. 복잡한 상복이 없어짐으로써 불편이 없을 뿐만 아니라 3일장으로 모든 것이 완료됨으로써 비용도 절약되고 상주들의 불편도 많이 간소화 되었다. 그리고 제례도 과거에 4대까지 지내던 것을 간단한 방식으로 대체하는 쪽으로 개선하였다.

1983년에 김회식이 실시한 '가정의례준칙의 생활화 실태에 관한 조사연구'를 보면 가정의례준칙의 타당성에 대해 전체 응답자의 79%가 '우리나라 현실에 매우 절실하게 요청되는 것'이라고 반응하고 있고, 전반적으로도 응답자 대다수의 의식구조가 가정의례를 합리화하고 간소화하려는 방향으로 변화되어가고 있다고 긍정적으로 대답한 것으로 조사되었다.

✿ 관솔불과 등잔불을 추방하였다

1960년대 밤을 밝히는 수단은 산간벽지에는 관솔불이었고 조금 큰 촌락에는 석유등잔불이었다. 전기 불을 구경할 수 있는 곳은 서울, 부산, 대구, 광주, 인천 등 대도시뿐이었다. 지금 생각하면 석유등잔불 밑에서의 길쌈이며 다듬이질, 하늘에는 은구슬을 뿌린 듯 별들이 총총하고 어두운 물레방앗간에는 젊은 남녀가 데이트도 즐길 수 있는 낭만이 있는 것으로 생각되어질 수도 있겠지만, 당시를 살던 사람들에게 그 불편함이야 오죽했으랴.

전기가 없는 세상을 상상해 보라. 냉장고며, 세탁기며, TV며 어느 것 하나 우리가 누릴 수 있겠는가. 1949년 2월 4일자 조선일보 2면에 실린 서울 무교동 요릿집 춘경원 광고의 첫 줄은 메뉴나 서비스 자랑이 아니라 '자가발전'이라는 광고였다. 자체발전기를 갖췄기 때문에 정전이 되어도 전등불을 밝힐 수 있으니 아무 문제없다는 광고내용인 것이다. 비슷한 시기의 인사동 조선극장은 영화광고를 내면서 '20키로 발전기로 자전 완비'라는 광고를 하기도 했다. 저녁마다 '전기 닳는다, 일찍 자거라!'라며 아이들을 타이르던 부모들 말이 이 시절에 나왔을 정도로 우리나라의 전기사정은 열악하였다. (조선일보 2014년 2월 6일)

1945년 해방 당시 우리나라 전력사정은 발전설비 용량 170

만 kw에 공급가능 전력은 130만kw정도였다. 남한에는 18만 kw의 설비용량으로 5만kw의 전력을 북한으로부터 공급받아 남한의 부족전력을 충당하는 실정이었다. 그런데 1948년 5월 14일 돌연 북한이 단전조치를 취함에 따라 남한은 전력 대란이 시작되었다. 거기다 6.25 전쟁으로 남한의 전력시설은 대부분 파괴되어 농어촌에서는 사실상 석유등잔불 이외에 밤을 밝힐 수 있는 방법이 없는 상황이었다. 따라서 이승만 정부 시절에서부터 민주당 장면 정부도 전력생산을 정책의 최우선 분야에 두었다. 해방 이후 5.16혁명 때까지 전원개발 및 기존 발전소의 개보수를 강화하였으나 5.16혁명 때까지 12만7천 kw를 확장하는데 그쳤다. 5.16혁명 당시 남한의 발전시설용량은 36만6천kw에 공급용량 32만 2천kw로써 수요량 43만 5천kw에는 절대적인 부족 상태에 놓여 있었다. 따라서 산업시설은 물론 가정까지 제한을 받지 않으면 안 되는 상황이었다.

당시 절대 부족한 전력 사정을 해결하는 가장 큰 사업은 전력생산량을 늘리고 이를 농어촌까지 배분하는 일이었다.

먼저 전력생산량을 확대하기 위한 정책으로 제1차 전원개발 5개년계획을 수립 추진하였다. 1962년부터 1966년까지 약 100만kw까지 확대한다는 계획이었다. 1962년부터 단기대책으로 긴급 전원개발 및 기존 발전소 시설의 최대 가동, 절전, 도전(盜電)방지 등을 추진하였다. 긴급 전원개발을 위해 1962년 중에 부산부두 발전함 설치, 왕십리·광주·목포·제주 디

젤발전기 설치, 중장기 대책으로 영월 화력발전소 및 청평수력발전소 복구, 삼척·부산·당인리화력 발전소 증설, 군산 및 울산 화력발전소 신설, 춘천 및 섬진강 수력발전소 신규 설치 등이 계획되고 추진되었다. 이러한 계획 추진과정을 거쳐 1966년 목표연도 말에는 1961년도의 36만6천 kw에서 76만9천kw로 배 이상 증대되었다.

여기에서 힘을 얻은 정부는 제2차 전원개발5개년계획(1967 ~ 1971)을 추진하게 된다.

1969년에는 당인리 화력 5호기 25만kw, 부산화력 4호기 10만5천kw를 확보하여 총 시설용량 162만9천kw에 달하여 전기가 많이 소요되는 전기공업, 금속공업, 석유화학공업, 시멘트공업, 농산물처리가공시설 등의 증가에 따른 전기수요 증가에도 대처하였다. 1970년에는 인천화력 1호기 25만1천kw, 제주화력 1만kw, 영남화력 2호기 20만kw, 당인리 화력 4호기 13만7천kw, 동해화력 44만kw 등, 130만7천kw를 증산하여 총 시설용량이 266만8천kw로써 최대수요 전력 181만2천kw를 충족하고도 50만8천kw의 예비전력을 갖게 되었다. 1971년에도 남강수력, 경인화력, 영동화력, 영남화력, 여수화력, 동해화력, 호남화력, 팔당수력, 소양강 수력, 인천화력 등의 공사가 마무리 됨으로써 제2차 전원개발계획을 마무리 지었다.

이때부터 정부는 탄소 에너지가 원료인 화력발전소의 증가에 따른 환경파괴를 미연에 방지하기 위하여 서둘러 원자력

쪽으로 눈을 돌렸다. 1970년 9월 고리원자력 발전소 1호기 착공 및 1978년 4월 완공으로 원자력발전소 건설을 시작하였다. 40여년이 지난 오늘날 원자로는 모두 20기로 그 발전규모가 2,000만kw에 육박하는데 국내 총발전용량의 약 40%에 해당된다. 지난 40여 년간 이룩한 원자력기술은 독창적인 한국형원자로를 설계, 건설할 수 있는 수준이며 외국에 수출하는 단계에까지 도달하였다.

생산된 전력을 배분하는 정부의 입장에서는 경제성장과 더불어 자연히 증가되는 전력수요는 물론 지금까지 혜택 받지 못한 지역에 대한 전기보급의 확대가 무엇보다 중요하였다. 1964년도 우리나라 농어촌의 전기 보급률은 12% 1969년은 21%에 지나지 않았지만 도시의 전기 보급률은 100%였다. 그래서 1976년 말까지 농어촌 전 지역에 전기보급률을 52.4%까지 확대하는 계획을 세웠고 결과적으로 1979년 말에는 전국 98%까지 전기보급이 확대되었다.

❀ 농어촌 마을에 전화연락이 가능해졌다

한국에서 전화가 사용되기 시작된 것은 1896년 당시 궁내부 (구 한말에 왕실에 관한 모든 일을 맡아 보던 관청) 주관으로 덕수궁에 전화시설을 마련하고 궁중과 각 정부기관, 그리고 인천세관까지 전화를 개통하면서부터이다. 1902년에는 인천 및 부산에도 전화가 가설되었다. 그러나 1905년 한국 통신권이 일본에 의해 강탈당함에 따라 한국의 전화사업도 일본의 손에 넘어가 8·15광복 때까지 40년 간 일본인에 의하여 운영되었다. 한국의 전화는 일제가 지배하던 40년간 그들의 식민정책과 대륙침략 정책용으로 전개되었으며 그 대부분은 관용전화였고 민간이 사용한 전화도 대부분 일본인이 점유하였다. 8·15광복과 더불어 한국 통신권이 부활되었으나 6·25전쟁으로 전화시설은 막심한 피해를 보았다. 1950년대는 전쟁의 참화 속에서 그 복구에 전력했으나 별로 큰 성과를 보지 못한 시기였다.

전기통신시설의 획기적 확장은 5.16혁명 후 제1차 경제개발5개년 계획과 함께 시작되었다. 제1차 경제개발5개년의 일환으로 1962년부터 시작된 제1차 통신사업 5개년계획부터 제4차 통신사업 5개년 계획까지가 박정희정부가 추진한 사업이었다. 제1차 통신사업5개년계획(1962~1966) 수립 당시의 우리나라 통신시설이 얼마나 열악했는지는 그 계획을 시작하기 전 해인 1961년 말의 현황을 보면 알 수 있다. 1961년 말에는 전화가입자수 97,016대, 100인당 전화보급대수가 0.4대, 시외전화 대기시간이 약 120분, 국제통신시설 회선이 26회선 밖에 되지 않았다.

이러한 열악한 환경을 개선하기 위해 제1차 통신사업 5개년계획(1962~1966)을 수립·추진하여 1966년에는 전화가입자 수 277,756대, 인구 100인당 전화보급대수 1.17대로 늘렸다. 제2차 통신사업 5개년계획(1967~1971)을 추진하여 2차 계획의 마지막 해인 1971년에 전화가입자 수 563,129대, 인구 100인당 전화보급대수 2.04대, 국제통신시설 194회선으로 확장하였다. 제3차 통신사업5개년계획(1972~1976)의 수립·추진으로 3차 계획의 마지막 해인 1976년에는 전화가입자수 1,270,837대, 인구 100인당 전화보급대수가 3.4대, 국제통신시설 423회선으로 확장하였다. 제4차 통신사업 5개년계획의 수립·추진으로 1979년 말에 전화가입자수 2,292,686대, 100인당 5.9대로 대폭 확대하였다.

농어촌의 동리(洞里)까지 전화는 제2차 통신사업5개년계획의 후반부인 1970년에 수정하여 수립하였다. 수정계획을 수립할 때의 목표는 사람 사는 곳이면 전신전화를 반드시 가설하여야 한다는 개념이었다. 그리고 국가안보 차원에서 반드시 필요하고 문화시설의 이용을 평등하게 하며 전 국민의 생활속도를 단축한다는 목표의식을 가지고 하였다.

전화가설 대상은 법정동리 19,478개 중 전화가 설치되어 있지 않은 16,515개가 해당되었다. 2차 계획의 마지막 해인 1971년부터 3차 계획의 마지막 해인 1976년까지 연평균 1,300여 동리씩 실시하여 1976년 말까지 전체 가설대상의 18%인 6,533개 동리에 전화가 가설되었다.

사업이 전반적으로 부진하자 박 대통령은 조기에 지방의 오지 마을에까지 전화가 가설될 수 있도록 하라는 지시를 하였다. 이에 따라 법정동리는 1979년 중반에 가설을 완료하였고 1979년 중반부터 행정동리에 전화가설을 실시하였다. 행정동리의 전화가설 대상은 전체 36,343개 동리 중 전화가 없는 12,569개 동리였다. 이들도 1980년까지 전체 83%인 7,774개 동리까지 가설을 완료하였고 1981년까지 마무리 되어 우리나라 어디든 사람 사는 곳이면 전화가 가능하게 되었다.

도서지역(島嶼地域)에 대한 무선통신망을 공급하기 시작하였다. 도서지역 무선통신시설 보급계획은 제2차 통신사업5개년 계획의 막바지인 1970년부터 시행되었다. 먼저 상주인구 500명 이상의 도서 203개 중 무선시설이 없는 124개 도서에 무선통신시설을 보급하기 시작하였다. 1975년부터는 상주인구 200명 이상의 도서, 1976년부터는 상주인구 50명 이상의 도서까지 대상으로 보급하기 시작하였다. 이렇게 시작된 무선통신시설 보급은 1977년 말까지 446개 도서에 보급을 완료하였다.

– 도서지역 무선통신시설 구축현황 –

(단위 : 도서수)

구분	1970	1971	1972	1973	1974	1975	1976	1977
구축 도서수	20	15	20	30	30	28	113	190
누계	20	35	55	85	115	143	256	446

〈한국전기통신공사 100년사〉 811면

　1961년 말까지만 해도 시외전화를 하려면 전화국에 가서 신청해야 했고 무려 2시간씩이나 기다려야 시외전화를 할 수 있었다. 국제 전화는 더더욱 어려웠다. 지금 생각해보면 상전벽해라고 하지 않을 수 없다. 이런 여건을 극복하고 1962년부터 시작된 전기통신시설의 보급은 기술의 발전과 함께 한국의 일상생활을 완전히 바꿔놓았다. 지금은 1인 1무선전화 시대를 열었고 세계에서 전화기를 가장 잘 만드는 나라로, 전 세계에서 인터넷 보급율이 가장 높은 나라로, 인터넷의 속도가 가장 빠른 나라로까지 발전하였다.

⊛ 기계영농이 가능하도록 농경지를 정리하였다

우리가 기차나 고속버스를 타고 갈 때면 길 옆으로 반듯 반 듯하게 정리된 논과 밭, 넓게 정비된 농수로를 볼 수 있다. 그 러나 이렇게 농경지가 정리되기 전의 과거 우리나라 농토는 호남평야나 김해평야 등을 제외하고는 농토의 규모와 형상이 불규칙하고 그 농토를 이용하기 위한 농로나 용수로, 배수로 등 제반 시설들이 미비한 상태였다. 따라서 트랙터나 경운기 등 기계시설은 물론이고 소달구지도 다닐 수가 없어 농약, 비 료, 퇴비나 농산물의 운반을 지게나 소에 의존해야 하는 형편 이었다.

1945년 해방 이후 20여 년 간은 농업용수 확보 사업 이외의 경지정리사업은 사실상 손을 대지 못한 실정이었다.

오늘날 우리가 볼 수 있는 형태의 경지정리사업은 1961년 에 제정된 토지개량사업법을 근거로 1964년에 경상북도를 비 롯한 몇 개의 도에서 지방정부 자체계획으로 경지정리사업을 시도한 것이 계기가 되었다. 본격적인 경지정리사업은 박정희 대통령이 제5대 대통령으로 취임한 후 기본계획을 수립하면 서 시작되었다. 기본계획은 1965년부터 수리안전답 가능면적 중에서 투자수익율을 감안하여 58만8천ha을 대상면적으로 정 하고 1971년까지 16만1천ha의 경지정리사업을 완성하여 기계 화영농 촉진의 터전을 마련하였다.

제3차 경제개발5개년계획 시기인 1972년부터는 정부 주도
사업으로 소요사업비의 50%를 국비로 지원하고, 30%는 지방
비, 나머지 20%는 농민부담으로 재원부담비율을 조정하였다.
박정희 대통령이 직접 사업을 챙기고 적극적으로 추진함에 따
라 1979년 말까지 대상면적 58만8천 ha의 60%까지 추진하였
다.

－ 연도별 경지정리 추진실적 －

(단위 : ha)

연도별	대상면적	추진실적	누계면적	비율(%)
1945년 이전	－	42,743	42,743	
1965~1971	588,000	118,440	161,183	27.4
1972~1979	588,000	194,853	356,036	60.6

한국농지개발연구소 〈경지정리 사후평가 및 효율적인 추진방안에 관한 연구〉

　　경지정리사업은 농업경영에 있어 농로개설로 영농자재와
농산물의 운반이 쉽고, 용수로와 배수로가 완비되어 물 관리
가 편리하며, 객토시공으로 토양개량의 효과를 높였다. 또한
농로신설 및 정비로 촌락간의 내왕과 영농작업이 편리하게 되
었고 분산소유하고 있던 농지를 한 곳으로 모아 농경지집단화
로 농업경영의 합리화를 꾀할 수 있게 만들었다. 결과적으로
논이 표준화되어 농민 간에 증산 경쟁심이 생기고, 농업의 기
계화촉진 및 영농기계화 효과가 높아졌으며 사업이 농한기에
이루어져 농촌의 유휴노동력을 고용하는 효과도 있었다. 부

수적 효과로 농업의 기계화가 진척됨으로써 그동안 과잉 잠재실업 상태에 있던 농촌 청년들이 발전하는 공업부문으로 대량 이동함에 따라 오히려 부족해진 농촌인력을 보완하고 생산성도 극대화시킴으로써 도농간의 소득격차를 해소하는데도 기여하게 되었다.

❀ 기업의 고질적인 고리사채를 정리하였다

우리나라는 제1·제2차 경제개발 5개년 계획 추진과정에서 공업화와 수출증대를 기반으로 세계에서 유례가 없는 고도성장을 이룩하였다. 이러한 고도성장 이면에는 기업들의 해외차관, 국내 은행차입, 사채의존 등, 과도한 타인자본으로 기업 재무구조의 취약성이 서서히 나타나기 시작했다. 거시경제 측면에서도 통화량 증가, 물가 및 환율상승이 나타났고 경제성장률도 1969년 13.8%에서 1972년에는 5.7%로 떨어지면서 부실기업이 점차 늘어나는 징후를 보이기 시작했다.

박 대통령은 이러한 조짐이 시작되려는 초기인 1969년 4월 청와대에 경제 제3수석비서관(외자관리)실을 신설하고 장덕진을 수석비서관으로 임명하여 부실기업 정리 작업에 돌입했다. 제1단계로 부실차관 기업 30개와 제2단계로 은행관리기업 56개의 정리에 착수했다.

그러나 1970년대 전반으로 진입하면서 불황은 점점 심각해지고 이런 와중에 1970년부터 IMF의 권고에 따른 강력한 긴축정책이 실시되었고, 60년대 중반부터 시작된 상업차관의 원리금 상환기간이 도래하여 차관 기업들의 자금사정은 더욱 더 어려워지게 되었다. 이에 따라 명동을 중심으로 사채시장이 활개를 치고 대기업들이 사채시장으로부터 자금을 공급받는 현실이 되었다. 사채공급자들은 대기업이라 하더라도 재무사정이 좋지 않다는 판단이 서면 어음을 돌려 대기업도 막을 수 없는 사태가 발생하여 부도가 나는 형편이었다.

전국경제인연합회는 이러한 비상 난국을 정상적인 방법으로는 해결할 수 없다고 판단하고 대통령의 비상한 결단을 요청하였다. 박 대통령은 1971년 6월 사채동결만이 기업위기와 금융위기를 극복할 수 있다는 판단 하에 김정렴 대통령 비서실장, 김용환 외자담당비서관에게 바로 사채동결 결단을 내릴 준비 작업을 지시했다. 김용환 비서관을 단장으로 극소수의 엘리트 작업반을 편성하여 작업에 들어갔다. 이로부터 약 1년간의 작업을 거치고 1972년 8월 2일 저녁 10시에 박 대통령의 주재 하에 청와대 임시국무회의에서 의결 · 공포되고 3일 자정을 기해 시행되었다. 이것이 바로 8 · 3긴급경제조치로 그 내용은 다음과 같다.

첫째, 당시 통화량의 80% 및 예금은행과 산업은행의 대출총액의 42%에 해당하는 3천4백56억 원의 사채가 연 50% 이상의 고금리에서 연 16.2%로 인하 · 조정되고 3백만 원 이상의 사채는 3년 거치 5년 분할 상환조건으로 조정되었다.

둘째, 정부는 총 2천억 원의 특별금융채권을 발행하여 한국은행에 인수시키고, 이렇게 조달한 자금으로 기업의 단기 고리 대출금의 일부를 연리 8%, 3년 거치 5년 분할 상환의 장기 저리대출금으로 전환해 주었다.

셋째, 이와 별도로 정부는 5백억 원의 자금을 조달하여 산업

합리화기금을 설치하고 합리화 기준에 맞는 기업에 시설자금은 8년 이내(거치 기간 3년 포함) 기한으로 연리 8%의 장기 저리로 대출하도록 하였다.

이 조치로 기업과 사채권자의 모든 채권·채무관계가 1972년 8월 3일자로 무효화되고 위와 같은 조건의 새로운 계약으로 대체되었다. 8.3긴급조치로 기업들은 연 평균 46%(월 평균 3.84%)의 이자율을 연평균 16.2%(월 평균 1.35%)로 적용받게 되는 한편 사채권자가 원하는 경우 출자로 전환할 수 있게 되었다. 그 결과 기업의 사채이자부담은 3분의 1로 경감되어 금융비용부담이 감소하고 제품원가도 그만큼 낮아지게 되었다.

8·3긴급경제조치는 자본주의의 경제체제 아래에서는 상상하기 어렵고 국내외를 통하여 역사상 유례가 없는 전무후무한 조치였다. 이 조치를 통해 금리가 3분의 1로 조정됨으로써 그 당시 심각하게 우려했던 기업의 연쇄부도와 금융위기를 미연에 방지할 수 있었다. 또한 70년대 들어 평균 성장율이 7.4%로 떨어졌던 것이 1973년에는 무려 14.1%로 성장하게 되어 그 후의 1,2차 오일쇼크를 감내해내는 잠재력을 구축하였다.

✿ 13종의 간접세를 부가가치세로 단일화하였다

1948년 정부수립 후 세제 관련법은 매년마다 개정되었다. 1949년에는 정부수립 후 전면적인 세제개혁이 있었고 1953년 휴전 후 유엔 조세전문가가 제출한 《한국조세에 관한 보고와 건의》를 참작하여 1954년에 단행된 세제개혁이 있었다. 1959년 말 당시 재무장관이던 송인상이 미국의 조세 고문단을 초청하여 22개 세법의 전면 개편작업을 추진시켜 1959년 말에 우선 작업이 끝난 5개 세법을 개정하였고 민주당 정부에서 나머지 세법을 개정하였다.

그럼에도 불구하고 제1차 경제개발5개년 계획기간 중에 연평균 7.8%의 고도 경제성장을 달성한 이면에는 부작용도 적지 않게 나타났다. 도농간, 산업간, 기업규모간, 수출산업과 내수산업간, 소재산업과 완제품간 불균형이 심화되었을 뿐만 아니라 투자재원의 높은 해외의존도, 수출산업의 낮은 외화가득율, 만성적인 국제수지 적자 문제점이 들어나기도 하였다. 이에 따라 제2차 경제개발5개년 계획이 예정되어 있는 1967년에 세제개혁의 필요성이 제기되었다. 그때까지 세제는 재정수입 증대를 위한 명목을 찾는데 주력하다 보니 높은 세율의 직접세에 집중되어 있었고 간접세는 미비한 상황이었다. 따라서 지금까지 높았던 소득세 비율은 낮추고 미비했던 간접세 부분을 보완하여 재정수입은 늘리되 조세마찰과 조세저항을 줄여보자는 것이 세제개혁의 방향이었다.

박 대통령이 장기적 안목에서 합리적이고 건전한 세제를 마련하라는 지시를 함에 따라 1971년 '장기세제의 방향'을 공표하고 전체적인 종합소득세의 실시와 부가가치세를 도입할 방침임을 발표하였다.

직접세를 종합과세제로 개편한다는 데 대해서는 큰 논란이 없었으나 간접세체계를 부가가치세제로 발전시킨다는 점에 대해서는 적지 않은 논란이 거듭되었다.

우리나라 간접세 항목은 국세가 영업세, 물품세, 직물류세, 석유류세, 전기가스세, 통행세, 입장세, 주세, 전화세, 인지세 및 증권거래세 등 11개 항목이고, 지방세는 유흥음식세 및 마권세 등 2개로 합계 13개 항목에 달하였다. 정부는 1971년 세정심의회의 심의결과를 거듭 논의한 끝에 늦어도 1976년까지 직접세부문은 완전한 종합소득세제로 단일화하고 간접세부문은 매상세 또는 부가가치세제로 단일화하기로 최종 방침을 정했다. 이때부터 정부는 1973년 사이에 IMF와 UN의 조세전문가들을 초청하여 자문을 구했다. 1974년 7~8월 중에는 공무원 및 학계인사로 구성된 조사단을 당시 부가가치세제를 실시하고 있던 유럽 국가를 비롯하여 일본, 대만에 파견하여 각국의 부가가치세제 도입과정, 제도내용, 성과 등을 조사하도록 하였다. 이렇게 부가가치세제의 실행이 구체화됨에 따라 찬성론자와 반대론자들 간의 뜨거운 논쟁이 가열되었다. 찬성론자들은 조세 및 세정의 간소화, 수출 및 투자의 촉진, 근거과세의 구현, 세수의 안정적 확보 등을 내세웠고, 반대론자들은 시기 상조, 물가상승, 세부담의 역진성 등을 주요 이유로 내세우고 있었다.

이러한 과정을 거쳐 1975년 7월 부가가치세제의 도입을 최종 결정하기에 이른다. 부가가치세의 기본 세율을 10%로 하고 경기순환 상황에 따라 유동적으로 ±3%로 하여 최소 7%, 최대 13%로 하기로 했다. 다만 사치품의 경우는 특별소비세로 보완하고 생필품의 경우는 면세를 하는 방안을 검토하였다. 수출과 관련된 제품에는 영(零)세율을 적용하고 소액거래자는 외형과세액 매출액 1,200만 원까지는 2%의 특별세율을 일률적으로 적용하는 과세특례제도를 두었다.

1976년 1월 19일 기자회견을 통해 부가가치세제를 도입할 것을 공식적으로 발표하고 9월 14일에는 초안을 공개하였고 1976년 12월 22일 국회의 의결을 거쳐 법률 제2934호로 확정하고 1977년 7월 1일부터 시행하기로 하였다.

법률안이 통과되고 시행일까지 6개월 동안 3차례의 예행연습을 실시하는 등, 준비에 박차를 가하고 있었으나 시행일이 가까워 올수록 반대론자의 목소리는 커지고 있었다. 반대론자들의 목소리가 높아지고 정부 내에서도 연기론이 불거지자 박대통령은 1977년 6월 13일 당정협의를 개최하기에 이른다. 당정협의 자리에서도 반대론자들의 목소리가 높았으나 세율을 처음부터 10%로 하자는 조정안으로 분위기를 역전시켰다.

정부에서는 부가가치세제의 성공을 담보하기 위해서는 무엇보다 거래의 투명성 확보가 가장 중요하므로 시행하면서부터 영수증 주고받기 운동을 전개하고 부가가치세제의 내용을 홍보하는데 주력하였다.

부가가치세제는 세율을 10%로 고정 시행함으로써 국민의 간접세 부담은 시행 전의 13개 세제의 평균 부담률 12~13%보다 2~3%가 낮아졌고 국가의 간접세 수입은 시행 전 해인 1976년의 56%에서 시행 첫 해인 1977년에 61%로 높아졌다.

그러나 정작 조세저항은 정치권에서 나타나기 시작했다. 대표적인 것이 1978년 12월 12일 제10대 총선에서 여당인 공화당이 의석수에서는 이겼지만 득표수에서는 1.1% 뒤지는 사상 초유의 결과가 나타났다.

지금 돌이켜보면 참으로 위험천만한 도박이었다. 선거 민주주의가 성숙한 오늘과 같은 시절이라면 어느 정부가 정권을 담보로 하는 위험부담을 안고 전면적인 조세개혁을 실시했겠는가? 아마도 불가능했을 것이고 아직도 과거의 복잡다기한 간섭세의 틀에서 벗어나지 못했을 것이다.

❀ 30만 가구의 화전민을 없앴다

한국에서 화전민이 최초 발생한 시기는 일제강점기로 보는 견해가 유력하다. 일제가 우리나라 농토의 약 50% 가량을 빼앗아 감으로써 농토를 잃은 농민들이 일제의 통제가 미치지 않는 산속으로 들어가 화전을 일구어 살아가는 것이 연명의 가장 쉬운 접근방법이었다. 요사이처럼 교통과 통신이 발달하지 않은 당시에는 강원도나 경상도 등 깊은 산골짜기에 들어가 주인이 없는 국유림 등에 화전을 일구어도 관의 통제가 용이하지 않았다. 일제 강점기인 1940년 경성제국대학의 위생조사부에서 낸 보고서를 보면 화전 가구수가 1926년에는 3만여호, 1931년에는 4만여호, 1935년에는 7만여호로 증가하였으며 화전민의 토지 생산성은 극히 낮아 겨우 생계를 유지하는 정도라고 보고하고 있다.

이승만 정부와 장면 정부는 전쟁 수행과 전후 복구에 신경 쓸 일이 한두 가지가 아니어서 화전 문제에 관심을 가질 형편이 되지 못했다.

화전민에 대해 관심을 가지게 된 것은 5.16혁명이 일어난 후 부터이다. 정부는 1966년 4월 23일 화전정리에 관한 법률을 제정하여 정부지원 하에 화전정리사업을 본격적으로 추진하기 시작하였다.

화전은 강원도, 충청북도, 경상북도 등이 극심하고 경기도와 전라북도에서 일부 있었다. 박 대통령은 화전정리에 대한 보고를 지방 순시 때 반드시 한 항목으로 보고하게 하고 감독하였다. 전국의 정리대상 화전민은 당시 30만 가구 가량이었으며 평균 5인 가족으로 환산할 때 150만 명으로 현재의 대전시민 정도의 인구가 화전에 연명하고 있는 실정이었다.

법령 제정을 계기로 제1차 화전정리사업을 실시하기 위하여 1967년 1월 20일부터 7월 20일까지 6개월 간에 걸쳐 화전실태를 조사하였다. 화전정리에 관한 법률에 따라 불법 개간한 화전을 정리하고 산림자원을 조성함과 동시에 화전민의 생활을 안정시키기 위하여 화전정리사업으로 이주 또는 정착하는 화전민에게 주택자금 보조, 경작지 확보를 위해 토지 공급 등의 조치를 취하였다.

그러나 초기의 화전민 정리는 국고지원이 불충분하고 화전민의 특수성 때문에 1972년 말까지 정리 목표의 절반 정도밖에 달성하지 못하는 부진을 보였다. 화전민은 원래 농토가 없어 국유림이나 공유림의 주인 없는 깊은 산에 들어가 농사를 짓는 사람들이다. 화전민의 구체적 실태는 농토가 없어 화전민이 된 사람, 죄를 짓고 산으로 도피한 사람, 사업에 실패하여 산으로 간 사람, 전쟁을 피하여 산으로 간 사람, 또는 종교적 이유 때문에 화전민이 된 사람 등, 그 구성이 복잡해 일단 정착시켜도 감독이 소홀한 틈을 타서 다시 깊은 산속으로 들어가 화전을 하는 사례가 적지 않았다.

박 대통령은 1973년 부터 한 도(道)씩 순차적으로 화전 없는 군, 읍, 면을 만들어 나간다는 원칙을 세우고 화전이 제일 극심한 강원도부터 시작하여 충북, 경북의 순으로 정리하기로 하였다. 또한 정리대상을 먼저 경사 20도 이상의 산림 내에 있는 화전민은 전원 집단 이주시켜 산림으로 복구하고 경사 20도 미만의 화전은 연부 상환으로 화전을 불하해 농경지화 한다는 원칙을 세웠다. 그리고 화전민에 대해서는 타 지역으로 이주하는 '이주'와 중심 마을로 하산하는 '이전', 그대로 정착하는 '현지정착'이라고 하는 세 가지 유형으로 구분하였다.

화전정리사업에서 가장 주목할 점은 화전과 화전민에 대한 단속이 강화되었다는 사실이다. 박 대통령은 1976년 강원도 등 화전금지 지역에 작물의 재배를 일체 금지하고 군대의 헬리콥터나 경비행기의 조종사는 화전 또는 산간지역의 경작을 발견하는 즉시 관계당국에 연락하도록 시키는 등, 군부대의 협력을 강조하였다. 또한 화전민이 그 행정기관의 지시에 응하지 않을 경우 농작물의 몰수는 물론 벌금 또는 구속이라고 하는 강경한 대응조치까지도 지시하였다.

이처럼 화전정리사업은 정부의 확실한 지원과 단속이라는 이중 수단을 통해 화전정리 5개년 계획의 최종연도인 1978년 계획 잔량 약 2,100여 가구의 이주로 화전정리계획을 완료하고 2회에 걸친 항공정찰을 실시한 바 약간의 화전이 계획 외로 발생한 것이 발견되어 1978년에 최종적으로 마무리 하였다. 1978년을 마무리로 1966년 '화전정리에 관한 법률' 제정 시행 이후 만 12년 만에 화전정리사업을 모두 마무리하였다.

– 화전정리 화전지 및 화전민 가구수 –

(단위 : ha, 가구 수, %)

구분		제1기 (1973년까지)	제2기 (1974~1978)	총계
화전지	계	17,424	107,219	124,643(100)
	산림복구	11,900	74,143	86,079(69.0)
	농경지화	5,524	33,046	38,570(31.0)
화전가구	계	33,495	267,301	300,796(100)
	이주	10,563	15,294	25,857(8.7)
	이전	—	2,349	2,349(0.7)
	현지정착	22,932	249,658	272,590(90.6)

신민정 〈한국정부의 화전정리사업 전개과정과 화전민의 실태〉

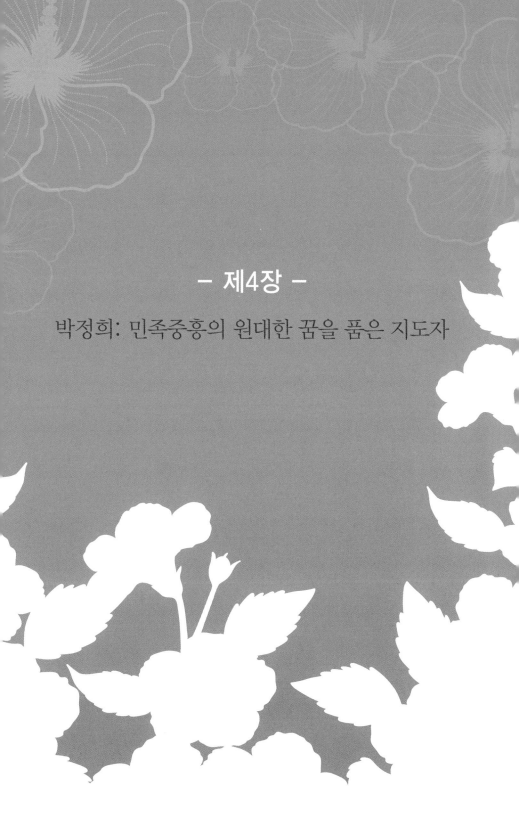

– 제4장 –

박정희: 민족중흥의 원대한 꿈을 품은 지도자

✿ 혁명 후 이틀 만에 경제개발 전문가를 찾아 나섰다

5.16혁명 주체가 얼마나 경제발전에 강한 의지를 가지고 있었는지는 그들이 발표한 혁명공약에서도 알 수 있다. 혁명주체는 혁명공약 제4항에서 '절망과 기아선상에서 허덕이는 민생고를 시급히 해결하고 국가 자주경제 재건에 총력을 경주한다.'고 의지를 밝혔다. 그리고 혁명 후 이틀 만에 경제개발전문가를 찾기 시작한 것만 보아도 알 수 있다. 혁명 후 이틀 만에혁명의 성공여부도 불투명하고 행정부 인수도 제대로 되지 않은 불안한 상황이다. 이러한 어수선한 분위기 임에도 전문가를 찾았다는 것은 경제를 발전시켜야 한다는 강한 의지의 발로였을 것이다.

경제개발계획이 5 · 16혁명정부의 고유한 것이니 아니니 하는 논란이 많은 것은 사실이지만 누가 계획서를 만들었느냐는 그리 중요한 문제가 아니다. 정작 중요한 것은 누가 의지를 가지고 내 일처럼 추진하여 경제성장을 실현시켰느냐이다.

한국경제 재건을 위해 최초로 만들어진 경제개발계획은 1953년도 휴전에 즈음하여 UN에서 시도하였다. UN은 한국에 대한 UNKRA 원조계획을 뒷받침하기 위해 미국의 네이산협회를 통해 한국경제의 실상을 조사하고 그 결과로 1953년 3월에 작성된 네이산보고서(한국경제재건계획)를 만들었는데 그것이 외국기관에 의해 만들어진 최초의 보고서이다. 그 다음은 미국이 한국에 대한 원조계획을 작성하기 위해 타스카 사절단을 파견하여 한국경제 실상을 파악 후 1953년 7월에 작성한 타스카 3개년 대한원조계획(일명 타스카보고서)를 만들었는데 그것이 두 번째이다. 그러나 이러한 계획들은 어느 것이나 한국민의 자발적 의지에 의하여 작성된 것이 아니라 미국이나 UN에서 제공하는 원조 규모를 정하고 이를 효율적으로 집행하기 위한 목적으로 작성된 것들일 뿐이다.

그럼에도 미국의 원조는 우리의 생사가 달린 문제로써 미국의 권고에 따른 장기개발계획 수립을 미룰 수 없는 문제였다. 이에 따라 부흥부(기획재정부의 전신)는 미국의 대외원조처(USOM) 간부들과 협의해 경제개발계획을 마련할 조직인 산업개발위원회를 1958년 4월 1일 출범시켰다. 산업개발위원회는 1년여의 작업으로 1959년 봄 경제개발 3개년 계획(1960~1962년)을 작성하였으나 4.19혁명으로 실천에 옮기지 못하였다.

4.19혁명 후, 민주당 장면 정부는 1960년 9월 경제제일주의를 표방하고 장기 경제개발계획을 정부시책으로 채택한다고 발표하고 11월 말 부흥부 산하의 산업개발위원회에 장기경제개발계획을 세우라고 지시했다. 이 위원회는 이승만 정부에서 만들어진 3개년 계획안을 참조하여 1961년 5월 10일 경제개발5개년계획안(1961~1965)을 마무리했다. 이 계획 역시 발표도 되기 전에 5.16혁명으로 폐기되고 말았다.

일부 사람들은 5.16혁명이 없었으면 이 계획은 실행될 수 있었고 성공했을 것이라고 주장하고 있다. 장면 정부는 미국과 교섭을 벌여 3억 달러의 재원을 약속 받았으며 군사혁명이 일어나는 바람에 모든 것이 수포로 돌아갔다고 항변하기도 한다. 그러나 이 5개년 계획안의 성안이 착수 초년도인 1961년을 1개월 정도 앞두고 작업을 시작한 것이나 1961년 1월부터 시작할 계획이 5월이 되도록 채 완성되지 못한 것 등을 보면 자율적인 의사와 상관없이 케네디 행정부가 장기계획을 강조하자 미국과의 원조흥정을 유리하게 이끌기 위해서 계획서를 작성했음을 유추할 수 있다.

그에 비하면 박정희 당시 최고회의 부의장은 5.16혁명이 일어나고 이틀만인 5월 18일에 유원식 대령에게 젊고 참신하며 경제개발계획을 공부했거나 계획입안의 경험이 있는 학계, 금융계 등, 광범위한 계층의 인물을 찾으라는 지시를 내리면서 제1차 경제개발5개년계획의 시동을 걸었다.

그 지시에 따라 유원식 대령이 고른 사람은 송정범(37세), 김성범(32세), 백용찬(32세), 정소영(29세) 등이었다. 1961년 5월 22일 백용찬, 김성범, 정소영 세 사람이 최고회의 부의장실에 갔을 때 박정희 부의장은 이렇게 당부했다.

"우리가 혁명을 한 것은 도탄에 빠진 국민들을 잘 살게 하기 위해서 입니다. 지금도 보릿고개를 넘지 못해 굶어 죽는 사람이 많습니다. 5천년 묵은 가난을 해결하지 않고서는 아무 것도 할 수 없습니다. 그런데 기본 마스터플랜이 있어야 하고 그

것은 경제개발 5개년계획 정도는 되어야 하는데, 여러분들이 서둘러 국민들에게 희망을 줄 수 있는 실천 가능한 계획을 80일 내에 작성해 주시오. 여러분들이 수고를 좀 해 주셔야 하겠습니다."

전문가 네 사람은 종합경제재건계획안을 국가재건최고회의에 보고를 마치고 그것을 경제기획원으로 이관하였다. 경제기획원은 최고회의 종합경제개발계획안을 근간으로 제1차 경제개발5개년계획을 수립하게 된다. 그리고 이 경제개발5개년계획은 한국의 경제기적을 일으키는 시발점이 되는 것이다.

– 각 경제개발계획의 비교 –

구분		계획기간	입안기관	성장률	특징	성안완료	실시여부
자유당안		1960~66의 전반기 3개년계획	부흥부 산업개발 위원회	5.2%	원조규모를 확대하기 위한 계획	1959. 12. 31	4.19로 미실시
민주당안		1961~65	부흥부 산업개발 위원회	5~ 6.1%	원조를 배경으로 한 계획	1961. 4~5월	5.16으로 미실시
군사정부안	건설 부안	1962~66	건설부	5.6%	민주당안과 유사	1961. 5월 하순	최고회의 안에 부분적 계승
	최고 회의안	1962~66	최고회의 종합경제 재건위원회	7.1%	경제기획원 안의 골간	1961. 7. 21	경제기획원 안으로 계승
	경제 기획원안	1962~66	경제기획원	7.1%	최고회의 안을 답습	1961. 9. 15	최종안(실시)

(이완범 '박정희와 한강의 기적')

⊛ 경제개발계획시대의 문을 열었다

현대적 의미의 장기 경제개발계획으로는 제2차 세계대전 이전 소련이 1929년에 수립한 제1차 5개년계획이 있고, 이에 영향 받은 인도가 1933년부터 준비하기 시작하여 1944년에 작성한 계획 등이 있다. 유럽의 경우 프랑스, 벨기에, 네델란드 등 전쟁의 피해가 컸던 대부분의 국가들이 전후 복구를 위해 계획수립에 적극적이었고 산업화가 늦었던 포로투갈, 그리스, 터키, 스웨덴 등도 경제발전을 위한 경제개발계획을 수립하기 시작하였다. 한편, 동구 국가들도 소련의 모형을 바탕으로 경제계획을 수립·집행하기 시작하였고 아시아와 중동, 아프리카와 중남미 제국들도 선진국을 따라잡기 위한 목표로 계획수립이 활발하게 진행되었다.

한국은 6.25전쟁의 파괴로부터 경제를 재건하고 저개발 상태에서 벗어나 자립적인 경제발전을 이룩하기 위하여 5.16혁명 후에 바로 장기 경제개발계획을 수립하기 시작하였다.

5.16 혁명 후 4개월 만에 만들어진 제1차 경제개발5개년계획은 과거의 자유당 때나 민주당 때의 상황과는 완전히 다른 차원에서 만들어진 것이다. 과거의 계획들이 미국 원조 관계자들의 권고나 압력에 의해 원조흥정을 유리하게 하기 위해 만들어졌지만, 제1차 경제개발5개년계획은 한국인에 의한, 한국인을 위한, 한국인의 의지와 비전을 담았다는 데에 큰 의의

가 있다고 할 수 있다.

제1차 경제개발5개년계획에서 정부는 '과거 정권의 부패와 무능으로 인한 사회경제적 악순환의 고리를 끊고 국가경제의 재건과 자립성장을 이룩하기 위하여 장기적인 경제발전계획을 수립하는 것이 시급하다.'라고 선언하였다. 이 같은 제1차 경제개발5개년계획은 정부가 모든 경제영역에 직접 개입하거나 다양한 유인정책을 통해 민간의 역량을 최대한 발휘하도록 하는데 집중했다. 이 계획은 박 대통령이 18년 동안 전국민을 경제개발에 매진하게 하는 가이드북이고 지침서였다.

당시 제1차 경제개발5개년계획은 타스카 보고서 및 네이산 보고서를 비롯해 말레이시아와 인도의 5개년 계획, 세계은행에서 비교 연구된 개발기구에 대한 자료, 미르달(Myrdal) 교수의 《경제이론과 저개발 지역》이란 책 등을 참조하여 만들었다.

이렇게 만들어진 제1차 경제개발5개년계획은 새로이 조직된 중앙경제위원회에서 1961년 9월 15일부터 토론과 심의, 각의의 조정을 마쳤다. 그리고 11월 20일에 최고회의의 심의를 거쳐 12월 말에 완성했고 1962년 1월 13일부터 시행에 들어갔다.

확정된 안의 경제성장률의 평균 목표치가 7.1%였는데 각 연도별로는 1962년 5.7%, 1963년 6.4%, 1964년 7.3%, 1965년 7.8%, 1966년 8.3%로 계속 높이는 야심찬 계획이었다.

제1차 경제개발5개년계획이 성안되고 발표되었을 때 제일 우려했던 쪽은 미국이었다. 미국은 한국의 경제부흥을 위해서는 무엇보다 긴축화, 안정화가 최우선 과제라고 생각하고 그동안 줄곧 한국정부에 그 중요성을 강조해 왔다. 따라서 막대한 신규투자가 재정적자와 통화량의 팽창을 초래함으로써 경제적 안정을 저해시킬 우려가 있다고 인식했다. 한편, 국내 학계 역시도 자본이 있는 외국에서도 7% 성장의 예가 없는데 돈도 없이 어떻게 7.1%의 성장을 이룰 것인지 탁상공론이라고 비판했다. 또한 5개년 계획의 집행과정에서도 여러 가지 문제가 발생했다. 시행 첫해인 1962년과 1963년에 계속된 흉작으로 식량사정이 악화되어 곡가파동을 겪어야 했고 초기의 의욕적인 투자확대로 말미암아 정부 보유 외환이 고갈되는 사태가 발생했다. 정부는 1963년 8월에 원안을 대폭 수정한 보완작업을 본격적으로 시작했다.

수정안의 가장 큰 특징은 원안이 기간시설의 확충, 국제수지 개선을 위한 수입대체공업화, 소비재공업 중심의 경공업화 등의 자립경제 달성을 위한 수입대체적 요소가 강한 안이었다면, 수정안에서는 수출지향적, 대외개방적 공업화의 색채가 강한 쪽으로 바뀌었다는 점이다. 투자재원은 한일회담의 성사로 확보된 대일청구권 자금이 큰 역할을 하게 되었다.

제2차 경제개발계획부터는 수출확대와 공업에 우선순위가 주어졌다. 특히 과학 및 관리 기술 증진과 고용증진 문제를 중점 사업에 포함시켰다.

제3차 경제개발계획에서는 더욱 더 자신감을 가지고 수출 진흥에 역점을 두기 시작하고 무엇보다 중화학 공업 건설쪽으로 무게 중심이 이동 되었다.

제4차 계획에서는 중화학공업 등 산업구조 고도화, 기술혁신 및 능율증진 등의 공업의 구조고도화에 역점을 두는 한편, 저소득층 의료혜택 추진, 사회개발 촉진, 물가안정 등, 형평과 안정에 무게 중심의 이동이 이루어지기 시작하였다.

박 대통령 집권 18년 동안 3차에 걸친 5개년계획이 성공적으로 끝났으며 박 대통령 서거 당시에는 제4차 계획이 추진 중이었다. 5개년계획 추진과정에서 경제성장률 및 수출실적은 계획에 비해 매년 상회했다. 경제성장률은 1차 계획 시 원안 목표가 7.1%에서 실적은 8.5%, 제2차 계획기간에는 계획 7.0%에 실적9.7%, 제3차 계획기간은 계획 8.6%에 실적 10.1%, 제4차 계획기간은 계획 9.2%에 실적 5.5%로 제4차 계획기간을 제외하고는 계획에 비해 항상 목표를 초과 달성했던 것이다.

수출은 1차 계획에서는 목표 1억3천 8백만 달러에 실적 2억5천 4백만 달러, 2차 계획에서는 목표 5억 5천만 달러에 실적 11억3천 2백만 달러, 3차 계획에서는 목표 35억1천만 달러에 실적 78억1천 5백만 달러, 4차 계획에서는 목표 202억4천 2백만 달러에 실적 208억8천 1백만 달러로 모두 목표대비 초과 달성하였다. 제1차 계획부터 4차 계획까지의 주요 지표는 다음과 같다.

- 5개년 계획의 주요 사업 및 성과지표 -

구분	1차5개년계획 (1962~66)	2차5개년계획 (1967~71)	3차5개년계획 (1972~76)	4차5개년계획 (1977~81)
기본 목표	• 사회경제적 악순환 타파 • 자립경제성장 기초 마련	• 사회구조의 근대화 • 자립경제 구축	• 농어촌 부문 획기적 발전 • 획기적 수출 증대 • 중화학공업 육성	• 자력성장 구조 달성 • 사회개발 증진 • 기술혁신과 능률증진
중점 사업	• 농업생산력의 증대에 의한 농가소득 향상과 국민경제의 불균형의 시정 • 전기, 석탄 등 에너지 공급원의 확보 • 기간산업의 확충과 사회간접 자본의 충족 • 유휴자원의 활용, 고용의 증대와 국토보전 및 개발 • 수출증진을 통한 국제수지의 개선 • 기술진흥	• 식량을 자급하고 산림 녹화와 수산 개발에 주력 • 화학, 철강 및 기계공업 건설 및 생산성제고 • 과학 및 경영 기술진흥, 인적자원배양, 기술수준 향상과 생산성 제고 • 고용의 증대, 가족계획의 추진으로 인구 팽창 억제 • 수출 7억불(상품 : 5.5억불) 달성, 수입대체산업 진흥, 무역수지 개선 • 영농을 다각화하여 농가소득 향상에 주력	• 주곡 자급달성 및 농경지정리, 농어촌 전기 및 도로망 확충 • 중화학공업 건설 및 생산성 제고 • 전력, 교통, 통신 등 사회간접자본 균형 구축 • 과학기술의 발전, 인력개발 강화, 고용증대 및 근로환경 개선 • 국토자원 및 지역개발 촉진, 공업과 인구의 적정한 분산 촉구 • 주택과 위생시설 및 사회보장확충, 국민 복지 향상 • 수출 35억 불 달성 및 무역 수지개선	• 산업구조 고도화 • 기술혁신 및 능률증진 • 사회개발촉진, 저소득층 의료 혜택보장 • 국제수지의 균형 및 자력투자 기반 달성
산업별 주요 계획	• 과학기술 5개년 계획 • 석유, 석탄생산 5개년 계획 • 수산자원 진흥 10개년 계획 • 고속도로 건설	• 전기산업진흥 5개년 계획 • 농업근대화 10개년계획 • 국토개발 10개년계획 • 광업진흥 10개년계획	• 전기산업 5개년계획 • 사회간접자본 장기 개발계획 • 연도별 중화학공업 투자계획 • 치산녹화 10개년계획	
경제 성장률	8.5%	9.7%	10.1%	5.5%
수출 실적 (백만 달러)	254	1,132	7,815	20,881

(조이제 & 카터 에커트 '한국근대화 기적의 과정')

⊛ 경제개발 종자돈을 구하기 위해 일본과도 회담하였다

저개발 후진국들이 자국의 경제를 개발하기 위해서는 자본이 무엇보다 필요하다. 그러나 그 당시 최빈국이었던 한국은 경제개발에 필요한 만큼 자본이 축적되어 있지 않았다. 원시자본, 즉, 종자돈이 없는 한국이 경제개발을 추진한다는 것은 사실 불가능에 가까웠다. 현재 전 세계 후진국들이 경제개발을 못하고 있는 가장 큰 이유 중의 하나도 자본부족 때문이다.

서유럽을 중심으로 하는 선진국들은 19세기를 전후하여 식민지 확보와 착취, 넓은 해외 식민시장 개척, 식민지에 대한 불공정 무역 등을 통해 원시자본을 축적하고 이것이 경제성장의 종자돈이 되었다. 그러나 한국은 축적된 민족자본이 부족했고 일제 36년 동안 착취와 수탈, 6·25전쟁으로 인한 자본시설의 파괴 등으로 경제개발을 위한 기반이 아무 것도 없었다. 오직 있는 것은 국가를 개혁해 보겠다는 뜨거운 열정을 가진 지도자뿐이었다.

한일회담은 경제개발에 필요한 종자돈을 마련하기 위한 방안이었다. 정일권 전 총리는 박정희 대통령의 당시 절박한 심정을 다음과 같이 회고하고 있다. 박 대통령이 제5대 대통령 취임 후 초대 외무부 장관인 정일권에게 소주라도 한 잔 하자고 저녁 초대를 하였다. 청와대 식당에서 육영수 여사가 손수 끓인 생태찌개를 앞에 놓고 한일회담의 절박성을 전한 말이다.

"정형! 우리 힘 합쳐 우리 민족을 한번 살려 봅시다. 일본과의 국교정상화에 전념해 주십시오. 나 자신, 이승만 박사 못지 않게 일본을 미워하고 있으나 산업부흥, 민족중흥에 써야 할 유일한 돈줄이니 딴 도리가 없군요."

초창기의 한일회담은 국내문제보다는 미국의 동아시아 정책과 미소간의 냉전체제에서 일본의 역할을 기대하기 위한 방안 등, 여러 가지 정치적, 외교적 사유로 1951년부터 시작되었다. 그러나 제1차 한일회담(1952.2.15~4.25)은 한·일간 재산 및 청구권 주장으로 쌍방 간에 의견이 대립되어 결렬되었다. 제2차 한일회담(1953.4.15~7.23)은 독도 및 평화선 문제에 대한 양측의 이견이 노출되었다가 6.25전쟁 휴전회담 개최 등에 따라 휴회되었다. 제3차 한일회담(1953.10.6~10.21)은 평화선 및 청구권문제, 일본 수석대표 구보다 간이치로의 망언으로 회의가 결렬되었다. 제4차 한일회담(1958.4.15~1960.4.15)은 기시 내각 출범에 따라 회담이 재개됐지만 4.19혁명으로 중단되었다. 제5차 한일회담(1960.10.25~1961.5.15)은 한국 측은 장면 내각, 일본 측은 이케다 내각이 출범하여 회담이 재개되었으나 1961년 5.16혁명으로 다음 정부에 넘어갔다.

과거 10여 년간 진행된 한일회담은 양국의 회담 필요성보다는 미국의 필요성이 더 강조되었고 두 나라는 미국의 중재 하에 회담을 진행하다 보니 회담에 임하는 실무진들도 열정과 사명감이 부족했다.

그러나　5.16혁명 후 박 대통령의 생각은 달랐다. 경제발전을 정치의 제1순위로 올린 그로서는 한일국교정상화만이 살길이란 현실을 인식하고 회담에 임하는 전략, 태도, 인력구성을 달리했다.

　박 대통령의 한일회담에 임하는 자세는 종전의 이승만 대통령이 감정을 앞세운 데 반해 철저한 현실 중심적이었다. 박 대통령은 '너무 감정만 앞세우면 어떡하나. 일본이 미국에 머리 숙이고 배웠듯 우리도 그런 자세로 배워야지…. 게다가 가장 가까운 이웃끼리 으르렁거리기만 하면 둘 다 손해일 수밖에. 아무튼 빈곤 추방이란 대업을 성취하기 위해선 한일회담이란 역사의 틀에 순응해야 하오.'라고 말하며 한일회담에 임하는 사람들을 독려하였다.(이동원 '대통령을 그리며')

　제6차 한일회담(1961.10.20~1965.6.22)부터는 최고 통치자의 강한 집념, 미국의 측면지원, 그리고 실무진들의 사명감이 어우러져 진행에 속도를 내기 시작했다. 5.16혁명 후의 한일회담은 1961년 10월 20일부터 본회의가 시작되었으며 한 달 후에 박 대통령이 최고회의 의장시절인 1961년 11월 방미 길에 일본의 이케다 총리와 만나 조속한 시일 내 국교정상화에 합의하였다. 그러나 이때의 발언이 문제가 되어 굴욕외교라고 하여 국내에서는 학생들과 재야 세력들이 극렬히 반대하고 서울 시내에는 연일 시위가 일어나기도 하였다.

　그 후부터 한일회담은 물밑 작업으로 추진되었다. 김종필 중앙정보부장이 1962년 11월 일본으로 건너가 대일청구권 문제를 김종필·오히라 메모(무상 3억, 유상 2억, 상업차관 1억 달러 이상)로 정리하였다. 이 비밀 메모가 공개됨으로써 국민들과 학생들의 반대는 더욱 더 극렬해지고 회담은 일시적으로 중단될 수밖에 없었다.

박 대통령은 제5대 대통령으로 당선된 후 부강한 나라 만들기에 몰입했고 필요한 종자돈을 구하기 위해서는 한일회담 성사를 통한 청구권 자금 확보가 첫 번째 과제라고 판단했다.

박 대통령은 한일회담의 성공을 위해 비공식채널도 운영하였다. 5.16혁명정부의 최고회의 상공담당 최고위원이었던 박태준을 불러 한일회담의 비공식역할을 맡기는 것이다.

박 대통령은 박태준을 이렇게 설득했다.

"이보게, 우리 국민들은 일본과의 회담조차 싫어하지만 현실을 직시할 수밖에 없네. 한일국교정상화는 경제발전의 첫 고비를 넘어서는 일이야. 이 일은 공식적인 국교 정상화를 위해 일본 측에 사전 정지작업을 하는 임무야. 일본 지도층에도 반한파가 만만찮아. 그들의 반대를 최소화해야지. 이 일에 자네를 능가할 사람을 찾을 수 없었네."

"언제 떠나야 합니까?"

"가능한 하루라도 빨리."

"한참 동안은 매국노로 찍힐 수밖에 없는 임무로 보입니다."

"그럴 거야. 아마 한바탕 대격전을 치르게 될 거야. 그러나 우리는 앞으로 나아가야 해.”

박태준은 1964년 1월 초부터 10월까지 무려 열달 동안을 북방의 홋카이도에서 남방의 규수까지 일본 전역을 훑고 다니며 각계각층의 지도자들과 만나 한일회담의 성공을 위한 분위기를 조성하였다.(이대환 ‘세계 최고의 철강인 박태준’)

박 대통령이 청구권 자금을 통한 경제개발을 해보겠다는 순수한 생각과 열정과는 대조적으로 한일회담을 바라보는 지식인, 학생, 야당, 언론은 엄청난 시각 차이를 보였다.

1964년 3월부터 1965년 6월 한일회담이 성사될 때까지 야당과 학생, 지식인, 언론 등, 모든 계층이 한일회담 반대에 나섰다. 야당과 재야세력은 ‘대일굴욕외교반대 범국민투쟁위원회’를 결성하고 전국적으로 한일회담 저지 활동을 하였다. 윤보선 전 대통령은 ‘현 정부는 3억 달러에 나라를 일본에 팔아넘기려 하고 있다. 한일협정이 국회에서 통과되면 나는 의원직을 사퇴하고 목숨을 걸고 구국투쟁을 벌이겠다.’는 등 연일 비난 수위를 높이고 있었다. 1964년 3월의 한일회담 반대 학생 시위에서는 250여명이 부상하고 300여명이 경찰에 연행되기도 하였다. 시위대는 단식 농성, 거리데모와 같은 다양한 방법으로 반정부 시위를 하였고, 그 과정에서 경찰과 충돌하여 부상자들이 속출하였다. 1964년 6월에는 청와대가 데모대에 포위되어 주한 미국대사와 유엔군 사령관이 헬기를 타고 청와대에 와서 박정희 대통령과 계엄 관련 면담을 하기도 했다.

학생시위가 격화되고 사회가 혼란하여 더 이상 일상적인 방법으로는 정국을 안정시킬 수가 없게 되자 정부는 1964년 6월 3일 오후 8시를 기해 서울 일원에 비상계엄을 선포하였다. 계엄당국은 포고령을 발표하고 일체의 집회를 금지시키고 언론·출판의 검열과 서울 시내 각급학교의 무기휴교, 그리고 통행금지 시간을 자정에서 9시로 당기는 조치를 취했다.

박 대통령은 한일회담에 드라이브를 걸기 위해 1964년 7월 외무부장관을 정일권(총리 겸직)에서 이동원(당시 태국 대사)으로 교체하였다.

이동원 외무부 장관은 전술적으로 방향을 바꿔 그동안 우리가 일본을 방문하던 형태에서 한국과 일본이 상호 방문해서 회담을 하는 형태로 바꾸었다.

1965년 2월 17일 일본의 시나 외상이 한국에 왔다. 한일 외교사상 처음으로 한국에 대해 다음과 같은 사과까지 했다.

"일·한 양국은 예로부터 일의대수(一衣帶水)의 인국(隣國)으로 사람의 교류는 물론 문화적이나 경제적으로도 깊은 관련이 있었으나 양국간 오랜 역사 중에 불행한 시간이 있었음은 참으로 유감스러운 일로써 깊이 반성하는 바입니다."

그러나 가장 중요한 기본조약 서명까지는 상당한 진통이 있었다. 기본조약에서 가장 문제가 된 것이 구(舊)조약(한일합방조약) 무효화와 관할권 문제(남북문제)였다. 이 문제는 3일간 계속된 회담에도 진전이 없었으나 1965년 2월 20일 새벽 2시경에 시나 일본 외상과 이동원 외무부 장관 사이에 합의를 보고 그날 10시에 양국을 대표한 한국의 연하구 국장과 우시로쿠 국장이 한·일 기본관계조약에 가조인 할 수 있었다.

이동원 장관은 1965년 3월 24일부터 3박 4일간의 일본 공식 방문 기간에 마무리 짓지 못하고 6일간의 체류기간을 연장하여 연장 마지막 날인 4월 3일 새벽 5시 30분에 어업협정, 청구권 금액, 재일동포 법적 지위문제 등이 타결되어 4월 4일 가조인 할 수 있었다.

1965년 6월 22일 오후 5시 도쿄 일본 총리관저에서 조인식이 있었다. 한국 측 대표 이동원 외무장관과 김동조 주일 대사, 일본측 대표 시나 외상과 다카스키 수석대표는 13년 8개월을 끌어온 한일회담에 마침내 종지부를 찍었다. 이날 양측이 서명한 문서는 기본조약을 비롯하여 어업·문화·법적지위·청구권 및 경제협력협정과 이에 부수되는 의정서 두 건 등, 모두 일곱 건이었다. 1개의 기본조약, 4개의 협정, 2개의 의정서 등 총 28건의 문서에 네 사람이 교환 서명하는 데 소요된 12분을 포함해 조인식에 걸린 시간은 40분밖에 되지 않았다.

다음날 귀국과 동시에 청와대로 직행해 목이 빠지게 기다리고 있던 박 대통령 앞에 역사적 서류를 내밀었다. 박 대통령은 마치 잃었던 보물이라도 되찾은 듯 두 손을 서류뭉치에 얹고는 흐뭇한 표정으로 한동안 말없이 바라볼 뿐이었다.

"대체 이 서류 몇 개 가져오는데 몇 년이 걸린 건가…."

독백처럼 중얼거리는 박 대통령의 말을 연하구 국장이 받았다.

"자유당 시절부터 햇수로는 15년입니다."

"15년이라…, 그것 참…."

이러한 우여곡절 끝에 36년간의 아픔을 뒤로 하고 해방 후 20년 만에 한일관계는 정상화 되었다. 이 결과 일본으로부터 무상 3억불, 유상 2억불, 민간차관 3억불 등 8억불의 재원을 확보할 수 있었다. 1965년 12월 비준된 이후 1973년까지 공공차관 4억 1천 6백만 달러, 상업차관 6억 7천 4백만 달러가 제공되었다. 한일외교관계가 정상화된 이후 일본은 한국경제발전의 자금공급원으로, 미국은 한국의 상품판매처로 역할을 함으로써 한국경제의 도약을 위한 중요한 전기를 마련하였다.

❀ 자식들을 사지(死地)로 보내면서도 종자돈을 구하였다

한반도를 국토로 하여 살아온 한민족(韓民族)은 불행하게
도 5,000여 년 동안 주변 강대국들로부터 무려 931회나 침략
을 받은 역사를 가지고 있다. 유일하게 파병을 한 것이 1960년
대 중반의 월남파병이었다. 전쟁은 어떤 명분이나 목적이 있
다 하더라도 전쟁을 통해 피아간에 많은 인명의 피해를 가져
온다. 따라서 베트남파병을 결정했던 박 대통령의 입장에서는
엄청난 스트레스를 겪었을 것이다.

베트남전쟁은 프랑스가 식민확대 정책으로 19세기 후반 베
트남 중부의 구엔 왕조를 멸망시킨 때부터 시작되었다. 이후
일본이 대동아공영권을 주장하면서 동남아시아 전역을 침략
하는 과정에 인도차이나 지역의 프랑스군을 1945년 3월 무장
해제시키고 점령함으로써 베트남은 잠깐이나마 일본의 지배
를 받게 되었다. 제2차 세계대전 종전 후 일본군의 무장해제
를 위해 중국군, 영국군, 프랑스군이 베트남에 진주하였다.
1946년 프랑스는 일본군의 무장해제를 시킨 후 중국, 영국군
과의 협상에서 기득권을 인정받아 베트남 전 지역을 다시 식
민지배체제로 만들었다.

한편, 호치민은 프랑스에서 유학하면서 사회주의 사상을 체
득하였고 귀국한 후 모든 혁명세력을 결집하여 프랑스 식민
당국 및 일본군에 대항하기 위한 베트남 독립동맹, 즉, 월맹

을 결성하였다. 호치민은 일본이 항복하고 연합군이 진주하기 직전에 하노이를 점령하고 남북베트남의 모든 공공기관과 행정기구까지 장악하여 베트남 전 지역의 주도권을 장악하게 된다.

프랑스가 베트남을 다시 지배하면서 월맹과 시작된 전쟁이 제1차 베트남 전쟁이다. 미국은 베트남의 공산화를 막기 위해 프랑스에 36억불의 군사원조를 하였으나 1954년 5월 디엔 비엔 푸 요새에서 월맹군에게 대패하였다. 이후 프랑스는 호치민 월맹정부와 스위스 제네바에서 휴전회담을 거쳐 북위 17도선 북쪽은 월맹이, 남쪽은 프랑스군이 점령하며 2년 후인 1956년 7월 중에 남북 총선거를 실시하여 통일정부를 구성하기로 합의하였다.

프랑스가 점령한 남베트남에서는 미국의 후원 하에 디엠이 대통령에 당선되어 1955년 10월에 취임하였다. 디엠 대통령은 1956년으로 예정된 남북 총선거를 거부하고 남쪽만의 독자 세력을 강화하였다. 이에 따라 월맹은 남부의 공산주의자들에게 테러 및 게릴라 활동을 지시하면서 국민들의 궐기를 선동하였다.

1960년 말에 남베트남 민족해방전선이 결성되면서 미국 및 디엠 정권 타도 그리고 민족의 통일을 내세우는 본격적인 투쟁이 시작되었다. 베트콩들의 활동은 강화되어 당시 남베트남 국토의 약 58%를 차지할 정도였다.(채명신 '베트남 전쟁과 나')

미국은 1962년 2월 주월 군사원조사령부를 설치하면서 사실상 베트남 전쟁에 개입하게 되었다. 그리고 1964년 8월 2일과 4일 월맹 어뢰정이 공해상에 정박중인 미국의 함정을 공격하는 '통킹만 사건'이 발생하여 미국이 베트남 전쟁에 직접 개입하는 제2차 베트남 전쟁이 시작되기에 이른다.

미국은 1965년 2월부터 대규모로 월맹을 폭격하였으나 전세가 점점 악화되자 부득불 지상 전투부대의 파병을 고려하게 된다. 1964년 통킹만 사건 이후 미국의 요청과 베트남전의 악화로 한국을 비롯하여 영국, 서독, 오스트레일리아, 태국 등 14개국이 베트남 전쟁에 참전하기에 이르는 것이다.

한국의 베트남 파병은 명분상으로는 미국이 6.25전쟁 때 한국을 도와준 데 대한 보은과 아시아 지역의 공산화를 막는데 공동 노력한다는 것이었다. 그러나 그 이면에는 보다 현실적인 계산이 깔려있었다. 즉, 한미상호방위조약에 기초한 주한 미군의 병력유지, 한일수교 이후의 대한 경제원조 강화, 1억 5천만 달러의 개발차관 제공, 한미행정협정의 조기타결, 수출지향형 공업화 정책에 대한 지원과 협력, 미국의 원조자금에 의한 물자 구입에 있어서의 한국의 지속적인 참가기회 제공, 군원이관계획의 재검토, 한국군의 현대화와 한국군의 전투력 향상같은 계산들이다.

박 대통령은 국군의 베트남파병을 위해 미국을 상대로 다양한 채널과 방법을 동원하였다.

첫 번째는 5.16혁명 직후 주미 대사에 임명된 정일권 대사가 1961년 6월, 케네디 대통령에게 신임장을 제출한 후 가진 케네디와의 면담에서 '한국은 미국과 한국이 같은 운명체였음을 결코 잊지 않을 것이며, 필요하다면 언제든지 양국의 공통된 목표를 위해서 한국인의 목숨을 희생하는 것을 주저하지 않을 것입니다.'라는 의사를 전달했다.

두 번째는 박정희 최고회의 의장이 1961년 7월 미국 케네디 대통령에게 보낸 공한에서 '우리는 특히 공산주의의 침략에 대항한 전 세계에 걸친 방위에 대한 당신의 언급을 환영하고 있습니다. 우리 역시도 평화를 원하지만 만약 우리에게 전쟁이 강요된다면, 한국은 싸움에 참여할 미국의 첫 번째 동맹국이 될 것입니다.' 라고 파병의사를 우회적으로 표현했다.

세 번째는 박 대통령이 1961년 11월 케네디 대통령과 첫 만남에서 '미국의 승인과 지원이 이루어진다면, 한국은 베트남에 한국군을 보낼 수 있으며, 만약 정규군의 파병이 바람직하지 않다면 지원병을 모집해 보낼 수도 있을 것입니다.'라고 베트남 파병의사를 공식적으로 제안했다.

네 번째는 1962년 초 송요찬 내각수반이 미국 해리만 국무차관보와의 대담 중에 한국군 베트남 파병문제를 제의한 바 있으며, 1963년 4월 초, 김현철 내각수반은 정일권 외무부장관, 김성은 국방부장관 등과 함께 버거 주한 미 대사를 만난 자리에서 한국군 베트남 파병을 다시 제안하였다.(최용호 '한국

박정희의 기업가적 국가경영과
위기관리 리더십

군베트남파병과 박정희')

당시 이동원 외무부장관의 회고에 따르면 제일 먼저 한미 양국은 130명으로 구성된 이동외과병원과 10명의 태권도 지도요원들을 파견하기로 합의했다. 그리고 1964년 7월 정부가 제출한 '월남공화국 지원을 위한 국군부대의 해외 파견에 관한 동의 요청안'이 국회 본회의에서 통과되어 1964년 9월에 의무관 및 태권도 요원이 건국 후 최초로 해외 파병되었다.

그러던 차에 통킹만 사건이 발생하자 후방지역에서 전쟁복구사업을 맡고 있던 베트남군을 전선에 투입함으로써 후방지원 병력이 부족하게 되었다. 이에 따라 미국은 한국군의 건설지원단 파병을 요청하였고, 한국은 2천여 명 규모의 건설지원단인 비둘기부대를 1965년 3월에 파병하였다.

전투병 파병은 미국 국무부 차관보 번디가 1964년 10월 박 대통령을 면담하면서 시작되었다. 1964년 12월 존슨 대통령은 박 대통령에게 친서를 보내 정식으로 파병을 요청하였고 그후 3개월 간의 지루한 협상이 계속되었다.

실무협상과정에서는 우리 측의 경제적 실리를 어떻게 하면 최대로 확보하는가에 초점이 맞춰졌다. 박 대통령은 1964년 겨울 관계부처 장관 회의에서 이동원 장관에게 '이 장관은 실리를 챙기는 데 절대 소홀해선 안 되오. 그리고 파병 규모는 최대 5만 명, 그 이상은 절대 안 되오. 이 점 잊지 말고 협상에 임해 줬으면 하오. 어떻든 월남전을 통해 미국 돈을 끌어들일 수 있다면 뭐든 해야지.'라고 한 기록에서도 알 수 있듯이 첫째도 실리, 둘째도 실리를 강조했다.

이동원 장관은 파병협상을 위해 1965년 3월 저녁 백악관에서 존슨 대통령을 만나 아직 한국은 미국을 도와줄 만큼의 경제·군사적 여건을 갖추지 못하고 있음을 설명하고 미국 측이 다음 사항들을 해결해 줄 것을 요청하였다. ①파병에 소요되는 비용은 미국이 분담하여 달라. ②같이 피를 흘리는 입장에서 미군과 한국군이 동등한 대우를 바란다. ③한국군의 현대화와 경제발전에도 도움을 주었으면 한다.

그날 정해진 대체적인 조건은 한국군의 기한부 현대화와 휴전선방위문제, 파월군의 처우개선 및 장비교체, 군원이관 중단, 주월 연합군의 군수물자에 바이 코리안 정책 채택, 한·미·월 삼각경협의 보장, 이미 배정된 1억 5천만 달러의 AID 차관 조기 사용 등이었다. 박 대통령이 1965년 5월 미국을 방문하여 존슨 대통령과 전투병 파병을 매듭 짓는 백악관 서재 단독회담에서 위에 열거된 사항들을 큰 틀에서 매듭을 지었다.(조갑제 '박정희 7권')

제3차 파병을 위한 전투사단 파월안은 박 대통령의 방미 후인 1965년 8월 13일 국회에서 처리되었고 이에 따라 제2해병여단 청룡부대가 1965년 9월, 수도사단 맹호부대가 10월에 파월되었다.

미국은 제3차 파병에 이어 제4차 파병을 위해 1966년 1월과

2월 두 번에 걸쳐 험프리 부통령을 대통령의 특사로 보내기도 하였다. 제4차 파병에 앞서 한국정부의 세밀하고 끈질긴 협상 덕분에 파월용사들의 해외근무수당이 50%나 인상될 수 있었다. 이동원 장관과 브라운 주한 미국 대사 사이에 1966년 2월 23일 '한미 합의 의사록'이 작성되었고 그것은 곧바로 주한 미국대사 브라운의 각서 형식으로 한국정부에 보내졌다.

브라운 각서에 따라 한국군 병력의 교대 수송과 환자 후송, 군수물자 공수 등을 위해 미 공군으로부터 C-54D 4대를 인수받아 1966년 6월에 은마부대를 창설하였고 10월에는 제9사단 백마부대를 파병함으로써 제4차까지 파병을 완료하였다. 이로써 한국은 전투부대로 제2해병여단 청룡부대, 수도사단 맹호부대, 제9사단 백마부대가 파월되었으며 비전투요원으로는 100군수사령부 십자성부대, 해군수송전대 백구부대, 공군지원단 은마부대, 건설지원단 비둘기부대, 태권도 교관단 등, 약 5만 여명의 규모에 이르는 대규모 병력을 파견했다.

전쟁이 교착상태에 빠지고 미국의 전쟁피해가 커지면서 미국은 베트남 전쟁에서 발을 빼기 시작했다. 미국은 1968년 1월에 감행된 월맹과 베트콩의 구정공세 때 가장 크게 패배하였다. 이의 충격으로 1968년 3월 월맹에 대해 평화협상을 제안하고 우방국들을 포함한 미군철수를 시작하였다. 미국은 1971년 말까지 모든 미군병력을 철수시키고 100명 정도의 상징적인 병력만을 잔류시켰다.

한국도 1971년 12월 청룡부대 철수를 시작으로 1972년 4월까지 9,476명의 병력을 철수시켰다. 맹호부대와 백마부대는 1973년 1월부터 철수를 시작하여 3월 말에 완전 종결되었다.

베트남 파병에 대한 미국의 배려로 미국에 대한 수출은 1965년 6천 2백만 달러에서 1973년에는 10억 2천 2백만 달러로 16.5배나 확대되었다. 물론 대미 수출의 확대가 한국군의 베트남 파병과 직접적인 연관관계가 있다고는 할 수 없지만 한국군의 베트남 파병에 따른 우호적 한미관계가 커다란 영향을 미쳤을 것이다.

베트남 전쟁이 한국의 GNP 증가율에 미친 영향은 1965년에는 1.5%에서 1970년에는 4.4%로 대폭 상승하였다. 베트남 전쟁 기간 중 한국의 기술노동자 약 10만 명, 군인 약 30만 명 등을 합쳐 모두 40여만 명의 유휴노동자 문제를 해결할 수 있었다. 베트남에 파견된 한국기술자는 베트남에 파견된 외국노동자 총수의 40%를 차지하였고 그들이 1970년대 중동 특수를 가져오는데 절대적인 역할을 할 수 있었다.

베트남 파병을 계기로 미국으로부터 조건이 좋은 공공차관을 대량 들여 올 수 있었고 이 때문에 타 지역으로부터 상업차관을 들여오는데도 유리해졌다. 이 때 들여온 차관이 각종 사회간접 시설과 기간산업시설의 확충에 쓰여 선진화의 기반을 다지는 데 크게 기여하였다. 1966~1972년 사이에 한국이 도입한 외자가 35억 달러이며 그 중에서 45%가 상업차관이고 정

(단위 : 백만 달러)

구분	1965	1966	1967	1968	1969	1970	1971	1972	누계액
수출액	14.8	13.9	7.3	5.6	12.9	12.8	14.5	12.5	94.3
물품군납	2.9	9.9	15.9	32.4	34.2	57.3	21.2	15.0	188.8
용역군납		8.3	36.5	46.1	55.3	52.3	26.5	9.2	233.2
건설군납		3.3	14.5	10.3	6.4	7.4	8.3	3.1	53.3
군인송금	1.8	15.3	31.4	34.4	33.9	30.6	32.3	26.8	206.5
기술자 송금		9.1	34.4	33.6	43.1	26.9	15.3	3.9	166.3
특별 보상지원			8.8	4.6	10.8	15.2	13.9	12.0	65.3
보험금		1.1	5.8	4.1	3.8	2.1	1.3	0.7	18.9
합계	19.5	60.9	153.6	171.1	200.4	204.6	133.3	83.2	1,026.6

(기미야 다다시 '박정희 정부의 선택')

부차관이 26%인데 이 차관으로 발전소, 댐, 철도, 고속도로 등을 건설할 수 있었다. 또한 베트남 파병의 대가로 한국과학기술원(KIST)을 설치하는데 1,000만 달러의 차관을 공여 받았다.

군사원조의 증가도 빼놓을 수 없는 실익이다. 월남전 참전 후인 1966~1972년 사이에 한국군은 총 31억 5,800만 달러의 군사원조를 받았다. 한국은 베트남 참전대가로 받은 거액의 군사원조로 숙원 사업이던 노후무기들의 대체, 특히 개인화기를 M16으로 교체할 수 있도록 1972년에는 M16 소총공장을 건설하였다. 또한 한국군 철수 시에 그들이 소지한 개인 장비들을 그대로 소지한 채 귀국함으로써 그 인원만큼의 군사장비가 자연스럽게 현대화되었다.

박정희의 기업가적 국가경영과
위기관리 리더십

❀ 광부와 간호사를 파견하면서까지 경제개발자금을 마련하였다

1960년대의 한국의 상황은 8.15 해방으로 외국에 나갔던 사람들의 갑작스런 귀국, 6.25전쟁 이후 북한에서 남한으로의 대이동으로 과잉 인구에 따른 식량부족문제와 새로운 성장동력의 부재에 따른 일자리가 창출되지 않아 대량실업의 문제가 지속되고 있었다. 이에 따라 정부는 과잉 인구를 해소하는 방안으로 서독에 광부와 간호사 파견, 브라질에 이민 장려, 원양어장 개척, 월남 파병, 산아제한 정책들을 추진하기 시작했다. 그 일환으로 해외 인력수출을 위해 외국주재 한국 대사관에 훈령을 내려 인력수출 가능 지역을 찾기 시작했다.

간호사 파독은 1957년 주한 독일신부 파비안 담이 경북 김천의 성의여자고등학교 졸업생 30명을 선발하여 서독 병원에 간호학생으로 입학시켜 서독 병원에 취업시키면서부터 출발한다.

다음은 독일에 있는 한국의 민간 의사들에 의해 추진되었다. 의사들에 의한 파독 사업은 1960년 본 의과대학병원 외과 의사 이종수 박사가 베를린 감리교 부녀 선교회와 프랑크푸르트 감리병원에 한국 간호학생 두 명을 취업시키면서 시작되었다. 서독 마인츠 대학병원 소아과 의사 이수길 박사도 1964년부터 간호사의 취업을 주선하기 시작하였다. 두 한국인 의사가 1963년부터 1965년까지 추진한 간호사 파독은 확인된 숫자만도 무려 1,034명이었다.

민간차원에서 시작되어 추진되어오던 사업은 정부차원의 사업으로 넘어갔다. 한국해외개발공사는 1966년 4월 128명의 간호사파독을 시작으로 본격적으로 간호사 인력수출에 나선다. 그런데 민간 차원에서 그동안 파견되었던 간호사들이 독일 국민들로부터 유능하고 친절하며 봉사와 희생정신이 뛰어나다는 긍정적인 평가를 받기 시작하자 문제가 발생한다. 서독 병원 노조 측이 위협을 느끼게 되고 급기야는 한국간호사들을 더 이상 받아들이지 않겠다고 나선 것이다. 이 여파로 1966년에 1,227명이던 파독 간호사 숫자는 1967년에는 91명으로 급격이 줄어들게 된다.

1969년에 접어들면서 정부의 끈질긴 노력에 힘입어 간호사 파독이 종전 수준으로 정상화 되었다. 1957년부터 시작된 한국 간호사의 서독 파견은 통계가 확인되는 1963년부터 1965년까지 합계 11,057명이다. 한국 간호사가 최대로 많을 때인 1973년도는 서독 전체병원의 13%인 452개 병원에서 한국 간호사가 근무 한 적도 있었다.

5.16군사정부는 국내의 대량실업 해소를 위해 해외 주재 한국대사관에 훈령을 내려 해외 인력수출을 적극 추진하도록 하였다. 이 지시를 받고 1962년 3월 서독 주재 한국대사관의 이기홍(이승만/장면 정부 시절 부흥부 기획국장) 주재관이 루르지방의

탄광회사들을 찾아다니면서 한국광부의 서독파견을 본격 추진하기 시작하였다. 1962년 5월 독일 뒤른베르그 소재의 탄광회사가 주독 한국 대사관에 한국광부를 최대 1천 명까지 고용할 의사를 밝혔다. 주독 한국대사관은 1963년 2월 서독 연방 보건성과 이 문제를 적극 협의하여 1963년 5월 독일 노동성에서 광부 250명을 고용하겠다는 정식 의사표명을 받음으로써 국내에서 파독 실무작업을 시작하였다.

1963년 6월 보건사회부를 주무관청으로 하고 다른 부처를 협조기관으로 하여 광부 송출계획을 수립하고 1963년 8월 파독 광부 500명의 모집공고를 하였는데 2,800명이 지원하였다. 이 중에 1,600명은 신체조건 부적합으로 불합격 처리되었고 나머지 1,200명 가운데 500명은 경력에서 탈락하였다. 시험을 거쳐 367명이 최종 합격되었다. 그리고 1963년 12월 '한국광부의 임시고용계획에 관한 한·독 정부간의 협정'을 체결하여 법적 근거를 마련하였다. 이 협정에 따라 1963년 12월 최종합격자 367명 중 1진 121명의 광부가 서독으로 송출되었다.

정부는 1977년까지 광부, 간호사 그리고 기능공 등 모두 19,924명을 파견하였는데 이들이 국내에 송금한 총금액이 1억 153만 달러로 연 평균 약 1,000만 달러에 해당한다. 이 금액은 1970년도 우리나라 수출이 처음 10억 달러를 넘어선 것으로 볼 때 국민경제에 차지하는 비중은 매우 크다고 할 수 있다. 그 당시의 노동수요 잠재력으로 볼 때 2만 명의 새로운 일

자리를 만들어 낸다는 것은 불가능에 가까웠고 따라서 실업자 해소 차원에서도 커다란 기여를 했다고 할 수 있다.

　박 대통령은 1964년 12월 7일부터 12월 14일까지 7박 8일간의 일정으로 서독을 방문했다. 지금 생각해보면 초라하기 그지없는 행차였다. 대통령 전용기가 없어서 독일 정부가 서독의 본과 일본의 도쿄를 운항하는 독일 민간 항공사 루프트한자 여객기의 1등석과 2등석 일부를 비워 중간에 커튼을 쳐서 한국의 대통령 탑승기로 제공한 것이었다. 이 여객기는 일본 도쿄를 출발하여 홍콩, 태국 방콕, 인도 뉴델리, 파키스탄 카라치, 이집트 카이로, 이탈리아 로마, 서독의 프랑크푸르트를 거쳐 최종 목적지인 본까지 무려 28시간이나 걸려 도착하였다. 그 당시 출장기간 7박 8일간의 대통령 출장에 소요된 경비는 6만3천 4백74달러 밖에 되지 않았으며 수행원도 공식수행원 12명, 통역관, 주치의, 미용사 등 비공식 수행원 13명, 동행기자 11명을 포함하여 모두 36명이었다. (정광모 '청와대')

　1964년 12월 8일 오전 뤼브케 대통령 관저에서의 정상회담에 이어 12월 9일에 에르하르트 총리와 경제협력에 관한 단독회담을 가졌다. 차관 교섭과정은 마치 개인이 돈 빌리는 것보다 훨씬 구차하였다. 다음은 그 당시 대화의 요약이다.

　에르하르트: "각하, 일본과 손을 잡으시지요."

　박정희: (통역을 돌아보며) "뭐? 돈 좀 꿔달라는데 일본 얘기는

왜 꺼내?"

에르하르트: "각하, 우리 독일과 프랑스는 역사상 마흔두 번이나 전쟁을 했는데도 아데나워 총리가 드골과 만나 악수를 하면서 손을 잡았습니다."

박정희: "우리는 일본과 대등한 입장에서 싸워본 적이 단 한번도 없습니다. 몰래 힘을 키운 일본이 침략했을 뿐입니다. 그래놓고도 지금까지 사과도 한번 하지 않습니다. 이런 나라와 어떻게 손을 잡으란 말입니까?"

에르하르트: "각하, 눌려 싸운 것이나 대등하게 싸운 것이나 모두가 과거의 일입니다. 일본과 손을 잡고 경제발전을 이루세요. 우리가 뒤에서 돕겠습니다."

박 대통령은 에르하르트 총리의 말에 감격한 표정으로 총리의 손을 마주 잡으며 자리에서 일어났다.(조갑제 '박정희 7권')

박정희 대통령은 1964년 12월 10일 우리 광부들이 일하고 있는 루르지방의 함보르탄광으로 갔다. 함보르탄광 강당에는 이미 광부 300여 명과 간호사 50여 명 등 환영객이 태극기를 들고 환영하고 있었다. 박 대통령 일행이 강당 단상으로 올라가자 환영 의식이 진행되었다. 애국가를 부르는데 끝나기도 전에 벌써 여기저기에서 흐느끼는 소리에 대통령도 울고 육영수 여사도 울고해서 모든 이들의 울음바다가 되었다.

그 때 박 대통령이 광부와 간호사들에게 행한 연설을 보면 그분의 애국애족정신이 어떤지를 가늠할 수 있을 것이다.

"광원 여러분, 간호원 여러분, 모국의 가족이나 고향 땅 생각에 괴로움이 많을 줄로 생각되지만 개개인이 무엇 때문에 이 먼 이국에 찾아왔던가를 명심하여 조국의 명예를 걸고 열심히 일합시다. 비록 우리 생전에는 이룩하지 못하더라도 후손을 위해 남들과 같은 번영의 터전만이라도 닦아 놓읍시다. 여러분, 난 지금 몹시 부끄럽고 가슴 아픕니다. 대한민국 대통령으로서 진정 무엇을 했나 가슴에 손을 얹고 반성합니다. 여러분의 조국이 가난하지 않았다면 여러분은 이렇게 먼 타국에 와서까지 고생하지는 않을 겁니다.… 여러분, 얼마나 고향이 그립고 가족이 보고 싶겠습니까, 정말 난 부끄럽습니다. … 그러나 여러분, 나에게 시간을 주십시오. 우리 후손만큼은 결코 이렇게 타국에 팔려나오지 않도록 하겠습니다. 반드시… 정말 반드시…."

박 대통령은 연설도중 몇 번이고 수건으로 눈을 훔쳤다. 장내는 온통 눈물바다가 되었다. 모든 사람들이 다 울었다. 박 대통령도, 육 여사도, 백영훈 박사도, 최덕신 주독 대사도, 그리고 나도 그날 마음껏 울었다.(이동원 '대통령을 기리며')

당시 외무부장관이었던 이동원의 회고에 따르면 그는 박 대통령에게 영국과 프랑스 관광을 권했다고 한다. 그러나 박 대통령은 '지금 우리가 한가하게 관광할 시간이 어디있느냐?'고 거절하였다고 한다.

서독정부는 1965년부터 1967년까지 한독 경제협력 3개년계획에 합의하고 담보가 없이 재정차관 1,350만 달러와 상업차관 2,625만 달러 합계 3,975만 달러를 지원하였다. 그 결과 제1차 경제개발5개년계획의 추진과정에서 발생하게 된 외환 부족 사태를 해결하는데 기여하여 제1차 외환위기를 무사히 넘기는 계기가 되었다.

❈ 국가정책의 우선순위를 수출지상주의로 잡았다

5.16군사혁명 후 정부를 인수한 혁명위원회가 처음 접한 충격은 정부의 곳간이 텅텅 비어 있었다는 사실이었다. 그 당시 국내 외환보유고도 경제개발을 추진하기에는 턱없이 부족한 상황이었다.

제1차 경제개발5개년계획이 시작되자 수출촉진을 위한 제도적 인프라들을 구축하기 시작했다. 1962년 3월에는 수출진흥법, 10월에는 수출검사법을 제정하였다. 또한 1962년부터 수출에 대한 직접세 및 간접세인 물품세와 영업세가 면제되었다. 1963년 외화표시공급 금융제도, 수출용 원자재 수입지급 보증 제도와 수출입링크제를 확대 시행하였다.

이처럼 제1차 경제개발5개년계획의 적극적인 시행으로 수출은 1차년도인 1962년부터 신장되기 시작하였다. 그러나 수입대체정책을 기조로 운영되다 보니 1961년 말 2억 520만 달러였던 외환이 1962년 말에는 1억6천200만 달러, 1963년 말에는 1억1천4백만 달러로 감소하기 시작했다.

이에 따라 한국정부는 미국에 대해 추가원조를 요청하자 미국은 재정안정계획, 외환수급계획, 물가수급계획에 관해 미국 측의 권고를 받아들일 것을 요구했다. 이런 사정에 따라 1963년도의 예산 및 제1차 경제개발5개년계획의 수정축소가 불가피하게 되었다. 1964년 1월 제1차 경제개발5개년계획을 보완,

수정한 계획을 발표했다. 수정계획에서는 수입대체 산업 육성 전략을 수출주도로 전환, 성장률 목표를 7.1%에서 5%로 낮추고 투자배분에서도 농업에서 공업으로 중심을 옮겼다.

1964년도에 수출주도형으로 정책이 전환되면서 다양한 수출정책들이 쏟아져 나왔다. 제일 먼저 1964년 5월에는 대폭적인 원화의 평가절하(130원→255원/1달러)와 단일환율제도를 채택하였다. 환율제도의 전환으로 수입을 억제하고 수출을 촉진함으로써 대외거래에서 가격기능의 활용을 촉진시켰다. 외화획득 소득에 대한 법인세 및 소득세의 감면, 중소기업 수출품 생산업체 지정육성, 1964년 9월에는 수출산업공업단지개발조성법을 제정하고 구로동에 한국수출산업공단 조성, 해외시장 개척을 전담하는 한국무역진흥공사(KOTRA) 설립 등, 우리나라 수출신장을 위한 굵직한 수출정책들을 구축하였다.

1965년에는 1961년부터 시행되어온 수출진흥위원회를 대통령이 주재하는 '수출진흥위원회 청와대확대회의'로 바꾸고 1966년부터 매월 정례적으로 운영하였다. 1966년에는 수출용 시설재에 대한 특별상각제도, 1967년에는 수출품목 확대정책, 수출산업용 시설재 수입을 위한 외화대부 제도 신설, 외화획득용 원자재 수입세 면제, 수출 소득에 대한 세금감면 등, 계속적으로 수출진흥정책들을 확대해 나갔다.

1964년의 수출목표 1억2,000만 달러가 달성되는 순간 상공부 직원들은 환호성을 지르고 장관은 대통령께 전화로 보고했다.

"각하! 수출대금 1억 2,000만 달러가 입금됐습니다. 금년목표를 달성했음을 보고 올립니다."

1964년은 우리 역사에서 1억 달러의 수출을 달성한 해이고 처음 1억 달러를 달성한 11월 30일을 수출의 날로 정하여 오늘까지 기념해 오고 있다.

1965년의 수출목표는 전년도 실적 1억 2.090만 달러보다 40% 증가한 1억 7천만 달러로 정했고 실적은 1억 8,045만 달러를 기록하여 수출증가율이 무려 50%나 되었다. 1966년의 수출목표는 전년도 실적 대비 39% 증가한 2억 5천만 달러로 정했고 실적은 2억 5,575만 달러를 달성하였다. 또 다시 43% 증가라는 놀라운 수치를 기록하였다.

1969년 10월 21일에 박충훈 장관이 경제기획원 장관으로 영전하고 후임으로 이낙선 장관이 부임했다. 당시의 수출은 그야말로 전쟁이었다. 연말까지 수출목표 달성이 빠듯했는데 조선공사가 대만으로부터 수주한 소형선박 20척만 수출된다면 목표달성이 무난할 것 같았다. 조선공사 사장을 불러 연말까지 납품하는데 가장 큰 어려움이 파업과 자금사정이라는 것을 듣고 즉각 해결해 줌으로써 12월 31일 대만 측에 배를 인도할 수 있었다. 그리고 대만으로부터 배를 인도하고 인수증을 받고 그 인수증이 한국은행에 도착해야 입금절차가 끝나는데 그날따라 눈이 와서 비행기가 뜨지 않아 인수증을 가진 직원이 자동차로 비상등을 켜고 왔으나 종무식이 모두 끝난 오후 3시였다. 상공부 직원 및 한국은행 직원들이 대기하고 있다가 입금완료 통보를 받고 대통령께 전화로 보고한 후 이낙선 장관이 안경너머로 눈시울을 적셨다고 한다.

이렇게 우여곡절 끝에 1970년의 수출실적은 전년대비 43% 증가한 10억 380만 달러를 기록하였다. 1970년 11월 30일 제7회 수출의 날 기념식에서 박 대통령은 치사를 통해 '수출증대의 판가름이 될 10억 달러 선의 고비를 금년에 실현하게 됨으로써 제3차 경제개발5개년계획이 끝날 70년대 중반에는 적어도 30억 달러의 수출을 이룩해야한다. 밀어 붙일 때 밀어붙여라.'고 지시하였다.

- 연도별 수출목표와 실적(1964~1970) -

(단위 : 백만 달러)

연도별	수출목표	수출실적		전년대비 증가율(%)
		금액	목표대비 증가율(%)	
1964	120	120.9	0.8	39.3
1965	170	180.5	6.2	49.4
1966	250	255.8	2.3	41.7
1967	350	358.6	2.5	40.2
1968	500	500.4	0.1	39.6
1969	700	702.8	0.4	40.5
1970	1,020	1,003.8	0.4	42.8

(오원철 '박정희는 어떻게 경제강국 만들었나')

❀ 수출 백억 달러 목표를 제시하였다

1970년도의 수출 10억 달러 달성을 계기로 수출정책 주무부서인 상공부에서는 1970년대의 장기적인 수출계획을 준비하기 시작했다. 1971년부터 1980년까지 장기수출계획은 70년대 우리 경제의 성장진로를 가늠하는 것일 뿐만 아니라 제3차 및 제4차 경제개발5개년계획의 핵심인 만큼 범부처적으로 위원회를 구성하였다.

이 계획 작성에는 서울대학교 무역연구소, KOTRA수출정보센터의 수출상품연구부와 시장개척부가 함께 참여하여 연구를 진행하였다. 1971년의 수출목표 13억 1,200만 달러에서 1976년까지는 연평균 20% 성장을 하여 1976년 말에는 35억 8,800만 달러를 달성하고 그 다음해부터는 연평균 10% 성장으로 1980년 말에는 53억 5,600만 달러를 최종 목표로 잡았다.

이렇게 작성된 계획은 각 부처 차관으로 구성된 계획안심의위원회에서 심의를 하고 1970년 2월 23일 수출진흥확대회의에서 확정하였다. 이 내용은 제3차 경제개발5개년계획에도 그대로 반영되었다.

장기계획에 따라 1971년에는 13억 1,200만 달러 목표에 13억 5,200만 달러를 달성해 4,000만 달러를 초과달성하였다. 1972년도도 순조롭게 수출은 진행되고 있었다. 매달 한 번씩 수출진흥확대회의가 열리고 수출하는데 걸림돌이 되는 규제는 이 회의에서 해결되어갔다. 그리고 수출진흥확대회의가 열릴 때에는 당시에 수출되는 상품 중에서 부가가치가 높은 신상품을 전시하게 된다. 1972년 5월 30일 수출진흥확대회의에서는 자동차부품이 전시되었다. 그때까지만 해도 주력 수출상품은 섬유류였는데 자동차부품을 보고 박 대통령은 많은 관심을 보였다.

사실 1960년대 수출드라이브정책 초창기의 수출상품은 농산물, 수산물, 광산물 및 공산품 중에서도 경공업제품 위주였다. 1960년대 초반에는 이렇다 할 공산품은 없었다. 주로 1차 농산물이나 수산물, 광산물이 주 수출품이었다.

1960년대 중후반까지의 수출 농·수·광산물 중에는 은행, 솔방울, 잔디씨, 수세미, 떡갈잎, 톳, 상어지느러미, 다람쥐, 갯지렁이, 뱀, 메뚜기, 번데기, 말털, 자갈, 모래 등도 있었고 공산품 중에서는 합판, 면직물, 생사, 가발, 가눈섭, 홀치기제품 등이 주종이었고 이색공산품으로는 조화, 고무풍선, 이쑤시개, 말발굽, 젖꼭지, 걸레, 나막신, 부채 등도 있었다.

박 대통령은 1972년 5월 30일 수출진흥확대회의를 마치고 그날 오후 오원철 경제2수석을 서재로 불러 '차 한 잔 들지'라면서 방 중앙에 있는 소파 쪽으로 가서 앉았다. 박 대통령은 '오수석! 오늘 수출진흥확대회의의 보고를 들으니 수출은 계속 늘고 있더구먼. 그 이유는 새로운 수출상품이 계속 개발되고 있기 때문이라는 것을 오늘 전시회를 보고 실감했어. 임자!

100억 달러를 수출하자면 무슨 공업을 육성해야 하지?' 라는 질문을 던졌다.

오원철 수석은 그 자리에서 중화학공업의 필요성을 강조하였다.

"각하! 중화학공업을 발전시킬 때가 왔다고 봅니다. 일본도 제2차 세계대전 후 폐허가 되다시피 한 경제를 소생시키기 위한 첫 단계로 경공업 위주의 수출산업에 치중했습니다. 현재 우리 사정과 같습니다. 그 뒤 일본의 수출액이 20억 달러에 달했을 때 중화학공업화 정책으로 전환했습니다. 이때가 1957년입니다. 그리고 10년이 지난 1967년에 100억 달러 수츨을 하게 되었습니다."

이렇게 시작된 100억 달러 수출은 이미 확정된 1970년대의 장기수출계획의 목표수정에 들어갔다. 오원철 수석이 대통령으로부터 지시를 받고 수출계획목표를 100억 달러로 하라는 수정지시가 떨어졌다고 상공부장관에게 전하자 장관의 안색이 달라졌다. 그도 그럴 것이, 1972년 장기수출계획을 수정하여 1980년도의 수출 목표를 55억 달러로 수정한 후 100여일 만에 다시 수정하여 그것도 엄청나게 확대된 100억 달러로 수정하는 것은 상공부 실무자 입장에서는 어안이 벙벙할 수밖에 없었을 것이다. 100억 달러를 수출하자면 지금과 같은 경공업 위주의 제품만으로는 달성이 불가능하고 산업구조를 고도화하여 중화학공업의 비율이 높아져야 달성 가능한 수치이기 때문이다.

이렇게 수정계획 작업이 시작되어 조선공업 육성방안, 일반
기계공업 육성방안, 정밀기계공업 육성방안, 전자공업 장기육
성방안 등 산업별 육성방안과 산업단지 계획 등을 포함하는
수출 100억 달러 계획을 다시 작성했다. 이를 1972년 12월 28
일에 개최된 수출진흥확대회의에 보고하여 확정했다.

이런 우여곡절을 겪고 시작된 100억 달러 수출계획은 당초
상공부 실무자들의 우려와는 달리 목표연도보다 3년 앞당겨
1977년도에 달성했다. 계획보다 3년을 앞당길 수 있었던 것은
당초에 고려하지 않았던 중동 건설수출에서 커다란 성공을 거
두었기 때문이었다.

건설수출 실적을 보면 1974년 전체 수출액 44억 6,000만 달
러 중 건설수출이 2억6천만 달러(5.8%)이던 것이 1979년에
는 150억 5천5백만 달러에 건설수출이 63억 5천1백만 달러
(42.2%)를 차지하는 개가를 올렸다. 중동건설 수출의 확대로
우리나라는 건설산업국가로 부상하게 되었다. 공사의 패턴도
초창기에는 도로공사 위주에서 항만, 건축, 플랜트 분야로 갈
수록 고도화되었다. 이렇게 놓고 보면 중동지역에서의 건설특
수가 우리나라 전체의 경제발전에 커다란 공헌을 하였음을 알
수 있을 것이다.

– 연도별 수출목표, 수출실적 대비 해외건설 수주액 –

(단위 : 백만 달러, %)

구분	수출실적		해외건설수주	
	금액(A)	전년대비 증가율	금액(B)	수출실적대비(B/A)
1971	1,068	27.8	56	5.2
1972	1,624	52.1	83	5.1
1973	3,225	98.6	174	5.4
1974	4,460	38.3	261	5.9
1975	5,081	13.9	815	16.0
1976	7,715	51.8	2,502	32.4
1977	10,046	30.2	3,516	35.1
1978	12,711	26.5	8,145	64.1
1979	15,055	18.4	6,351	42.2
1980	17,505	16.3	8,259	47.2

무역협회 〈무역통계〉

100억 달러 수출이 이렇게 조기에 달성되리라는 것은 아무도 꿈꾸지 않았다. 1970년 장기수출계획을 작성할 때까지만 해도 100억 달러 수출은 상상도 하지 못했다. 그러나 박 대통령은 이미 100억 달러 수출 비전을 가슴 속에 품고 있었다. 100억 달러 수출의 조기 달성은 박 대통령의 결단과 지휘에 따라 이룩된 성과였다. 5.16혁명이 일어난 해인 1961년도 4천 1백만 달러 수출에서 1964년 1억 1천9백만 달러, 군사혁명 만 16년 만인 1977년도에 100억4천6백만 달러 수출의 대 위업을 달성한 것이다.

우리가 선진국으로 분류하는 서독이 1961년에 100억 달러를 달성하였고 일본과 프랑스는 1967년에 달성하였다. 10억 달러에서 100억 달러까지 소요된 기간은 서독이 11년이고 일본이 16년인데 비하여 대한민국은 단 6년이다.

박 대통령은 100억 달러 수출이라는 목표를 달성해 오는 과정에서 매월 총리, 부총리, 각부 장관, 각 회사대표, 학계권위자들을 한자리에 모아 수출에 관한 모든 문제를 쏟아내고 용광로처럼 녹여내어 해결하는 수출진흥확대회의를 주재하였다. 박 대통령은 수출100억 달러 달성의 지휘자요, 감독자요, 사령관이었다. 그 사이 정부정책 추진과정에 부처 간 이견들도 수없이 많았고 생산현장 노사 간의 문제도 수없이 많았지만 이들에게 야단도 치고 달래기도 하면서 조정하고 통제하면서 목표를 조기에 달성한 것은 박정희라는 위대한 지도자가 있었기에 가능하였다는 것이 후세 사가들의 공통된 견해이다.

❀ 우리가 조선시대 때부터 우유를 마신 게 아닙니다

내가 국민학교(초등학교) 다닐 때 선생님으로부터 미국 가정에는 집 앞에 우유를 배달할 수 있게 주머니를 달아두고 있다는 얘기를 듣고 이해할 수 없었던 때를 기억한다. 집 밖에 달아둔 주머니에 넣어둔 우유를 다른 사람들이 어째서 훔쳐가지 않느냐는 의문이 들었던 것이다. 이제 우리나라도 집 밖에 우유주머니를 달아두고 정기적으로 우유를 배달해도 아무도 우유를 훔쳐 먹는 사람이 없다. 집 밖에 우유 주머니를 달아 두고 우유배달을 해도 우유를 훔쳐가지 않는다는 것을 50년 전의 우리들은 도저히 이해할 수 없었다.

축산업의 진흥도 박 대통령이 선두에서 끌면서 시작되었다. 우리나라도 과거부터 집에서 소와 돼지, 닭과 같은 가축들을 키우는 축산이 있긴 했다. 그러나 그때에는 대량으로 소를 키우거나 닭을 키우는 상업적 축산이 아니었다. 다만 한 집에 소와 돼지를 각각 한두 마리 키우고 닭을 10여 마리 키우는 정도였다. 그러던 것이 소를 수백 마리, 돼지를 수천 마리, 닭을 수만 마리씩 키우는 상업적 축산으로 전환된 시점은 박 대통령 집권 이후부터였다.

축산진흥 정책들이 설계되어가는 과정에도 박 대통령의 관심과 열정이 크게 작용했다. 제일 먼저 박 대통령에게 축산업 장려를 건의한 사람은 1968년 초 주일 대사였던 엄민영이었다. 엄민영 대사는 박 대통령에게 '우리나라는 산지가 70%나 되므로 그 산을 놀리지 말고 소를 길러 1년에 10만 마리만 일본에 수출해도 약 1억 달러를 벌 수 있고 그러면 무역역조가 대폭 줄어들게 될 것입니다.'라고 건의 하였다. 박 대통령은 그해 권농일 모내기 행사를 위해 수원에 내려가는 차 중에서 동승한 이계순 농림부 장관에게 토지 이용을 다각화하고 그 하나의 방법으로 산지를 개발해 축산을 진흥시켜보라고 지시했다.

대통령은 그 해 9월에는 한국의 축산업 발전에 도움이 될 만한 축산 선진국인 호주와 뉴질랜드를 방문하여 그들의 축산산업을 시찰하였다. 호주에서는 축산, 산림, 어업 등에 관련된 기술교류와 협약을 체결하였고 특히 지하수 개발과 목초개발 등에 대한 관심을 보이고 관계자들과 논의도 많이 하였다.

박 대통령은 뉴질랜드 방문 시 코마코라우라는 치즈 공장을 견학했을 때 공장장에게 공장의 규모와 설립비용, 공장을 정상 가동시키는 데 필요한 원료 공급용 젖소의 마리 수, 근무인원 수 등등을 물어 보았다.

1968년 호주, 뉴질랜드 방문을 계기로 1968년 경기도 평택에 매일유업이 한국·뉴질랜드 낙농시범목장을 설립하였고 1969년에는 한·독 시범 목장도 준공되었다.

축산산업을 위한 제도적 인프라도 구축해 나갔다. 1969년에는 초지법을 제정하여 초지조성을 위한 산지개발 등에 대한 규제를 완화하였고 목초의 날(9월 5일)도 제정하고 목초의 노래까지 만들라고 지시하기도 하였다. 그리고 목축산업을 경쟁력 있는 기업농으로 키울 수 있도록 자본이 있는 기업가들이 나서줄 것을 부탁하는 등, 박 대통령의 축산진흥의지가 무엇보다 높았다. 1969년 목축의 날 치사에서 박 대통령은 '한국 땅에서는 가물어서 목초가 자라지 않고 축산이 안된다는 결론부터 내려놓으면 한국의 축산은 영원히 발전하지 못한다. 우리도 축산을 진흥시켜 우유 마시는 국민이 되자.'라는 격려사로 축산진흥에 대한 일반인들의 고정관념을 깨도록 독려하였다.

박 대통령이 경기도 구리의 어느 젖소 목장을 시찰하기로 되어 있는 날, 비가 억수같이 와서 냇물이 불어나 건널 수도 없었는데도 불구하고 일정을 취소하지 않고 물이 허벅지까지 오는 도랑을 건너 현장을 시찰하였다는 일화만 들어 보더라도 (김용래의 증언) 그가 축산업에 얼마나 강한 애착을 가졌는지를 알 수 있다.

이러한 축산산업 발전에 대한 박 대통령의 의중을 읽은 대통령 측근들 중에 김종필이 서산농장을 개발했고 박종규가 마진흥농목장을 만들었다. 산림을 개간하여 대규모 초지 조성사업을 시작한 대관령의 삼양목장, 북제주의 건영목장, 남양주 팔당목장 등 3년간 전국에 196개의 규모 있는 목장들이 연달아 조성되었다. 그 결과 유가공업체인 매일유업, 남양유업 등이 성장하게 되었다.

박정희의 기업가적 국가경영과
위기관리 리더십

1960년까지만 해도 우유 소비량이 전무했는데 1970년도는 개인당 우유 소비량이 1.4kg, 1980년도는 10.8kg까지 확대 되었다. 그리고 2010년도에는 선진국 수준인 64.18kg까지 확대 되었으며 지금 우리나라도 집집마다 우유배달 주머니를 만들어 놓고 우유를 마시는 게 특별한 풍경으로 생각하지 않게 되었다.

⊛ 주곡자립으로 보릿고개를 넘어섰다

　오십년 전의 어린이와 요사이 어린이의 식사 풍속도가 완전히 다르다. 과거에는 밥을 많이 먹는다고 어른으로부터 야단을 맞고 매를 맞았지만 지금의 어린이들은 밥을 먹지 않는다고 잔소리를 듣는 진풍경이 그 한 예이다. 과거의 사람들은 살이 좀 찌고 배가 좀 불룩해야 사장님소리를 듣는데 요사이는 호리호리해야 뭔가 경영을 잘하는 사장님 같은 느낌이 든다. 또한 젊은 여성들은 말라보여야 예쁘다는 소리를 듣기 때문에 살 빼는 산업이 새로운 성장산업으로 부상하고 있는 것을 보면 우리가 잘 살기는 잘 사는 모양이다.

　보릿고개, 절량농가, 춘궁기, 초근목피, 절미저축, 혼·분식 장려운동 등이 상징하는 가난은 식량의 수요에 비해 공급이 부족한데서 기인한다. 좁은 국토, 경작 가능한 토지의 부족, 지력부족, 농업생산성 저하 등의 결과에 따라 농업 생산량은 적은데 비해 농업에 종사하는 농민층은 많기 때문에 절대빈곤이 일상화 될 수밖에 없었다.

　결국 선택한 것이 단위당 생산량을 늘리는 방법이고 이를 위해서는 다수확신품종을 개발하는 길이 유일한 방법이었다. 농촌진흥청이 신품종 개발에 착수한 것이 1965년이었다. 농촌진흥청 작물시험 연구팀은 1967년에 재래품종과 외래품종을 교배시켜 새로운 품종 IR667을 개발하는데 성공했다. 우리

연구진은 필리핀에 소재하는 국제미작연구소의 연구진과 협조해 우리 풍토에 알맞은 품종으로 육종하는 동시에 이 품종의 단기 대량보급을 위하여 국제미작연구소에 보내 번식시켰다. 필리핀에서 번식된 IR667은 1969년부터 수원, 밀양, 이리의 세 농사시험장에서 시험재배에 들어갔다. 이 개발 신품종을 '통일벼'라 명명하고 3정보에서 5정보의 시험농지 1만 개소에 파종하여 생산력과 지역의 적응성을 점검하였다.

1971년 2월 각부 장관들이 모여 다수확 신품종 통일벼 육종 결과에 대한 평가를 하는 자리를 가졌다. 여기서 박 대통령은 통일벼로 지은 밥의 색깔, 차진 정도 및 밥맛에 대한 검정평가를 즉석에서 실시하였다. 대통령은 '밥 색깔은 좋다. 차진 정도는 보통이다. 밥맛은 좋다.' 라고 평가조사표에 직접 기록하였다.

이 결과를 바탕으로 하여 1972년부터 일반농가에 보급하도록 지시하였고 1972년도에는 11만 정보에 파종하였다. 1972년의 시험재배에서 많은 전문가들의 우려에도 불구하고 단보당 386kg으로 일반 벼 보다 약 17% 증산효과가 있었다. 1973년부터는 통일 벼 재배를 적극 장려하여 전국적으로 총 3천만 섬 생산이 가능하게 되었다. 1975년부터 통일 벼에 이어 유신, 밀양23호, 밀양30호, 수원264호, 노풍 등 새로운 품종이 개발 보급됨으로써 1975년 3천2백 42만 섬, 1976년 3천5백 97만 섬, 1977년 4천1백 71만 섬으로 4천만 섬을 돌파하였다. 단위당 평균 수확량도 494kg/10a으로 세계 쌀 생산 역사상 최고 기록을 수립하게 되었다. 이로써 5,000년 동안 겪어왔던 미곡 부족과 쌀 파동을 근본적으로 극복하고 역사상 처음으로 쌀이 수백만 섬이나 남아도는 현상을 경험하게 되었다.

지속적인 품종개발과 적응시험을 거치는 과정에 생산량은 많으나 맛이 떨어지는 통일벼는 1978년에, 병충해에 약한 노풍은 1979년에, 유신도 1980년에 사라지고 다수확품종이면서 병충해도 강하고 맛도 있는 밀양23호, 밀양30호, 그리고 수원 264호가 1970년대 말의 신품종의 주종을 이루었다.

1978년부터 박 대통령은 새로운 수종육종개발과 다수확 벼 신품종 개발로 산림녹화와 미곡 자급자족에 크나큰 공헌을 한 연구를 국민과 더불어 기리며 연구종사자들의 사기를 높이기 위하여 새로 개발된 품종이나 수종에는 그 개발에 공이 있는 연구자 이름을 따서 명명하도록 지시하였다. 이 지시에 따라 1978년에 처음으로 벼 신품종으로는 처음으로 개발자 박노경 박사의 이름을 따서 '노경', '노풍'으로 명명되어 처음 보급되기 시작하였다. 그리고 산림녹화에 효율성이 있는 새로운 나무 품종으로 개발된 '수원은사시나무'는 수종을 개발한 세계적인 권위자 현신규 박사의 이름을 따서 '현사시나무'로 명명하는 등 개발자의 영예를 부여하고 있다.

벼 수확량을 3천만 섬에서 4천만 섬으로 30% 이상 증대하는 것은 통계적으로는 별 것 아닌 것처럼 보일지 모른다. 그러나 농산물은 공산품과 달리 개발에 따르는 시간도 많이 걸리고 자연환경의 지배를 많이 받음에도 불구하고 재배면적을 늘리지 않고 생산성을 30% 이상이나 향상시킬 수 있다는 것은 박정희라는 집념을 가진 지도자가 있었기에 가능한 일이었다. 식량자급은 대통령과 관계자들의 솔선수범, 그리고 '우리도 할 수 있다.'는 정신으로 무장한 국민들이 함께 합작하지 않고서는 이룰 수 없는 불가능에 가까운 역사였다.

❀ 섭씨 50도 열사의 나라 중동에 길을 냈다

1973년 10월의 제1차 석유파동은 물가의 폭등, 외환 부족 등 예측하지 못했던 새로운 문제들을 한꺼번에 몰고 왔다. 이 시기는 100억 달러 수출계획, 중화학공업 및 방위산업계획 추진 등에 따른 새로운 투자가 요청되는 시기이기도 했고, 한편으로는 제1차 및 제2차 경제개발5개년계획 중에 도입했던 해외 차관의 상환기간이 도래되어 기업들의 부담이 가중되고 있는 상황이었다. 만약 여기에서 새로운 돌파구를 열지 않으면 지금까지 성공적으로 수행되었던 경제개발계획이 수포로 돌아감은 물론 추가적인 계획 수행도 불가능하고 국가파산으로 이어질 수도 있는 중대한 길목에 서 있었다. 상품수출 이외에 외화를 벌 수 있는 새로운 돌파구가 필요했고 국가정책당국자들도 고심하고 있는 중이었다.

여기서 혜성처럼 등장한 것이 해외건설 수출이었다. 어떤 문제에 깊이 골몰하다보면 자연스레 해결책이 나오는 경우가 있다. 석유파동 문제로 고민에 고민을 거듭하던 오원철 경제 2수석에게 어느 날 귀가 번쩍 뜨이는 정보가 입수되었다. 일본의 어느 고위 관료와 이런 저런 이야기를 하던 중 그가 우연히 '중동에는 오일달러가 넘쳐나서 지금 그 돈을 가지고 경제건설을 준비하려고 한다. 그래서 일본은 6.25전쟁 때나 월남전쟁 때처럼 중동으로 진출하여 특수를 노려보려고 준비 중에 있다.'는 것이었다.

오원철 경제2수석은 중동진출에 대한 개략적인 방향을 박 대통령에게 보고하였다. 진출분야는 군(軍)관련 분야의 용역, 공업 분야, 건설사업 분야, 기술협력 및 전문가 파견, 통상확대 등으로 정하였다. 추진방안은 먼저 현장실태조사, 추진 종합기구를 설치하여 외무부에 상설기구화하며, 당해에 필요한 예산은 예비비 또는 추가경정예산으로 충당하며 사업주체는 민간기업 중심으로 활동하도록 한다는 내용이었다.

박 대통령에 대한 위의 보고를 시발점으로 하여 중동진출 설명회가 총리실 주관으로 중앙청 회의실에서 열렸다. 이 자리에서 삼환기업의 관계자가 '중동시장은 아주 유망하며 전도도 양양하다. 수주 받는 값도 좋으며 결재는 현금이다.'라고 하자 업체 관계자들은 진지해졌고 질문도 많이 나왔다.

오원철 수석은 박충훈 무역협회 회장을 찾아가서 1974년 2월에 한국을 방문하기로 한 사우디아라비아의 나제르 기획상을 적극 활용하기로 한다. 이에 따라 나제르 기획상이 방한했을 때 외무부 장관이 직접 나서 건설 및 용역 진출, 통상확대 등 양국간의 경제기술협력에 관해 의견을 교환했고 김종필 총리는 총리공관에서 조찬회를 주최했다. 곧바로 무역협회, 대한상의, 그리고 전경련이 발기하여 '한국-사우디아라비아 경제협력위원회'를 무역회관에서 창립하게 된다. 이날 창립식장에는 방한 중인 사우디의 나제르 기획상을 비롯하여 태완선

경제기획원 장관과 발기인 100여명이 참석했다.

그로부터 두 달 이 지나서 장예준 상공부장관은 민간기업체 대표들로 구성된 민간사절단을 인솔하고 약2주간 중동을 방문하게 된다. 이때 태권도 고단자 2명을 대동하고 갔는데 사우디의 나제르 기획상이 만찬초대를 했을 때 사우디의 왕실가족과 군 고위 장성들 앞에서 태권도 시범을 보여 많은 찬사를 받고 이것이 태권도가 중동에 진출하는 계기가 되었다.

이 시찰에서 장예준 장관은 사우디 정부 측에 40억 달러가 투입될 리야드 도시건설에 우리나라 건설업체가 참여토록 협조를 부탁하였으며, 우리나라에 상주 대사를 임명해 줄 것을 요청하였다. 사우디는 우리정부에 경제계획전문가, 내수면 개발 요원 등을 파견해 줄 것을 요청했고 사우디에 페인트공장, 강관공장, 알루미늄 새시 공장을 합작으로 건설하는 문제도 합의했다. 또 다른 방문국인 쿠웨이트는 우리나라에 수산요원, 선원 등의 파견을 요청했고 우리는 대형 유조선의 건립 및 어업합작회사의 설립문제에 적극 협조할 것을 약속했다.

그로부터 몇 달 후인 1974년 9월에 박 대통령은 김재규 건설부장관에게 중동진출 진흥책을 마련하라고 지시를 내렸다. 이 지시에 따라 건설부는 약 1개 월 간의 작업 끝에 중동진출 진흥책으로 ① 해외건설에 대해선 물적 담보가 없이도 신용으로 지급보증을 내주고 ② 상품 수출과 마찬가지로 건설수출 소득에 대해서도 50%의 법인세를 감면하며 ③ 25개 업체의 공동출자로 한국해외건설주식회사(KOCC)를 설립하는 것 등을 골자로 하는 해외 건설 지원방안을 수립했다.

이 방안에 대해 경제기획원과 재무부는 완강히 반대했다. 위험도가 높은 해외건설에 신용으로 지급보증을 해주고 난 뒤, 해당업체가 제대로 공사를 못하거나 결손이 나서 도산했을 경우 보증을 서준 은행도 함께 위험에 빠진다는 것이다. 이에 대해 박 대통령은 '소도둑이 무서워서 소를 기르지 않겠다는 것과 같지 않느냐?'고 질책하며 이 안을 승인하였다.

이렇게 시작된 해외건설 지원방안은 해외건설촉진법으로 제도화하여 기업들이 본격적으로 해외건설수주에 나서게 되었다. 해외건설촉진법은 건설업자를 지원하기 위해 해외건설업자를 일반 상품 수출업자와 동일하게 취급하여 무역거래법, 신용보증기금 등의 혜택을 받도록 하였다. 그리고 해외건설진흥기금을 설치하여 해외건설의 지속적인 발전을 도모하도록 하였다.

이것을 계기로 이미 중동에 도로공사를 수주했던 삼환기업이 1974년 8월에 사우디아라비아 제다시의 1,2차 미화공사를 따냈다. 제다시의 1,2차 미화공사를 시행하는 과정에서 횃불을 들고 야간공사까지 하면서 회교순례기간까지 공기를 당겨줌으로써 횃불신화를 낳았고 코리아 넘버 원이란 칭호를 받게 되었다. 이어서 점점 대형공사 쪽으로 진출하게 되었다. 1975년 3월에는 신원개발이 이란에서 코탐사 항만 확장공사를 4,076만 달러에 수주하였고 1975년 10월에는 현대건설이 바레인에서 아스레이 조선소 건설공사를 1억 3,700만 달러에 수주하였다. 아스레이 항만 확장공사는 바레인의 남쪽 무하라크 섬에서 남쪽으로 8km 떨어진 매립지에 50만 톤급 유조선 건조와 수리를 할 수 있는 드라이독을 비롯해 각종 건물, 공장 등을 건설하는 공사였다. 이 공사에 투입된 기능공만 1일 평균 2,000명, 연인원 90만 명을 넘었다. 이어서 1976년 2월에는 사우디아라비아의 주베일 항만공사를 수주하였다. 주베일 항만공사는 국제건설업계에서 20세기 최대의 역사(役事)로 불리었으며 공사금액이 9억 3천만 달러에 달하며 이는 1976년도 원화 환율로 계산할 때 4천6백억 원 정도로 정부 예산의 25%에 해당하는 엄청난 규모였다. 또한 1일 평균 3,000명이 넘는 기능공이 투입되었고, 연인원으로는 250만 명에 이른다.

중동 산유국들도 처음에는 도로공사, 항만공사 등 사회간접시설과 학교, 병원, 주택건설 등 사회복지시설 투자 위주에서 전기, 통신시설 확충과 공장건설 등에 주력하기 시작했다. 이에 따라 우리나라 업체들도 부가가치가 높은 플랜트 수출 쪽으로 방향을 선회하기 시작했다. 1977년 2월 신화건설은 이란의 국영화학회사인 NPC와 계약을 하고 5,790만 달러짜리의 종합비료공장 건설공사를 수주하였고, 현대건설은 1979년 4월 사우디아라비아의 알코바 발전 및 담수화 플랜트 공사를 4억 3,000만 달러에 수주하는 등, 갈수록 부가가치가 높은 산업

쪽으로 수주가 이어졌다.

이러한 과정을 거치면서 본격 중동진출 첫해인 1974년에는 8.900만 달러였던 것이 1975년에는 7억 5,100만 달러, 1976년에는 24억 2,900만 달러, 1977년에는 33억 8,700만 달러, 1978년에는 79억 8,200만 달러, 1979년에는 59억 5,800만 달러로 확대되었다. 그 결과 우리나라 수출의 절반 가까이를 중동의 건설 수출에서 획득했으며 제1차 석유위기로 인한 외화 부족을 중동 건설수출로 해결하는데 크게 기여하였다.

중동진출은 건설수출이라는 가시적인 성과뿐만 아니라 대한민국 국민들의 근면성, 성실성, 우수성을 중동국가들에게 알리는 계기가 되었다.

✿ 이거 남의 집 다 헐어놓고 제철소가 되기는 되는 거야?

1945년 8월 해방 당시 우리나라 철강생산 규모는 일본이 한반도에 건설해 놓은 공장에서 나오는 제선 60만 톤, 제강 15만 톤 규모였다. 이중 남한에는 삼화제철공사와 조선이연 금속 등이 있을 뿐으로 그나마 이 공장들도 6.25전쟁 중 대부분 파괴되고 말았다.

이승만 정부 시절인 1958년 8월과 제2공화국 시절인 1961년 3월에도 소규모이긴 하지만 종합제철소 건설 계획이 있었다. 그러나 두 정부 모두 투자 자금문제를 해결하지 못해 실천에 옮기지 못했다.

5.16군사혁명 정부의 제1차 경제개발5개년 계획에는 선철 25만 톤 규모의 종합제철을 1966년까지 완공한다는 계획이 포함되어 있었다. 이를 실천하기 위해 정부차원에서 한미합작 종합제철건설투자 기본계약 체결, 민간 차원에서 한국경제인 협회의 종합제철 추진팀이 1962년 2월에 서독의 철강회사인 데마크, 크루프, GHH 등 3사와 연산 강괴 37만 톤 규모의 종합제철을 건설하기 위한 기술용역계약을 체결하기도 하였다. 이 두 계획도 외자조달에 실패함으로써 결국 제2차 경제개발5개년으로 넘어갔다.

제1차 경제개발5개년계획의 성공으로 철강수요는 늘어나고 철강자급의 필요성은 증대되고 있었다. 그래서 1964년 12월에는 경제장관회의에서 '철강공업육성계획'을 의결하기도 하였다.

1965년 5월 미국 방문 시 피츠버그의 존스 앤드 로린채 철강회사를 방문하였을 때 박 대통령은 공장을 둘러 본 후 '우리도 이런 공장을 가져보았으면 원이 없겠다.'고 말할 만큼 종합제철공장 건설에 대한 집념을 가지고 있었다. 이 자리에서 만난 세계적 철강엔지니어링 회사인 코퍼스의 대표 프레드 포이는 종합제철공장건설에 필요한 외자를 조달하기 위하여 국제제철차관단을 구성할 것을 제의하는 한편, 이를 실현할 수 있도록 최대한 협력하겠다고 다짐하였다.

제1차 경제개발5개년계획의 마지막 해인 1966년 6월부터 정부의 집중적인 노력으로 미국의 3개사, 독일의 2개사, 영국 및 이탈리아 각 1개사 등, 총 7개사로 대한국제제철차관단(KISA : Korea International Steel Associates)이 발족되었다. KISA는 1차로 차관단이 1억 달러, 한국이 2천500만 달러를 출자하여 1967년 봄까지 제철공장을 착공한다는 데 합의하였다.

1967년 6월에는 현재 포항시 남구 대송면 송정동과 동촌동 영일만 일대의 모래로 된 지역을 종합제철공장부지로 확정하였다. 1967년 9월에는 KISA 대표와 한국 측 대표 사이에 총 1억3천70만 달러를 투자하여 연산 60만 톤 규모의 1단계 제철소를 1972년 9월에 완성한다는 기본계약서 합의각서에 서명하였다.

1967년 10월에는 박태준을 종합제철소건설추진위원회 위원장으로 한 기공식이 거행되었다. 1968년 2월 종합제철회사의 최초 자본금인 정부 출자금 3억 원과 대한중석 출자금 1억 원이 불입되고 발기인 대회, 설립총회, 설립공고, 발행주식의 모집, 포항종합제철로 상호가 결정되고 1968년 4월 1일 포항종합제철주식회사(POSCO)가 창립되었다.

1968년 여름부터 포항 현지의 공사를 진두지휘할 가건물(일명 롬멜하우스)을 짓고 공사 구역 내에 있는 민가의 철거, 묘지의 이장, 부지조성공사 관리 등이 시작되었다. 한창 작업이 진행 중이던 1968년 11월 12일 갑자기 박 대통령이 포항 공사현장을 방문하여 공사 진척상황을 보고받고 천천히 롬멜하우스의 난간으로 나가 초가집을 헐어낸 자리, 준설선이 바닷물과 모래를 함께 퍼 올린 늪과 같은 자리, 이따금 모래먼지를 일으키는 황량한 모래벌판을 바라보면서 '이거 남의 집 다 헐어놓고 제철소가 되기는 되는 거야?'라는 혼잣말을 했다. 순간 박태준 사장은 모골이 송연해졌다고 한다. 차관도입이 오리무중인 상황이었기 때문이었다.

KISA의 차관결정에 영향을 미칠 IBRD의 실무담당자인 영국인 자페는 1968년 한국경제평가보고서에서 '한국의 제철공장은 엄청난 외환비용에 비추어 경제성이 의심스러우므로 이를 연기하고 노동·기술집약적인 기계공업 개발을 우선해야 한다.'고 정리했다.

세계은행의 총재이던 유진 블랙은 세계은행과 국제통화기금의 연차총회석상에서 '개발도상국에는 세 가지 신화가 있다. 첫째는 고속도로 건설, 둘째는 종합제철 건설이고, 셋째는 국가원수의 기념비 건립이다…' 운운하면서 암암리에 세계은행으로서는 이와 같은 사업에 대한 지원을 하지 않겠다는 태도를 표명한 바 있었다.

1968년 여름부터 영일만에서는 이미 부지조성공사는 시작되었지만 세계은행이나 IECOK, KISA 등이 차관제공에 부정적인 어수선한 분위기에서 박태준은 조바심이 생겼다. 박태준은 1969년 1월 미국 피츠버그에 있는 코퍼스사의 포이 회장을 비롯한 회원사 대표들을 만나 차관을 요청했지만 모두가 부정적이었다. 마지막 담판을 위해 자정 가까운 시간에 자고 있는 포이 회장을 깨워서 무려 한 시간이 넘도록 그를 설득하였다. 포이 회장은 '제철 사업은 사업의 관점으로 접근해야 합니다. 경제적 타당성이 없는 프로젝트에 지원할 수는 없습니다. 당신의 애국심을 존중하고 실망감을 이해합니다. 조만간 발표될 IBRD의 한국경제에 대한 최종보고서 내용은 달라지지 않을 것입니다. 개인적으로는 한국을 도와드리고 싶지만 IBRD의 의견을 무시할 수 없으니 마지막 기회로 내일 워싱턴에 가서 최선을 다하여 보기 바랍니다.'라고 권고하였다.

박태준은 워싱턴으로 가지 않고 포이가 주선해 준 하와이 콘도에서 대일청구권자금으로 할 것을 결심하고 대통령에게 전화를 하여 그간의 진척상황을 보고했다.

"각하, 마지막 방법은 있습니다."

"그게 뭔가?"

"대일청구권 자금이 남아 있지 않습니까? 그걸 전용했으면 합니다."

"아, 그래! 기막힌 아이디어야. 1억 달러는 남았을 거야. 문제는 일본 측이야."

1969년 2월 독일과 영국도 한국이 종합제철 사업을 우선적으로 추진한다는 데 회의적이라는 서한을 KISA를 통해 보내왔다. 또한 1969년 4월 미국 수출입은행도 한국의 종합제철소 건설은 경제적 타당성에서 의문이 제기된 상태이므로 차관을 제공할 수 없다는 최종적인 입장을 밝혔다. 이로써 종합제철 건설에 필요한 자금은 대일청구권자금의 전용 외에는 방법이 없게 되었다.

대일청구권 자금을 전용하는 데는 세 개의 큰 벽이 있었다. 첫 번째는 한국 정부 내의 이견을 없애는 일이고, 두 번째는 일본정부의 승인을 얻는 일이고, 세 번째는 일본 제철소들의 기술공여 승인을 얻는 일이었다.

당시 야당과 언론에서도 종합제철공장의 건설규모를 60만 톤 정도의 장난감 같은 규모로 건설할 바에는 수입하는 것이 훨씬 싸며, 외자 조달이 가능하다 하더라도 지금 안고 있는 부실기업을 하나 더 만드는 것밖에 안된다고 반대를 하고 있

박정희의 기업가적 국가경영과
위기관리 리더십

었다.

　박태준 사장은 한·일 정기 각료회의(1969년 8월 27일~29일)에서 대일청구권자금 전용이 승인되도록 막후 접촉을 시작하였다. 박태준 사장은 일본에서 대일 청구권자금 전용에 대해 가장 부정적인 오히라 통산상을 세 번씩이나 만났다. 오히라 통산상은 농업분야에 투자될 자금을 종합제철에 전용하는 것의 불합리성을 지적하며 끝까지 동의하지 않았다. 마지막 만남에서 박태준은 일본이 제철산업을 시작할 때의 국민소득수준, 시기, 배경 등을 들면서 우리가 일본에 결코 뒤지지 않는다는 점을 강조하고 설득하여 마침내 동의를 얻어냈다.

　박 대통령은 종합제철의 경제성문제를 해결하기 위해 다음과 같은 획기적인 방침을 정하였다. ①종합제철을 1백만 톤 규모로 한다. ②소요 외자는 한일국교정상화 때 합의된 청구권자금의 상당부분을 종합제철건설에 충당하여 금리부담을 줄인다. ③공장건설에 부대되는 항만·토목·준설·용수·도로·철도 등의 건설은 국가가 부담함으로써 건설비를 절감시킨다. ④철강공업육성법을 제정하여 조세 및 관세의 감면, 특별상각, 공공요금의 할인 및 재정자금을 지원하여 조업 후 채산성을 확보한다.

　이와 같은 강력한 정부의 방침이 결정되자 1969년 9월 일본 통산성의 중공업국장인 아카자와 쇼이치(赤澤璋一)를 단장으로 하는 일본 조사단이 내한했고 11월에는 세계은행의 조사단도 내한했다. 조사단과 경제기획원 실무자들의 현지조사와 협의를 거쳐 종합제철 건설계획에 대한 경제적, 기술적 타당성이 인정되고 1969년 12월 한일 간에 종합제철에 관한 기본협약이 체결되었다.

포항종합제철은 1968년 4월에 착공된 항만, 토목, 용수, 도로, 철도 등 부대시설에 이어 103만 톤 규모의 본 공장 건설을 1970년 4월부터 착공하여 1973년 7월에 준공되었다. 초기 자본금 1백40억원 중 정부 3억 원, 대한중석 1억 원 외의 은행융자 및 정부 대출금도 추후 주식으로 전환하되 이익이 나더라도 배당을 하지 않고 사내유보(1983년까지 무배당)시켜 확장자금으로 사용토록 조치하였다.

마침내 박정희 대통령은 개발도상국의 세 가지 신화 중의 하나인 종합제철의 건설을 완수하였다. 제철소 건설에 필요한 외자를 조달하기 위해 세계은행의 문도 두드렸고 돈 있는 철강기업들의 도움을 받기 위해 구성된 KISA의 도움을 청하기도 하였다. 그러나 그들은 번번이 한국에서의 제철공장은 시기상조이고 소규모로는 경쟁력도 없고 개발도상국에서 제철공장이 성공한 사례도 없음을 들어 반대하였고 차관제공도 허락하지 않았다. 국내에서도 야당 정치권은 새로운 차관 부실 기업을 하나 더 늘린다며 반대했고 언론도 차관망국을 들먹이면서 반대하였다.

이렇게 상식을 뛰어넘는 방법과 추진력으로 대한민국은 개발도상국가들 중에서 가장 성공적으로 종합제철공장을 건설할 수 있었다. 중국의 등소평도 중국의 경제개발과정에서 한국의 포항제철 같은 제철공장을 갖는 것이 꿈이라고 할 정도로 포항종합제철은 성공작이었던 것이다.

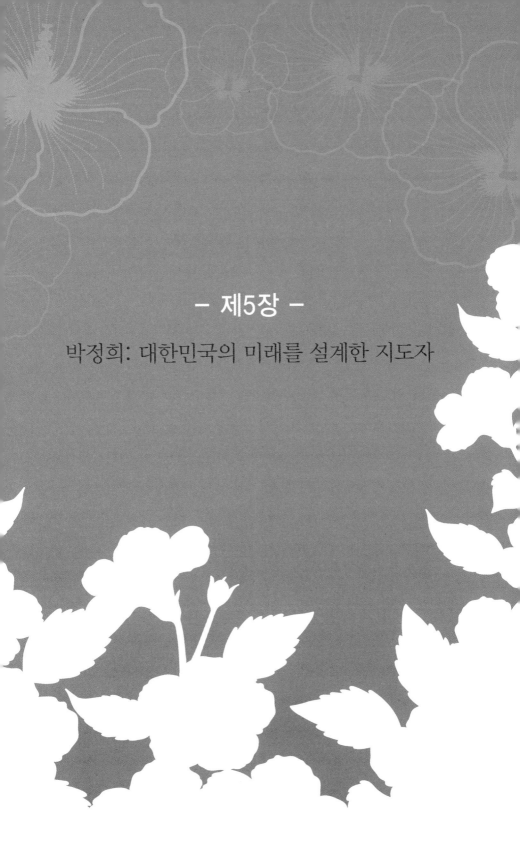

– 제5장 –

박정희: 대한민국의 미래를 설계한 지도자

✿ 밀가루보다 100년 앞을 내다 본 KIST를 선택하였다

박 대통령은 과학기술 개발을 위하여 1961년 9월에 문교부에 '혁명정부가 추진할 과제의 일환으로 과학과 기술을 담당할 연구소를 설치하는 타당성을 조사해서 보고하라.'는 지시를 내린다. 이에 따라 문교부는 민간전문가로 자문위원회를 구성하고 국가로부터 재정과 지원은 받지만 정부의 간섭으로부터는 자유로운 '한국과학기술원설치계획(안)'을 작성하여 1962년 초 박 대통령에게 보고했다. 그러나 그 설치계획안이 담고 있는 규모가 당시 국가재정으로 감당할 수 없을 정도의 자금이 소요되고, 관련부처 간의 의견차이도 커서 실행에 옮기지 못했다.

과학기술연구소의 필요성에 대한 박 대통령의 노력은 1962년 1월 초에 다시 나타냈다. 중앙청에서 1962년도 경제기획원 업무계획 보고가 있는 자리에서 기술의 필요성을 피력한 것이었다. 정책입안자들은 경제개발계획의 시행에서 기술을 대수롭지 않게 생각하고 제1차 경제개발5개년계획의 대상으로 포함시키지도 않았다. 박 대통령이 기술의 필요성을 제기함에 따라 제1차 기술진흥5개년계획을 수립하였고 이 계획 속에 국공립연구소의 연구체제를 정비할 필요가 있다는 내용이 담겨 있었다.(전상근 '한국의 과학기술정책')

1962년 6월에는 경제기획원의 기술관리과를 기술관리국으로 확대하고 기술관리국에서 미국의 여러 연구소를 견학하고 돌아와 대통령 직속의 중앙행정기구의 설치 필요성과 기술개발을 전담할 비영리 민간 산업연구소의 설립의 필요성을 보고했다. 이의 일환으로 그해 경제기획원은 상공부 소관의 국립공업연구소를 재단법인체로 개편하여 '종합과학기술연구소'로 육성하자는 계획을 세웠다.

이 계획을 경제각료 심의회에 상정하였으나 심의과정에서 제동이 걸려 추진되지 못하였다. 제동의 이유는 재무부 쪽에서 과학기술분야에만 특별대우하는 것과 세금을 면제해 주는 것을 반대했으며, 상공부는 자기부의 산하 연구소를 경제기획원에 이관하는 것이 못마땅한 것이 이유였다.

박 대통령은 1964년 9월 또다시 경제기획원 장관에게 국립공업연구소, 원자력연구소, 금속재료연료종합연구소를 통합, 개편하여 종합적인 과학기술연구소를 창설하는 방안을 검토, 보고하라는 지시를 내렸다.

이 지시에 대해 경제기획원은 국립공업연구소, 원자력연구소, 금속재료종합연구소를 통합하는 것보다 금속재료종합연구소를 모체로 재단법인 형태의 새로운 연구소 설립을 건의하였다. 그 이유는 새로운 연구소의 설립보다 기존 연구소를 개편하거나 확대하는 것이 예산절감 효과도 훨씬 크기 때문이었다.

박정희 대통령이 과학기술에 특별한 관심을 보인 증거로 1964년 최형섭 당시 원자력연구소장과의 다음 일화가 있다.

"최 박사, 우리나라의 과학기술을 어떻게 하면 좋겠소?"

"과학교육을 정답, 오답을 가리는 데서 탈피하여, 현상을 분석하고 응용할 수 있는 능력을 키우는 쪽으로 나아가야 합니다. 전 국민이 과학을 이해하고 기술을 존중하는 풍토를 조성해야 합니다. 그러기 위해서는 국가원수가 선두에 서서 이끌어 나가야 합니다."

또 다른 일화도 있다. 박 대통령이 방미 한 달 전에 연구소장들을 모아놓고 회의를 하였다. 그 자리에서 박 대통령은 '작년에 스웨터를 2,000만 달러어치 수출했다.'고 자랑했다. 그때 최형섭 장관이 '그것은 기특한 일입니다. 그러나 언제까지 그런 것만 만들어 수출하겠습니까? 일본은 이미 10억 달러어치의 전자제품을 수출하고 있습니다. 그런 힘이 어디서 생기겠습니까? 그것은 바로 기술개발입니다.' 라고 말했다.(최외출 '대통령의 리더십과 과학기술')

1965년 5월의 방미 중 존슨 대통령과의 회담에서 박 대통령은 세 가지를 특별히 부탁했다. 첫째 한국 국민이 매우 부지런하니 미국에 정식으로 이민 갈 수 있도록 허락해 달라. 둘째 북한의 위협이 높으니 한국 군대의 장비를 현대화해 달라. 셋째 우리도 과학과 기술을 가질 수 있도록 도와 달라.

이러한 일련의 일화들을 보면 박 대통령은 과학기술의 발전이 국가발전의 핵심 역량임을 50년 전에 이미 간파하고 있었고 미국 방문길에 오르기 전부터 머리속에는 이미 과학기술 개발의 청사진을 그리고 있었다는 사실을 알 수 있다. KIST 설립이 구체화되기 시작한 계기는 존슨 대통령과의 정상회담에서였다. 양국 정상은 공동성명서 제12항에 '…박 대통령은 생산기술 및 응용과학연구소를 한국에 설치함에 있어 미국의 협력 가능성을 한국의 산업과학 및 교육계 지도자들과 더불어 검토하기 위해 존슨 대통령의 과학고문을 한국에 파견하겠다는 제의를 환영하였다. 이 연구소는 한국의 산업을 발전시키기 위해 기술지원과 조사연구를 제공할 수 있을 것이며…'라는 내용으로 한국에 과학기술연구소 신설의 지원을 표명하였던 것이다.

박 대통령은 1966년 2월 최형섭 박사를 한국과학기술연구소 초대 소장으로 임명하는 자리에서 두 가지 당부를 했다. "예산은 내가 책임지고 마련해 줄 테니 구차하게 소장이 경제기획원에 들락거리지 마시오. 그리고 인사 청탁을 절대로 받아들이지 마시오. 최 박사는 고집이 세서 남의 말을 잘 안 듣는다는 것을 알고 있으나 그래도 혹시 거북한 일이 있으면 나한테 와서 말해 주시오."(조갑제 '박정희 7권')

최 소장은 임명된 뒤에 해외의 과학자들을 유치하는데 전념했다. 무엇보다 그들이 안정된 환경에서 연구에 전념할 수 있도록 하는 제도를 정착시켰다. 집을 마련해 주고, 당시 국내에 없던 의료보험을 미국회사와 계약하여 들게 해 주었다. 자녀들 교육 대책도 세워주고 봉급은 미국에서 받던 봉급의 4분의

1정도를 주기로 하였다. 그럼에도 우리나라 국립대학 교수의 세 배가 넘어 서울 공대 교수들이 반발하기도 했지만 이 문제 역시도 대통령이 직접 나서서 처음 설정한대로 하도록 해 주었다.

한국과학기술연구소육성법 제정 시에도 어려움이 있었다. 무엇보다 '연구소는 회계감사도 받지 않고 사업계획승인도 받을 필요가 없다.'는 조항에 대해 관계부처와 국회의원들의 반대가 많았다. 그래서 제정 시에 빠졌던 이 조항을 임시국회에서 법을 개정하면서까지 통과시켰다.

지금의 KIST부지를 홍릉에 잡을 때에도 부처 간 이견이 많았다. 처음에 예정부지로 선정된 곳이 동구릉지역, 홍릉수목원, 말죽거리 등이었다. 최종 장소를 정하는데 관련 부처간에 이견이 있어 부지선정 시일이 지연되자 박 대통령이 직접 헬리콥터를 타고 세 곳을 모두 둘러본 뒤 홍릉수목원을 최종 부지로 결정했다. 그리고 서울시장과 농림부장관을 홍릉 수목원으로 불렀다. 현장에서 박 대통령은 '임업시험장도 중요하지만 한국과학기술연구소는 더 중요하다. 38만평을 연구소에 주라.'고 지시했다. 최형섭 소장은 농림부 장관의 체면을 세워주기 위해서 그 가운데 15만 평만을 넘겨받아 1966년 10월에 기공식을 가졌다.

운영과정에서도 대통령의 전폭적인 지원과 관심이 있었다. KIST 예산확보 첫해인 1966년 가을의 예산편성과정에서 KIST

가 10억 원의 예산 신청을 했는데 경제기획원에서 8억 원으로 깎았다. 그러자 대통령이 다시 10억 원으로 하도록 지시하여 원안대로 하였다.

박 대통령은 KIST 설립 후 3년 동안 한 달에 한두 번씩은 꼭 연구소를 방문해 연구원들과 대화를 나눠 연구소의 사회적 위상을 높여 주었고, 건설현장에 직접 나와 인부들에게 금일봉을 주는 등 각별히 신경을 써주었으며 중요한 의사결정과정에서 장관들이 반대할 때마다 방패막이가 되어 주었다고 한다.

박 대통령의 끊임없는 관심과 집념 덕분에 최형섭 초대 소장은 KIST를 자기 소신껏 만들었다. 정부의 전적인 재정지원과 자율성을 확보함에는 캐나다의 NRC(National Research Council)연구소를, 국가가 필요로 하는 과제에 대한 우선적인 연구분야 선정에 있어서는 호주의 CSIRO(Commonwealth Scientific and Industrial Research Organization)를, 기초연구와 응용연구의 균형과 연구소와 대학과의 관계는 독일의 막스프랑크연구재단(MPG : Max Plank Gesellschaft)을, 연구소 운영에 관해서는 일본의 이화학연구소를, 그리고 계약연구기관의 형태에 관해서는 미국 바텔기념연구소(BMI : Battelle Memorial Institute)를 모델로 하여 그들의 장점만을 따와서 만든 것이었다.

1966년 2월 KIST가 드디어 최형섭 박사를 소장으로 하여 출범하였다. 한국의 과학기술 자립시대가 열리는 순간이었다.

그러나 여기에 들어와 연구를 할 사람들을 유치하는 것이 무엇보다 중요했다. 최형섭 초대 소장은 미국 워싱턴으로 가서 한국인 과학자들을 찾아다니며 '가난한 조국은 당신이 돌아오길 기다리고 있다.'고 호소했다. 이렇게 해서 1966년 처음 18명이 귀국했다. 귀국 행렬은 계속 이어졌다. 1980년까지 영구 귀국한 과학자가 276명, 1990년까지 1,000명이 넘는다. 사상 초유의 사태에 놀란 당시 험프리 부통령은 'KIST의 재미 한국인 과학자 유치는 세계 최초의 역 두뇌유출 프로젝트였다!'라고 피력하였다. 이렇게 처음 귀국한 과학자 20여명 중 5명이 4년 만에 간암, 대장암 등으로 사망했다. 허허벌판에서 무엇인가를 만들어 내야한다는 엄청난 스트레스에 시달린 결과였다. 오늘날의 번영은 이들의 희생 위에서 가능한 것이었다.(김영섭 '과학대통령 박정희 : 조국근대화 이끈 과학기술 리더십의 표상')

⊛ 대덕 전문연구단지를 건설하였다

1962년부터 시작된 제1, 2차 경제개발5개년계획을 추진하는 과정에서 주로 외국의 자본과 기술을 도입, 개량하여 산업현장에서 활용함으로써 어느 정도 괄목할만한 경제성장을 이룩하였다. 그러나 1970년대에 들어서면서 국내적으로는 중화학공업 특히, 군수산업육성추진과 국외적으로는 선진국을 중심으로 기술패권주의가 강화되는 등, 과학기술에 대한 국내외 환경이 1960년대와는 판이하게 달라져 가고 있었다. 첨단 무기분야는 외국에서 돈 주고도 기술을 사 올 수 없는 특수한 상황으로 자체기술개발이나 기초적인 과학이 뒷받침되지 않으면 사실상 발전하기가 어려운 분야였다.

이와 같은 시대적 상황과 필요에 따라 정부는 지금까지 분산되어있는 과학기술능력을 보다 창조적 에너지로 조직화하고, 미래의 국가운명을 좌우할 첨단 기술을 효율적으로 개발 확보하기 위한 과학기술의 메카로 대덕연구단지를 조성하게 된다.

대덕연구단지 조성의 실제적 계기는 1973년 1월 박 대통령의 과학기술처 연두 순시에서 그 해 업무계획을 보고받은 후 연구학원도시 건설에 대해서 구체적 계획을 다시 보고하라는 지시에서 출발하였다. 박 대통령의 지시에 따라 구체적인 계획을 수립하여 1973년 5월 청와대에서 보고하고 정식으로 국가계획사업으로 확정하였다.

제일 먼저 난관에 부닥친 일은 연구단지 입지 결정이었다. 입지결정을 위한 용역조사에서 경기도 화성, 충북 청원, 충남 대덕 등 3개 지역을 후보지로 추천하였다. 그러나 3개 지역은 토지조성, 교통, 용수, 자연환경 등 여러 측면에서 장단점을 가지고 있었고 또한 부지선정에 따라 지역발전에 지대한 영향을 미치기 때문에 지역연고 유력자들의 압력이 물밑에서 움직이고 있는 상황이었다. 이러한 상황에서 부지 결정회의가 열렸는데 회의에 참석한 어느 누구도 선뜻 의견을 못 낼 정도의 팽팽한 긴장감이 감돌았다. 이에 따라 박 대통령은 '지금까지의 보고내용과 항공사진 등을 근거로 충남 대덕군 일원의 위치가 국토의 중심부이고, 토지조성이 용이한 지형으로 되어있고, 특히 교통(경부, 호남의 철도와 고속도로 교차지점)과 용수(금강 상류 및 대청댐), 자연환경과 주변 레저시설 등에서 가장 최적지인 것 같다.'는 입장을 밝혔고 배석자들이 모두 만장일치로 통과시켰다.

박 대통령이 연구단지 조성에 얼마나 관심과 애정이 있었는지는 여러 정황에서 확인되고 있다. 한 번은 1차적인 건설 및 토목 공사가 완료되고 연구소들의 입주가 시작될 무렵인 1976년 3월 박 대통령이 대덕연구단지를 순시하였다. 진행상황을 보고받은 후 기대대로 진행되지 않는다는 생각에 미치자 그때까지의 체제를 모두 바꾸는 일대 변화가 있었다. 명칭도 당초의 '대덕연구학원도시'에서 '대덕전문연구단지'로 바꾸었다. 또한 그동안 소극적이던 부처 간 협조관계도 청와대 비서실장 명의로 국무총리와 9개 부처 장관에게 문서를 전달함으로써 새로운 협조관계를 형성하고 확실한 국가계획사업으로 추진하도록 하였다.

서정만 초대 대덕연구단지 관리소장의 회고에 따르면 박 대통령은 1979년 10월 25일 돌아가시기 하루 전에 충북도청과 충남도청 순시 일정에 맞춰 대덕연구단지를 불시 방문하였다. 서정만 소장은 박 대통령이 주빈석에 앉을 생각도 않고 곧바로 상황실 중앙에 설치된 대형 조감도 앞으로 가서 선 채로 현재 입주 완료한 연구소와 건설상황, 연구원의 주택과 자녀교육문제, 후생복지시설계획 등을 집중적으로 질문하는 것을 보고 대덕연구단지 완성을 향한 그의 집념과 연구원에 대한 따뜻한 애정과 배려가 어느 정도인지를 확실히 느낄 수 있었다고 한다.

대덕연구단지는 1974년 건설공사가 시작되어 착공 3년 만에 도로, 전력 및 용수시설, 교육시설, 파출소 등 기반시설이 완성되었다. 그리고 단지 기반시설공사 시작 1년 후인 1974년부터 한국표준연구소, 한국선박연구소, 한국화학연구소, 핵연료주식회사와 한국원자력연구소 등, 공공연구소와 충남대학교가 착공에 들어갔다. 1976년부터 기 착공한 연구소들의 입주와 1979년에는 한국에너지기술연구소, 럭키중앙연구소, 쌍

용중앙연구소 등 민간연구소가 입주하였다. 1976년 입주를 시작으로 2002년 완공되기까지 30여 년 동안 60여개의 연구소가 입주하였다.

그때부터 대덕연구단지는 벤처기업들의 집단촌이 되었고 미래의 한국을 이끌어 갈 성장동력의 출발점이 되었다.

대부분의 서구 선진국들이 16~17세기의 과학혁명과 18~19세기의 산업혁명을 거쳐 20세기에 선진국으로 도약하는 패턴을 보여왔다. 그러나 대한민국이 반세기도 채 되지 않는 짧은 기간에 과학경쟁력 세계3위, 과학인프라 세계3위, 기술경쟁력 세계14위로 급상승할 수 있었던 것은 누가 뭐래도 박 대통령의 과학에 대한 집념과 관심, 집중과 헌신에 따른 결과라고 할 수 있다. 1976년 개천절에 박 대통령이 쓴 친필 휘호 '과학입국 기술자립'에서도 박 대통령의 과학기술에 대한 꿈과 집념을 엿볼 수 있다.

❀ 천 년 국가를 위해 한국정신문화연구원을 설립하였다

빈곤을 연구한 루비 페인은 삶을 영위하는데 가장 필요한 자원으로 재정적 자원, 정신적 자원, 지적 자원, 영적 자원, 신체적 자원, 역할 모델 자원, 사회문화적 불문률과 같은 여러 자원 중에서 가장 필요한 자원으로 정신적 자원을 제시한 바 있다. 그는 정신적 자원이 있으면 불편한 상황을 견뎌내고 낡은 습관으로부터 탈피하여 빈곤의 대물림을 막을 수 있다고 주장 하였다.

세계사에 천년 이상 국가를 유지한 로마가 그렇게 오랫동안 국가를 유지하는 데는 지도층의 희생정신이 원동력이 된 것으로 보고 있다. 시오노 나나미는 《로마인 이야기》에서 로마제국 천 년 역사를 지탱해준 힘이 사회지도층의 희생정신, 즉, 노블레스 오블리주(Noblesse Oblige)의 정신이라고 지적하였다. 시오노 나나미는 이 책 서문에서 이러한 사회지도층의 희생정신이 지성은 그리스인보다 못하고, 체력은 게르만인 보다 못하고, 기술력은 에투루리아인 보다 못하고, 경제력에서는 카르타고인보다 뒤떨어졌던 로마인들로 하여금 커다란 문명권을 형성하고 무려 천 년 동안이나 강한 국가를 유지할 수 있게 한 원동력이 되었다고 썼다.

5.16군사혁명의 혁명공약 제3항에서 '이 나라 사회의 모든 부패와 구악을 일소하고 퇴폐한 국민 도의와 민족정기를 다

시 바로잡기 위하여 청신한 기풍을 진작시킨다.'는 의식혁명을 공약으로 제시했다. 의식혁명의 세부사항으로 군사정부는 1961년 6월 용공사상의 배격, 내핍(耐乏)생활의 수행, 근면정신의 고취, 생산 및 건설의식의 증진, 국민도의 앙양, 정서관념의 순화, 그리고 국민체위향상 등 7개항의 사업을 추진하기로 천명하였다.

1964년 1월 박 대통령은 국회에서 연두교서를 통해서 대혁신 운동을 제창했다. 그는 혼돈과 침체가 지속되는 후진의 굴레에서 벗어나 대한민국을 근대화시켜야 한다는 목표를 설정하고 국민의 정신적 혁명을 기조로 정치정화, 사회청산, 경제적 검약증산운동을 전개해 나가자고 호소했다. 이는 박 대통령이 역점을 둔 경제개발을 뒷받침하기 위해 정신개발을 또한 중시해 왔다는 것을 말한다. 자조정신에 기초한 자립경제 건설, 자립경제에 기초한 자주국방 건설, 자주국방에 기초한 자주독립국가 건설이란 3단계 국가발전전략을 가지고 있었다.

정신혁명을 위한 대혁신 운동을 실시해왔으나 별 실효성이 없자 4년 뒤인 1968년에는 '제2경제운동'이라 하여 정신혁명을 다시 시도하였다.

1968년 12월에는 의식개혁을 어린이 때부터 교육을 통해 정착시킬 수 있도록 국민교육헌장을 선포하였다. 국민교육헌장의 선포 이유는 조상의 훌륭한 전통과 유산이 계승·발전되지 못하고 있으며, 물량적 발전에 비하여 정신적 가치관 사이의 조화로운 융합이 이루어지지 못하고 있고, 국민의 국가의식과 사회의식이 결여되어 민족 주체성이 결핍되어 있으며, 국민교육의 지표가 불분명하여 학교교육에서 정신적·도덕적 교육이 소홀히 취급되고 있는 점을 개혁하는 데 있었다. 국민교육헌장의 기본정신은 민족주체성의 확립, 전통과 진보의 조화를 통한 새로운 민족문화의 창조, 개인과 국가의 조화를 통한 민주주의 발전으로 집약될 수 있다.

1970년부터 새로운 정신개조운동이요 잘살기 운동인 새마을운동이 시작되었다. 새마을운동은 하나의 행동철학이다. 말이나 이론만 가지고 되는 것이 아니라 반드시 실천과 행동이 따라야하고 피와 땀이 필요한 정신개혁운동이다. 새마을운동은 근면·자조·협동의 정신으로 5천년 역사에서 패배의식에 젖어있던 국민성을 일깨우고 우리도 '하면 된다.'는 정신에 불을 붙인 계기가 되었다.

1978년에는 한국정신문화연구원(현 한국학연구소)을 개원하였다. 정신문화연구원은 급속한 산업화로 밀어닥친 서구문화의 범람이 우리 전통문화를 흔들고 우리 문화의 정체성마저도 위협받기에 이르렀을 때 한국의 대표적 철학자 박종홍 박사 등 원로들이 백년대계의 민족정신혁명을 담당할 연구기관의 설립을 정부에 건의한 데서 태동하였다.

한국정신문화연구원의 설립은 박 대통령이 경제성장과 의식개혁이라는 두 축이 동시에 발전해야 완전한 민족중흥과 조

국 근대화를 이룩할 수 있다는 믿음에서 출발하였다. 고려 5
백 년은 원나라, 즉, 칭기스칸의 후예들에 의해 유린되었고,
조선 5백 년은 유교의 통치철학인 충효사상이 왕권의 유지에
중점이 두어짐에 따라 진정한 국민을 위한 섬김의 정치가 아
니라 국민은 통치와 수탈의 대상으로만 여겨져 왔다. 그리고
통치그룹은 문약한 선비들로 구성되어 시대변화를 읽지 못하
고 20세기 초에는 일본으로부터 나라가 병합되는 아픔을 겪게
되었다. 한국정신문화연구원은 이러한 교훈을 되새기고 그동
안의 패배의식에서 벗어나 자주, 자립, 협동하는 정신혁명을
일으키고자 설립한 기관이다.

✸ 스스로 구상, 설계, 시공, 감리하여 고속도로를 건설하였다

전쟁의 역설일지 모르지만 대한민국에서 가장 짧은 기간에 가장 폭넓게 도로가 개보수 된 시기는 6.25전쟁기간 중이었다. 6.25전쟁을 효율적으로 수행하기 위해 미군 육군 공병단은 1951년 7월부터 12월까지 1천3백여km의 도로를 확장·개수하였다. 1950년대에는 국내에 자동차도 거의 없어 넓고 포장된 도로가 필요하지도 않았던 게 사실이었다.

제1공화국 이승만 정부도 가장 심혈을 기울인 분야가 도로 건설 사업이었다. 특히 6.25전쟁 이후 약 10여 년간은 미국이 우리에게 제공한 ICA원조의 많은 부분을 파괴된 도로 및 교량의 복구 작업에 쏟아 부었다. 그럼에도 불구하고 국내의 각종 물자들을 원활하게 수송할 수 있는 현대화된 도로는 충분하지 못했다.

한편, 제1차 경제개발5개년 계획이 성공적으로 수행되면서 물동량이 증대되기 시작했다. 이에 따라 수송상의 애로가 확대되고 경제성장의 큰 저해요인으로 부각되기 시작했다. 1965년도와 1966년도에 걸쳐 수행한 IBRD조사용역에서도 교통체계를 철도중심에서 공로 중심으로 개혁하라고 건의를 하는 등, 새로운 도로의 건설이 필요한 형편이었다. 그렇지만 고속도로까지는 필요성도, 생각할 여유도 없었다.

그러나 박 대통령은 고속도로를 경험하고 건설의 필요성

을 누구보다 먼저 생각한 사람이다. 박 대통령이 처음 고속도로를 타 본 것은 미국 포토실 유학시절이었다. 그리고 대통령으로서 서독방문 시에 아우토반 고속도로를 주행하면서 고속도로 건설의 필요성을 실감하였다. 주행 도중에 두 번이나 차를 세우고 차에서 내려 노면과 중앙분리대, 교차시설들을 주의 깊게 살피고 차중에서도 뤼브케 대통령의 의전실장에게 고속도로에 대한 상세한 질문을 통해 고속도로의 건설과 관리방법, 자금 조달방법, 건설장비, 동원인원 등의 문제에 대하여 자세한 답변을 듣기도 하였다.

고속도로 건설계획이 표면화 된 것은 박 대통령이 1967년 4월 제6대 대통령 선거공약으로 '대 국토 건설계획을 발전시켜 고속도로와 항만의 건설 및 4대강 유역의 종합개발을 제2차 경제개발5개년계획 기간 중에 착수하겠다.'고 공표하면서 나타났고 5월 2일의 기자회견에서 '서울을 중심으로 인천, 강릉, 부산, 목포를 잇는 기간고속도로를 건설하겠다.'고 밝힘으로써 구체화되었다. 이어 1967년 5월 서울-인천 간 고속도로 건설을 착공하였고 제2차 경제개발5개년 계획기간(1967~1971년) 내에 우선적으로 서울-부산을 연결하는 고속도로의 건설을 1967년 11월 초에 건설부장관에게 지시하였다.

박 대통령은 주원 건설부장관에게 고속도로 건설을 지시한 후 본인 스스로 진두지휘하기 시작했다. 고속도로 건설을 지시하였지만 무엇보다 걱정되는 것은 재원조달이었다. 가까운 일본의 경우 그 당시 건설 중이던 동경과 나고야를 연결하는 고속도로의 건설비가 km당 약 8억 원이 투입된다는 것이었다. 이는 서울-부산 간 430km를 건설하자면 약 3천5백억 원이 소요된다는 계산이다. 이 금액은 1967년 우리나라 총 국가 예산(1천6백43억 원)의 2배를 초과하는 금액이었다.

박 대통령은 서울-부산 간 438km에 도로 폭 24m의 4차선 도로 건설에 소요금액을 산정토록 한 바, 서울특별시 180억 원, 현대건설 280억 원, 재무부 330억 원, 육군 공병감실 490억 원, 건설부 650억 원으로 편차가 매우 컸다.

고속도로건설계획 업무가 시작되자 주무부서인 건설부만으로는 이 업무를 감당할 수 없게 되자 박 대통령은 정부 내 관련부처와 민간건설업계의 엘리트로 구성되는 국가기간고속도로 건설계획조사단을 1967년 12월에 발족시켰다. 박 대통령은 이 계획단에 본인이 계산한 건설비 3백억 원과 예비비 10%를 가산하여 330억 원 규모로 경부고속도로 건설계획을 세우도록 지시하였다.

그리고 1968년 2월 경제장관회의에서 경부고속도로 건설 재원확보계획을 확정하였다. 재원확보내용은 휘발유세 수입 139억 원, 도로채권 수입 60억 원, 차관 양곡 판매대금 84억 원, 대일 청구권 자금 27억 원, 통행료 수입 15억 원, 기존예산 6억 원 등 합계 3백31억 원이었다.

박 대통령은 경부고속도로 후보 노선주변 지가를 시중은행장 두명에게 극비리에 감정케 하였다. 시가 감정을 보고받은 박 대통령은 1967년 11월 건설부장관, 서울특별시장, 경기도지사를 청와대로 소집하고 1주일 내에 용지 확보를 끝내도록 지시하였다. 나머지 지역도 지가가 상승되기 전에 확보하도록 지시하였다. 1968년 1월에는 실질적으로 공사를 진행할 수 있도록 '서울-부산간 고속도로 건설공사 사무소'를 설치하였다. 1968년 2월 1일 서울 원지동(종전의 톨게이트 자리)에서 박 대통령과 3부 요인 및 관계자와 많은 시민이 참석한 가운데 기공식을 가졌다.

1971년 완공목표로 공사에 박차를 가한 결과 제1공구인 서울-오산간 45.5km는 착공 11개월 만인 1968년 12월에 개통되었다. 박 대통령은 당초 1971년 6월 말에 경부고속도로 전구간 완공예정 목표를 1년 앞당겨 1970년 6월 30일까지 완공할 것을 지시하였다. 이에 따라 제2공구인 오산-대전간과 제4공구인 대구-부산간 구간이 1969년 12월에 개통되었다. 마지막으로 대전-대구간의 제3공구가 1970년 7월 7일 개통됨으로써 착공한 지 2년 5개월 만에 총 연장 428km가 완공되었다. 가장 어려운 공사구간인 대전-대구간의 노선은 153km이지만 토목공사는 전체의 47%, 긴 다리가 17개소로 전체의 60%, 터널은 전체의 90%가 이 구간에 몰려 있어 난공사 정도를 짐작할 수 있다. 특히 당재터널 공사는 13회의 낙반사고와 많은 인명피해를 내는 난공사였고 공기를 맞추기 위해 나중에는 특수시멘트를 투입하기까지 하여 공사를 마무리하였다. 이 구간을 맡았던 현대건설 정주영 회장은 기업채산성을 따지지 않고 오직 국가사업을 한다는 긍지로 하였다고 한다.

공사비는 당초 계획 330억 원 보다 30% 늘어난 429억 원이 소요되었으며 이는 일본의 동경-나고야 고속도로의 약 8분의 1 수준으로 세계에서 가장 싼 건설비였다. 당초 3년 4개월 보다 11개월 단축한 2년 5개월로 가장 짧은 기간에 순수한 우리 기술진에 의해 최초의 고속도로를 건설하였다는 것은 박 대통령의 집념의 소산이라 할 수 있다.

박 대통령은 서울-부산 간 고속도로가 건설되는 동안 헬리콥터, 지프차를 타고 33회나 현장을 찾아 공정을 확인하고 현장관계자와 인부들을 격려했다. 즉, 매월 1번 이상 고속도로 건설현장을 찾아 격려하고 확인하였다는 것이다. 고속도로 건설비화에는 박 대통령 친필의 고속도로망 구상도, 서울-부산 간 축선 확정도, 용지매수계획에 관한 노트, 감독반 구성에 관한 지시, 공정계획표, 연도 조경을 지시한 메모 등의 사본이 수록되어 있다.

경부고속도로의 건설은 단순한 건설사업의 성과라기보다는 이 도로건설을 통해 교통·경제·사회·문화·군사 등 모든 분야에 걸쳐 새로운 일대 도약의 전기를 마련하였다는 점에 더 큰 의의가 있다. 그리고 전국을 1일 생활권으로 묶음으로써 국토 및 국민생활의 균형적 발전을 이룩했으며 '우리도 할 수 있다.'는 신념과 자각을 전 국민에게 일깨웠다.

경부고속도로 건설을 계기로 고속도로 망이 전국적으로 확대되기 시작하였다. 호남고속도로가 경부고속도로 개통을 3개 월 가량 앞둔 1970년 4월에 전주인터체인지 자리에서 착공되었고, 1971년 3월에는 영동고속도로 착공, 1972년 1월에는 호남고속도로 잔여구간(전주-순천)과 남해고속도로(부산-순천) 착공, 1974년 3월에는 영동고속도로 잔여구간인 새말-강릉간과 강릉-묵호간의 동해고속도로가 착공되었고, 1976년 7월에는 대구-마산간의 구마고속도로, 1978년 5월에는 부산-마산간의 부마고속도로가 각각 착공되었다. 박 대통령은 1967년 5월 1일 경인고속도로 건설을 시작으로 1977년 12월 14일 언양-울산간 고속도로 완공까지 10년간에 경인, 경부, 호남, 남해, 영동, 동해, 구마 고속도로를 완공하였다.

고속도로를 건설하는 과정에서 박 대통령의 지혜가 담긴 특기할만한 것도 있다. 당초 4차선을 계획하고 2차선으로 건설한 영동, 호남, 남해, 구마 고속도로는 2차선으로 건설하면서 용지는 4차선을 건설할 수 있게 매수시켰으며 육교도 4차선을 고려하여 시공시켰다는 것이다.

박정희 대통령이 고속도로를 건설하겠다는 용기 있는 결단과는 달리 야당인사들은 경부고속도로 건설은 절대 안된다며 결사적으로 반대하였다. 그들의 주장을 지금 돌이켜보면 참으로 한심하다는 생각이 든다. 그들은 고속도로를 건설하게 되면 있는 사람만 이용하게 된다, 정치공사다, 농지훼손이다, 쌀 모자라는데 무슨 고속도로 건설이냐, 부유층의 전유물이라는 등 맹비난을 퍼부었고 일부 야당인사들은 건설현장에 들어누워 건설을 저지하기도 하였다. 일부 학자들은 고속도로의 건설이 한국을 멸망으로 내몰 것이라며 고속도로 망국론을 떠들어대기도 하였다.

이런 와중에 박 대통령은 고속도로 재원확보를 위해 석유류세법(유류세 인상법안)개정안을 야당이 반대하여 제 때에 통과시키지 못하자 여당 간부들을 청와대로 불러 '대통령이 이 나라 경제발전을 위해서 경부고속도로를 만들겠다는 데 야당이 반대한다고 국회에서 통과를 못 시킨다고?' 라고 고성을 지르며 재떨이를 던지면서까지 야단을 쳤다. 이에 놀란 여당 간부들은 임시국회 회기를 10분 남겨놓고 여당 단독으로 법안을 통과시켰다. 이런 일화야말로 진정 그분의 애족정신이요 애국정신이 아니고 무엇이겠는가?

❀ 새마을운동으로 농촌을 근대화하였다

박 대통령이 5.16군사혁명을 일으킨 가장 큰 이유가 부강한 나라를 만드는 일이었다. 박 대통령은 경상북도 선산군 구미읍 상모리에서 태어나 20리길을 6년간이나 걸어서 초등학교를 다녔을 정도로 가난한 농촌생활을 체험하면서 자랐다. 그는 농촌에서 보릿고개, 춘궁기를 경험했고 헐벗은 산, 게딱지 같은 초가지붕, 다 허물어진 돌담, 좁은 골목길, 수천 년을 원시적인 삶을 살면서도 어느 것 하나 고쳐볼 엄두도 못내는 농민들을 볼 때마다 한국의 농촌사회를 개혁해야겠다는 생각을 억누르지 못했던 것이다.

5.16혁명 성공 후 가장 먼저 시행한 사업이 농어촌고리채정리사업이고 그 다음이 재건국민운동본부를 설립하여 인간개조, 사회개조, 생활수준 향상 등 농촌계몽 사업이었다. 박 대통령은 그의 저서 《우리민족의 나아갈 길》에서 지방자치의 발생으로 볼 수 있는 향약과 농촌의 촌락공동체의 요소가 되었던 계, 두레나 품앗이 같은 유산들은 전승되어야 할 유산으로 지목하였다. 그리고 1964년 1월 국회에서 연두교서를 통해서 '대혁신 운동'을 제창했고 4년 뒤인 1968년에는 '제2경제운동'이라 하여 새마을 정신의 모체라 할 수 있는 사상들을 천명하였다. 한국의 새마을운동은 1970년도에 들어와서 불쑥 튀어나온 것이 아니라 농어촌근대화를 위하여 박 대통령의 일관

된 의지가 농축되어 오다가 마침내 한국의 사회운동으로 구체화된 운동이다.

1970년대 초 한국경제는 수출주도형 공업화가 추진되면서 도시 중심의 공업은 빠른 속도로 발전하고 있었으나, 그에 비해 농촌은 여전히 빈곤의 악순환에서 벗어나지 못하고 있었다. 그 때 전국농가는 80% 가량이 초가지붕이었으며, 전기가 들어간 농촌마을이 불과 20%에 지나지 않았다. 전국 5만 여개의 자연부락이 있었는데 그 중 30%가 자동차가 들어갈 수 없어 농산물을 운반할 때 남자들은 지게로 날랐고 여성들은 머리에 이고 날랐다.

1969년 7월 경남북 일대가 혹심한 수해를 입었을 때의 일이다. 이해 8월 4일 박 대통령이 경남북 수해지구를 시찰하던 중 경북 청도군 청도읍 신도1리를 돌아보았는데, 이 마을은 다른 마을과 달리 수해복구뿐 아니라 마을 안 길이 넓혀져 있었고 지붕이 개량되어 있었으며 담장 역시 말끔히 다듬어져 있는 등 생활환경이 크게 개선돼 있었다. 이것을 본 대통령이 그 경위를 물었을 때 마을 사람들은 '기왕 수해로 쓰러진 마을을 복구하는 기회에 환경을 좀 더 잘 가꾸어 깨끗하게 살기 좋은 마을로 만들어 보자고 마을총회에서 결의했고, 이에 따라 정부의 지원 이상으로 마을주민이 자진해 협동으로 이루었다.'고 대답하는 것이었다. 마을사람들의 자발적인 자조정신과 협동심에 큰 감동을 받고 귀경한 그의 머릿속에는 농민들의 근면·자조·협동정신을 일깨워 농촌을 개발해 보려는 새로운 구상이 자리 잡혀 갔다.

박 대통령은 1972년 3월 7일 전국지방장관회의를 통하여 새마을운동의 구체적인 추진방안을 시달하였다.

① 근면, 자조, 협동의 새마을운동은 농어촌뿐만 아니라 도시에서도 전개되어야 하고 정책입안자·공무원·농어촌지도자의 삼위일체가 되어 추진해야 한다.

② 새마을운동은 생산과 직결되고 주민의 소득증대에 이바지할 수 있는 방향으로 추진해야 한다.

③ 새마을운동은 국민의 정신계발에 중점을 두어야 하고 비생산적인 전래의 폐습을 퇴치하는 운동도 병행시켜야 한다.

④ 새마을운동은 자립정신이 투철한 농어민을 우선적으로 지원하며 시행하되 새마을지도자에게 최대한의 재량권을 부여야 한다.

⑤ 교육은 생산과 직결되어야 하고, 교사는 지역사회개발의 선구자가 되어야 하며, 학교는 새마을운동의 센터로서의 구실을 다해야 한다.

조국근대화의 행동철학인 새마을운동은 정신계발, 소득증대, 환경개선 등 3가지 측면으로 접근하였다.

첫째, 사회발전이든 경제적 발전이든 인간이 이룩한 모든 업적은 그것을 이룩하고자 하는 인간정신의 발현인 것이다.

새마을운동의 기본정신을 계발하기 위해 1972년 7월부터 농어촌의 남녀 새마을지도자를 발굴하여 양성하고 교육시키기 시작했다. 새마을지도자 연수를 위해 전문 연수기관인 '새마을지도자연수원'도 설립했다. 연수효과가 나타나면서 지방공무원과 중앙공무원은 물론 교수, 언론인, 기업인, 예술인, 종교인 등도 새마을교육을 받았다. 이 교육은 농어촌에서 사회전역으로 확대되어 도시, 공장, 학교의 지도자들까지 새마을운동 연수교육에 참여했다.

새마을지도자연수원에서는 연수생 스스로 성공 사례를 발표하고 분임토의를 하면서 새마을운동 현장에서 제기되었던 갖가지 어려움을 드러내놓고 그 해결 방안을 마련하려고 하였다.

둘째, 소득증대는 한국의 새마을운동의 성공요인이요 필요조건으로서 개인의 이익과 공동체의 이익을 전제로 새마을운동 참여의 동인이었다. 지역사회의 개발도 먼저 개인의 이익을 전제로 할 때만이 가능한 것이며, 이는 자본주의 이념을 발달케한 인간의 이기주의를 자극해서 달성되는 운동이다.

소득증대 사업은 ① 통일벼 계통의 다수확신품종의 공동 집단재배를 하였다. 공동묘판설치, 품종선택, 건묘(健苗)육성, 이양작업, 시비, 물대기, 병충해 방제, 수확에 이르기까지 협동하여 추진하였다. ② 비닐하우스 채소 재배, 양봉, 양송이, 과일, 담배, 연안양식, 비육우 사업등으로 확대하였다. ③ 농민들의 농외소득 향상을 위해 새마을공장을 적극적으로 유치하였다. ④ 농업경영에 과학적인 선진농법을 도입하였다. 농업의 생산성 향상에서 판매, 가공까지 유기적으로 직결되도록 입체화하였다.

셋째, 환경개선은 외적기능이 인간의 내용까지도 결정지어 준다는 차원에서 새마을운동을 통한 취락구조개선 등 농어촌 환경개선사업을 추진하였다. 환경은 사고를 바꾸고 사고는 행동을 유발하고 행동은 습관화되어 공동체의 선진문화로 정착된다.

제일 먼저 시작한 가시적인 환경개선사업으로 1970년 10월 정부재정 30억 원으로 3만4,665개 마을에 마을 당 시멘트 300~350개 마을에 부대씩을 배분하면서 출발하였다. 1972년에는 첫해에 성과가 있는 1만 6,600개 마을에만 시멘트 500부대와 철근 1톤씩을 배분하면서 나머지 1만8,000개 마을에는 전혀 지원하지 말라고 지시하였다. 이렇게 되자 지원에서 제외되었던 마을 중 자진해서 자력으로 새마을 사업에 참여한 마을이 3분의 1 이상인 6,108개나 되었다.

1970년부터 1979년까지 새마을운동 10년 동안에 대한민국의 농어촌은 소득, 환경, 고용, 저축 등에서 다음과 같은 획기적인 변화를 가져왔다.

첫째, 새마을운동은 농어가 소득을 증대시켰다. 1965~1969년 기간 중 도시가구의 평균 소득이 14.6%가 증가한 반면, 농가소득은 3.5% 증가에 불과했다. 그러나 1970~1976년 기간 중 도시가구 소득이 4.6% 증가한 반면, 농가소득은 9.5%나 높아졌다.

둘째, 새마을운동으로 농어촌의 고용을 증대시켰다. 내무부 통계에 의하면 1972~1980년 동안 새마을사업에 투입된 인력이 모두 18억 5,800만 명에 이르고 있다. 유휴노동력 활용 사업으로 농로개선, 농로건설, 경작지개간, 하수도 건설, 산림녹화, 사방사업 등 농업생산기반 사업이 추진되었다.

셋째, 새마을운동으로 농어촌의 환경이 획기적으로 개선되었다. 농촌가옥의 지붕이 초가에서 기와나 타일지붕으로 대체되었다. 마을길을 넓히고 경운기용 농로 개설, 소규모 교량건설 등 취락구조를 개선하였다. 그리고 1971년 당시 농촌 전기 보급율이 20%에서 1979년 말에는 98.7%까지 확대되었다. 그 결과 도시와 농촌간의 문화적 격차가 줄어들었다.

넷째, 농어촌 저축 증대에 크게 기여하였다. 1970년대 들어 농가소득이 높아지면서 저축도 더 많아지게 되었다. 1960년대 농어촌 저축율이 10%밖에 안 되었으나 1970년대 들어 20% 이상으로 높아졌다.

새마을운동 10년은 가장 후진적인 한국의 농촌을 세계에서 가장 선진화된 농촌으로 천지개벽시켰다. 박 대통령의 농촌근대화에 대한 종교 같은 신념과 열망, 관심과 애정이 없었다면 이런 변화는 불가능했을 것이다.

⠿ 기업의 직접금융시장인 증권시장을 오픈하였다

기업이 생산활동을 하기 위해서는 장기시설자금도 필요하고 운전자금도 필요하다. 장기시설자금은 주식처럼 상환기간이 없거나 회사채처럼 상환기간이 장기적이고 안정적인 자금이 이상적이고, 제품의 제조, 판매과정에서 소요되는 운전자금은 은행융자에 의존하는 것이 바람직하다. 그런데 토지, 건물, 생산시설 같은 시설자금조차 단기성자금에 의존하면 기업의 자금운용은 항상 불안정하고 차질을 일으킬 우려가 대단히 크다고 할 수 있다. 따라서 주식회사는 주식이나 회사채를 발행해 장기시설자금을 조달해야 하는데, 이러한 자본거래가 일어나는 증권거래소 같은 자본시장이 당시에는 확립되어 있지 못했다.

한 나라의 증권시장이 본래의 기능을 충분히 하기 위해서는 증권을 발행하는 발행시장과 발행된 증권이 자유롭게 매매되는 유통시장이 균형 있게 발전해야 한다. 그러나 우리나라의 초기 증권 발행시장은 발달하지 못했고 유통시장도 미미하기 짝이 없었다. 본래 유통시장인 증권시장에서 증권의 매매가 활발하게 일어나야 하는 이유는 자금이 필요한 기업이나 정부, 지방자치단체 등이 주식이나 채권을 발행해 소요자금을 원활하게 조달할 수 있도록 하기 위해서다. 그리고 유통시장은 투자대중이 투자해서 산 증권을 필요할 때 언제든지 현금으로 회수할 수 있는 시장기능을 해야만 일반대중의 투자가 활성화 될 수 있다. 이와 같이 증권시장은 유통시장이 활성화되어야 발행시장이 살아날 수 있는 동전의 양면과 같은 구조이다.

그러나 우리나라 증권시장이 발달하지 못한 이유는 유통시장과 발행시장 모두에게 문제가 있었다. 먼저 유통시장의 문제이다. 우리나라에서 증권거래소가 신설된 것은 1956년 3월이었다. 처음에 12개 회사의 상장으로 시작되었으나 상장된 기업들이 시중은행과 전력회사 등으로 주식의 대부분이 정부에 귀속되어 있어 거래가 거의 이루어지지 않았다.

그리고 1962년에는 세칭 4대 의혹사건의 하나로 5월 증권파동이 일어났다. 5월 증권파동은 1962년 5월 전후에 대한증권거래소 주식을 대상으로 투기매매가 일어 월말 주식 인도가 불가능해져 증권시장 운영에 치명적 상처를 입히고 투자자에게는 막대한 손해를 입혀 사회적 물의를 일으킨 사태를 말한다. 이어서 1962년 8월의 태양주 파동이 있었고 1963년 2월에는 무려 2개월이 넘는 73일 동안 증권시장이 문을 닫는 사태까지 일어났다.

정부는 1963년 4월 증권거래법을 개정해 대한증권거래소를 주식회사에서 특수법인인 공영제로 바꾸고 73일 만에 재개했지만 고객은 이탈하고 거래는 한산하여 증권회사는 영업이 되지 않아 폐업이 속출했다. 따라서 증권회사들이 살아남기 위해 투기적인 책동전을 벌이는 등 정상적인 거래가 이루어지지 않았다. 이에 따라 일반대중에게는 증권시장 하면 투기시장, 손해 보는 시장 등, 불신만 가중되어 유통시장이 제대로 발달할 수가 없었다.

또한 발행시장 역시 유통시장을 이끌만큼 발달하지 못했다. 우선 일반대중을 상대로 주식을 발행할 정도의 신용과 실적을 가진 기업이 없었고, 증권 구매자의 입장에서는 장기투자물건인 증권을 자진해 구입할 만큼 저축여력이 없었으며, 물가 상승율이 높아 여유자금이 있으면 부동산 투자나 사(私)금융 시장으로 몰렸다. 또한 기업인들은 전근대적인 유교적 가족자본 위주의 경영관 때문에 증권시장에 주식을 발행하려 하지 않았다. 당시의 기업인들은 기업에 대한 소유의식이 강해 통제권 상실을 우려했고 재무제표의 공시에 따른 기업정보 공개를 두려워했으며 지속적인 고액배당의 부담을 느끼고 있었다. 이에 따라 필요한 자금을 은행이나 외국의 차관으로 대체하였다. 장기시설자금을 은행의 단기자금이나 급할 때는 높은 이자까지 지불해야 하는 사채까지 끌어다 썼다. 그러나 주식을 통한 자금 조달일 경우에는 기업의 수지에 따라 배당을 조절하여 기업의 재무구조를 건전하게 유지하기 때문에 불황을 극복하는데 훨씬 유리하다.

정부는 1968년에 '자본시장육성에 관한 법률'을 제정하여 증권유통시장의 활성화를 꾀했으나 본래의 의도대로 돌아가지 않았다. 증권시장에 상장된 기업은 41개에 지나지 않아 한국에 증권시장이 존재한다는 것 이상의 의미는 없었다. 그러다 보니 증권시장에 매수자와 매도자가 모이는 시장기능이 제대로 작동되지 않고 있었다. 이러한 문제를 해결하기 위하여 1972년 12월 '기업공개촉진법'을 제정하고 강제력을 동원하였지만 여전히 기업공개는 활성화 되지 않았다.

당시 국내 재벌기업 27개 가운데 산하 계열기업을 전혀 공개하지 않는 기업은 선경, 한국나일론, 대농, 신동아, 대림산업, 화신산업, 쌍용산업 등 8개에 이르고 이들 기업의 기업경영은 대체로 족벌체제를 벗어나지 못하고 있었다. 특히 재벌들은 기업공개촉진법에서 규정하고 있는 자본 규모, 은행 부채, 배당 가능성 등, 공개 대상 요건을 거의 갖추고 있으면서도 공개를 외면하고 있었다.

박 대통령은 이러한 요건을 갖추고도 기업공개를 하지 않는 재벌기업들에게 1975년 5월에 '5.29대통령 특별지시' 사항을 내려 보내 공개를 강력히 촉구하였다. 이에 따라 재무부에서는 50억 원 이상의 여신을 받고 있는 계열 기업들을 A, B군으로 분류하고 재무구조가 취약한 A군의 계열기업(부채 비율 400% 초과)에 대해서는 우선 은행 대출과 차관도입에 있어서 신규 지급보증의 금지, 비업무용부동산의 취득 금지, 방계기업 처분 등의 재무구조 개선 조치를 취하였다. 그리고 재무구조가 양호한 B군의 계열기업(부채비율 400% 미만)에 대해서는 공개 적격성, 증권시장의 상황 등을 참작해 기업공개촉진법에 의한 공개지정권을 발동할 것임을 분명히 하였다.

이러한 조치에도 불구하고 기업공개가 원활치 못하자 1975년 8월에 '기업공개보완시책'을 공표하였다. 이 때 공개 대상의 기준으로 ① 대기업 계열기업의 주력 기업 ② 외형기준 100대 기업 ③ 300만 달러 이상의 차관도입 기업 ④ 수출 실적 순 100대 기업 ⑤ 투자공사 실사 결과 적격법인 ⑥ 중화학공업 기업 등을 제시하였다. 그리고 공개 우선순위는 위의 선정 기준의 각 요소가 겹치는 기업, 대기업 계열기업군의 주력기업, 중화학공업 기업 등으로 지정하였다.

이러한 보완 조치를 실시한 결과 1979년 말까지 309개의 대기업이 공개되고 상장회사도 355개로 증가하였다. 기업공개촉진법이 의도한 기업의 직접금융 의존도도 그만큼 높아졌다. 이렇게 되자 일반대중의 관심도 높아져 1970년대 말에서 1980년도 초에는 주식시장의 과열현상까지 나타났다. 이처럼 증권시장이 조기에 정상화 내지는 활성화 될 수 있었던 것은 8.3조치로 기업의 재무구조가 건전해져 발행시장이 대중의 신뢰를 얻을 수 있었고 정부의 강제에 의해 기업의 공개가 촉진되었기 때문이다.

❀ 민둥산을 푸른 숲으로 옷 입혔다

영국의 유명한 지리학자인 이사벨라 비숍 여사는 1894년 조선을 방문했을 때의 첫인상에 '산으로 둘러싸여 있고 여기저기에 소나무 그늘이 있으나 거의 벌거벗었다.' 라고 표현하고 있다. 한반도에서는 19세기 후반에 이미 모든 산들이 민둥산으로 변해 있었고 일제36년의 식민통치기간 중 일본이 제2차 세계대전의 전쟁물자로 한반도의 삼림을 수탈해가면서 한국 산의 모습은 극심한 민둥산으로 변해갔다.

박 대통령이 1965년 5월 존슨 대통령의 초청으로 미국을 국빈방문 하였을 때 플로리다 주의 우주센터에서 아틀라스 로켓의 시험발사를 관람한 다음날 동양통신의 김성진 기자와 함께 그 지방 일대를 드라이브 하였다. 그 때 김성진 기자가 박 대통령께 '미국방문 중 가장 인상적인 때가 언제였습니까?'라고 물었을 때 '미국 어디에 가더라도 볼 수 있는 저 푸른 숲이오. 미국에서 우리나라로 가져갈 수 있는 게 있다면 나는 저 울창한 숲을 선택하겠네.'라고 할 만큼 산림녹화에 대한 강한집념을 가지고 있었다.

우리나라는 예로부터 온돌로 방을 데우기 위해 임산물을 땔감으로 사용함으로써 산림이 훼손될 수밖에 없었다. 또한 일본과 러시아가 마구잡이로 벌목을 해 갔다. 일본은 청일전쟁에서 승리한 후 청국과 시모노세키 조약을 체결하고 압록강

주변의 나무 벌채권을 가져갔고 러시아는 한·러 삼림협약을 맺고 압록강과 두만강 유역의 산림벌채권을 가져갔다.

1947년 우리나라의 사방사업 필요면적이 44만ha이던 것이 1956년에는 68만6천ha로 늘어났다. 이는 1948년 5월의 북한으로부터의 전기 공급중단, 6.25전쟁으로 석탄광의 파괴에 따른 석탄생산 마비, 전쟁의 직접적인 산림 피해와 전쟁복구용 목재 벌채, 연료용 나무의 벌채 등에 기인한다. 이에 따라 자유당, 민주당 정권에서도 끊임없이 식목을 했는데도 불구하고 나무의 성장속도에 비해 벌채속도가 빨라 나무가 자랄 시간적 여유가 없었다.

박 대통령은 1961년 5월 16일 혁명을 하자마자 산림을 육성하기위한 다양한 조치들을 추진하였다.

첫째, 산림관계법령을 정비하였다. 1961년 5.16혁명 때까지도 우리나라에는 1911년에 일본에 의해 제정된 삼림령과 1951년에 제정된 산림보호임시조치법이 그대로 답습되고 있었다. 1961년 5.16혁명 후 산림법과 임산물단속에 관한 법률 제정, 1963년에는 녹화촉진임시조치법 제정 등으로 법률체계를 정비하였다.

둘째, 제1차 경제개발5개년계획과 제2차 경제개발5개년계획 기간 중 각각 55만 정보의 조림계획을 세우고 정부가 조림사업에 투자를 확대하는 등 적극적으로 조림사업에 임하였다.

셋째, 행정조직을 강화하였다. 1967년에는 농림부의 산림국을 차관급 정부 부처인 산림청으로 확대, 강화하였다. 그리고 1973년 1월부터 산림청을 농림부 산하에서 내무부 산하로 이관시켜 조림과 보호단속을 효율적으로 하도록 하였다.

넷째, 경기지사로서 업무능력이 출중한 손수익 지사를 산림청장에 임명하여 '치산녹화 10개년계획(1973~1982년)'이라는 장대한 사업계획을 세워 녹색혁명을 단행하였다. 치산녹화 10개년계획이 조기에 완수될 수 있었던 몇 가지 요인들은 다음과 같다.

① 조림수종을 속성수와 장기수를 7대 3으로 하여 속성녹화를 도모하였고 조림수종을 종전의 42개에서 10개로 표준화하였다. 유실수는 밤나무, 대추나무 등 2종과 속성수는 이탈리아 포플러, 현사시나무, 오동나무, 아카시아 등 4종, 장기수는 잣나무, 낙엽송, 삼나무, 편백나무 등 4종 등, 모두 10대 수종으로 표준화하였다.

② 마을양묘, 마을 공동식수에 중점을 두고 교육, 기술지도, 우선매입 등, 새마을운동의 일환으로 실시하였고 국토의 사방·녹화·조림효과를 동시에 달성하기 위하여 주민소득과 연결되도록 노임산포사업으로 추진하였다.

③ 조림이 요구되는 지역의 산주에 대한 조림명령과 불응시 국가가 대신 조림해주는 대집행 조림제도 실시와 부재 산주의 마을단위 공동식재 경우에는 벌채 시 일정비율 공동이익 분배 등을 실시하였다.

④ 1974년에서 1976년까지 임산연료를 절약할 수 있도록 전국 6백7십만 농가 아궁이를 개량하여 연간 임산연료 3백3십만 톤을 절약하였다.

⑤ 특수녹화가 필요한 지역은 특별한 사방사업, 조림사업을 진행하였다. 그 대표적인 사업이 '영일만조림사업'이다. 경상북도 영일 지역 4천5백여ha의 지역은 국제항공노선 바로 아래에 있어 일본에서 한국으로 들어오는 사람들의 눈에 바로 들어와 우리나라 삼림의 최대 치부중의 하나였다. 그러나 산의 토질이 왕모래고 나무는 물론 풀 한포기 없는 완전한 민둥산으로 나무나 풀이 착근할 수가 없었다. 영일지역 사방공사는 완전히 토목공사부터 시행한 후 왕모래 위에 새로운 흙을 성토한 후에 나무를 심는 방식으로 진행하였다. 이 지역 사방사업은 1972년에 착수하여 5년만인 1977년에 완공하였는데 사방공무원들의 피나는 노력과 박 대통령의 집념이 합작되어 이루어낸 쾌거라고 할 수 있다.

다섯째, 식목 못지않게 심은 후에 육림에 역량을 집중하였다. 1977년 4월 5일 식목일에 박 대통령은 매년 11월 첫째 토요일을 '육림의 날'로 결정하였다. 육림의 날에는 보완적인 식목, 거름주기, 풀베기, 가지치기, 연료림 가꾸기, 어린 나무 가꾸기, 특용나무 가꾸기, 병충해 방제, 잡목 솎아내기 등을 추진하였다.

여섯째, 치산녹화 10개년계획의 추진과 함께 야생조수 보호책을 1972년부터 1981년까지 10년간을 시행하여 숲과 동물의 공존을 추진하였고 치산녹화 10개년 계획의 성공에 이어 경제림 조성으로, 자연보호로, 환경 전체를 하나의 시스템으로 간주하고 보호에 나섰다.

한국의 민둥산이 푸른 산으로 변화되는 과정은 박 대통령의 강한 신념과 집념 덕분이었다. 해방 이후부터 민주당 정부에 이르는 15년이 넘는 기간 동안에도 산림녹화 사업은 진행되었다. 그럼에도 민둥산은 녹화되지 않았고 식목은 있는데 육림은 없었다. 계획은 있는데 조림성과는 없었다.

그러나 박 대통령은 계획이 진행되는 과정에서 성과가 없자 추진 기구를 새로이 만들고 추진하는 사람도 바꾸고 추진 기구의 관할 부처도 바꾸어 가면서 실행하였다. 어느 회사의 광고문구 중에 소비자가 OK할 때까지 한다는 말처럼 조림이 되고 육림이 될 때까지 끊임없이, 지속적으로 최고 통치자의 관심과 애정을 산림담당자들에게 보여 줌으로써 그들이 조림이라는 본업에 충실하게 하였다.

✿ 그린벨트와 국립공원을 지정하였다

서울 주변의 북한산, 관악산 같은 푸른숲으로 뒤덮힌 산들이 없었다면 도시 사람들의 욕구불만을 어디서 어떻게 해소할 수 있었을까 하는 의구심이 든다. 토요일 일요일 같은 휴일에 서울근교의 산들을 등산해보면 서울시내의 명동거리같이 많은 사람들이 등산객으로 줄지어 다니는 것을 볼 수 있다. 이 많은 사람들이 쾌적한 환경에서 등산을 하면서 휴식할 수 있는 푸른산을 가질 수 있었던 것은 분명 그린벨트정책이 가져다 준 열매일 것이다.

도시주변의 산림과 녹지대를 보존하기 위한 획기적인 정책이 만들어진 것은 1971년의 일이다. 박 대통령은 도시계획 차원에서 도시 주변의 임야를 지나치게 개발하는 것을 규제하여 도시 미관을 아름답게 하자는 취지로 그린벨트제도를 시행하였다.

도시 주변을 규제하게 된 가장 큰 이유는 1962년부터 시작된 제1차 경제개발5개년계획, 1967년부터 시작된 제2차 경제개발5개년 계획 등이 성공적으로 진행됨에 따라 도시화가 급진적으로 진행되었기 때문이다. 도시인구가 급팽창하면서 새로운 택지가 필요하게 되었고 새로운 주택을 건설할 필요성도 증가되었다. 이에 따라 도시 외곽의 푸른 숲은 택지로, 목재로, 연료로 급속히 훼손되기 시작했다. 이 때 손 놓고 있으면 도시주변의 산림이 훼손되는 것은 불을 보듯 뻔한 일이었다.

영국 런던이 1938년에 세계 최초로 그린벨트(Greenbelt)제도를 도입하여 도시 주변의 숲을 장기적으로 보존하기 시작했다. 캐나다는 1950년에 오타와를 새로운 수도로 지정하면서 그린벨트제도를 시행하였다. 이처럼 1960년대 당시 우리나라는 개발이 최우선이던 시기에 미래를 내다보는 그린벨트제도를 도입하는 것은 박 대통령 외에 아무도 관심이 없었고 전문가도 없는 상황이었다. 개발이 한창 이루어지기 전에 그린벨트제도를 도입함으로써 도시주변의 산림과 녹지를 보존함은 물론 미개발지를 확보함으로써 토지투기를 막는 데도 크나큰 기여를 했다. 물론 이 제도는 사유재산을 정부의 제도에 의해 규제한다는 개념으로 자본주의 체제에 역행하는 제도로 오늘의 정치시스템에서는 불가능한 정책이었다.

그린밸트제도는 1971년 초 '도시계획법'을 개정하여 개발제한구역(도시계획법상 공식 명칭이 그린벨트를 개발제한구역이라 함)이라는 제도로 도입되었다. 1971년에는 제1차로 수도권 개발제한 구역을 지정했다. 동년 12월에는 안양, 수원 일대와 부산지역에 2차로 확대 지정했으며, 1972년 8월에는 수도권 지역의 확대와 대구, 광주지역에도 광범위하게 지정했다. 수도권의 경우 동쪽으로 팔당 저수지 상류지역과 서쪽으로 경인공업벨트 배후지역, 북으로는 의정부 시가지 배후까지 포함하였다. 1972년 도시계획법의 내용 중 개발제한구역 지정을 '국토

이용관리법'을 제정하여 포함시켰다. 1973년 3월에는 제주도로, 6월에는 도청 소재지급의 모든 도시로 이를 확대하였다. 이로써 전국적으로 대도시권 7곳과 중도시권 7곳에 그린벨트를 지정하여 그 구역 안에 있는 산림을 보존하게 만들었다.

그 후 그린벨트제도는 민주화 과정에서 일부 제도가 훼손되기도 하고 시급한 공공사업 추진 명목으로 일부 해제되기도 하였지만 요사이 대도시 주변의 푸른산과 수원지 상류의 푸른 녹지를 후손들에게 물려주는 제도적 장치가 되었다. 이처럼 개인의 사유재산을 규제하면서까지 공공자원화 한 것은 논란의 여지도 많지만 이런 혁명적인 방법이 아니고는 도시주변의 푸른 숲과 녹지를 우리가 어떻게 가질 수 있었겠는가. 박정희 대통령은 국가 전체를 하나의 정원으로 생각하고 하얀 백지위에 그림을 그리듯 만들어 나갔다는 것을 알 수 있다.

국립공원제도는 미국이 효시이다. 미국의 국립공원 지정은 1872년 3월 1일 옐로우스톤을 시작으로 요세미티, 그랜드캐넌, 세코이어 등 20세기 초까지 이미 12개에 달했다. 미국의 국립공원지정 배경은 당시 미국은 개인이 능력에 따라 규제와 제한 없이 땅을 소유할 수 있었기 때문에 이를 방치할 경우 엄청난 가치가 있는 땅이 개인의 사익을 위해 개발되거나 이용될 개연성이 높을 수밖에 없었기 때문이었다. 이에 따라 미국 정부는 자연적 가치가 있고 이를 영구히 보존할 가치가 있다고 판단되는 지역은 특정 개인이나 단체의 소유를 배제하고 공공성이 강조된 국립공원으로 지정하여 일반 대중의 즐거운 휴식공간으로 이용할 수 있도록 하는 국립공원 이념을 최초로 구현하였다.

우리나라의 1960년대는 경제개발이 최우선이고 수출이 전쟁처럼 촉진되던 시절이었다. 경제개발이 우선적으로 추진되다보면 자연히 국토 전체가 균형적으로 개발되기 보다는 개인의 사적 이익추구가 우선되어 자연자원이 훼손될 가능성이 높았다. 박 대통령은 경제개발로 더 이상 자연자원이 훼손되기 전에 조치를 취할 필요를 느꼈다. 이때부터 박 대통령은 경제개발 이후의 한국의 국토보전과 이 국토에 사는 일반 대중의 휴식공간을 확보해 둘 필요성을 알고 있었다.

제1호 국립공원 지정은 1967년 12월 29일 지리산을 건설부 공고 제164호로 지정하였다. 지리산 국립공원은 1개시, 4개군, 17개 읍면에 걸쳐 총 4만7천176ha의 산을 포함한다.

지리산 국립공원 지정초기 공원의 관문을 어디에 설치하느냐를 가지고 3개도에서 강하게 경합한 적이 있다. 관문이 어디로 결정되느냐가 자기 지역발전에 크다란 영향을 미치기 때문에 지역 자치단체장들은 자기들 지역으로 유치하기 위한 압력과 로비를 전개하기 시작했다. 압력과 로비가 심하자 박 대통령이 직접 중재에 나서서 최종결론을 내었다. 박 대통령은 현지답사를 하여 최종적으로 경남 산청군 시천면 사리에 관문을 설치하도록 하였다. 또한 관리의 편의를 위해 노고단 정상에 헬기장을 건설했다. 이는 공원 지정초기에 관리를 위해 구례군수가 하루에 두 번씩이나 8km가 넘는 산길을 오르내리다 과로로 사망한 경험에서 시작되었다.

정책은 타이밍이고 최고의사결정권자의 애정과 관심이다. 정책결정시에는 다수의 이해관계자들 간에 의견 상충이 불가피하다. 이러한 상황에서 최고의사결정권자의 확실하고 단호한 결단이 없으면 정책이 결정되고 집행되기 어렵다. 지리산 국립공원 지정 시에도 3개도에서 서로 자기에게 유리한 의사결정이 되도록 갈등하고 있을 때 최고 의사결정자인 대통령이 현장을 답사하고 이해당사자들을 설득함으로써 가능하게 되었다.

✽ 의료보호와 의료보험시대의 막을 올렸다

우리나라에서 의료보호제도를 처음 시도한 것은 1961년 '생활보호법'을 제정 시행하면서 부터이다. 생활보호법에 의해 생활보호대상자에게 가구별로 생활보호진료권을 발급하여 보건지소·보건소 및 시·도립병원에 생활보호대상자의 진료를 전담시켜 통원치료 및 입원치료 등을 통한 의료보호사업을 실시하여 왔다. 1977년 1월 저 소득자들에 대한 의료시혜의 확대강화를 위하여 의료보호에 관한 규칙을 제정하여 1차적으로 시행하였다. 그러다가 1977년 12월에는 이에 대신하는 '의료보호법'을 제정하여 의료보호사업을 본격적으로 확대 실시하였다.

의료보호제도가 확립되기 이전인 1976년까지의 저소득층을 위한 의료보호제도상 의료서비스는 오랫동안 시·도립병원을 위주로 한 각종 의료기관과 보건사업소, 그리고 의료단체의 무료진료와 새마을진료제가 담당해 왔으며 연간 약 37만 명이 그 혜택을 받고 있었다.

1977년 12월 의료보호법이 제정 시행되면서 약 210만 명이 국가보조에 의한 의료서비스를 받게 되었는데, 이때 실시된 의료보호는 두 가지로써 생활능력이 없는 자에 대해서는 황색진료증이, 저소득자에 대하여는 녹색진료증이 교부되었다. 황색진료증 소지자는 무료진료대상자로 외래 및 입원진료비의 전액을 국가에서 부담하고 녹색진료중 소지자는 일부 유료 진료대상자로서 외래진료비 전액과 입원진료비의 50%를 국가가 부담하고 입원진료비의 잔액 50%는 의료보호기금에서 의료기관에 대불한 후 1~3년 이내에 본인이 무이자로 분할 상환하도록 하였다.

이 법에 의한 보호대상자는 생활보호법에 의한 생활보호대상자, 재해구호법에 의한 이재자, 의사상자보호법에 의한 의상자 및 의사자 유족, 독립유공자예우에 관한 법률 및 국가유공자예우 등에 관한 법률의 적용을 받고 있는 자와 그 가족 등이다. 그리고 문화재보호법에 의하여 지정된 중요 무형문화재의 보유자 및 그 가족, 귀순북한동포보호법의 적용을 받고 있는 자, 기타 생활유지의 능력이 없거나 생활이 어려운 자 등이다.

생활보호대상자의 의료보호를 넘어서 전 국민에 대한 의료보장제도를 1969년부터 준비하였다. 의료보장제도가 사회보험의 형태로 이 지구상에 모습을 드러낸 것은 1881년 독일의 비스마르크 재상이 그 당시 노동자들의 사회적 불만을 해소하기 위하여 처음으로 사회보험계획을 수립하면서 출발하였고 1883년에 '질병보험법'이 입법화되면서 제도화 되었다. 그 이후 이 제도는 유럽 각국으로 파급되었고 유럽인들이 남미로 이주하자 남미제국으로도 확산되어 갔다. 의료보장제도가 범세계적으로 확산된 것은 제1차 세계 대전 전후의 대공황에 따른 대량 실업자의 출현, 그 후 경제부흥기의 도시근로계층의 대폭적인 증가, 그리고 1948년 '사회구성원으로서 각 개인은 사회보장 수혜권을 가진다.'는 유엔의 인권선언에 연유한 바 크다.

산업화로 근로계층의 확대와 노사 간의 갈등 확대, 날로 심화되어 갔던 빈부격차로 인한 계층 간의 위화감의 고조, 의학기술의 발전에 따른 급격한 의료비의 증가 등에 대처하기 위하여 자유세계 국가들은 의료문제를 사회보장의 테두리 안에서 다루도록 하였다. 1977년에는 72개 국가가 이미 사회보장제도로 의료보험제도를 실시하고 있었다. 의료보험은 질병위험에 대해서 생활기반을 같이하는 사람들이 집단을 형성하여 갹출한 보험료에 의해 조성된 기금을 재원으로 해서 가입자 또는 부양자가 질병에 걸렸을 때 그 비용을 부담케 하려는 사회적 제도이다. 즉, 보험에 가입함으로써 피보험자는 소액의 일정한 보험료를 미리 부담함으로써 예측할 수 없는 질병 발생 시의 막대한 비용을 대체하게 되는 것이다.

우리나라에서는 1963년에 의료보험법을 제정하여 준비를 하였으나 당시의 여건상 시기상조였다. 당시 1인당 국민소득은 94.4달러였고, 국민 1인당 월 의료비 지출은 66원 70전이라는 빈약한 실정이었다. 이러한 국민의 경제력, 의료비 지출능력, 의료기관의 의료서비스능력 등을 고려할 때 시기상조라는 의견도 있어 최초의 의료보험은 임의제도로 출발하였다. 제도의 성격상 임의제도로 출발하였기 때문에 초창기에는 활성화

되지 못했다. 1965년 전남 나주에 있는 호남비료의 의료보험 조합이 처음 결성된 후 노동자를 위한 직장의료보험조합 3개가 시범적으로 운영되었다. 그러던 중 제1,2차 경제개발5개년계획이 성공적으로 끝나는 1971년 말의 국민 1인당 월 의료비 지출이 432원으로 향상 되면서 전국 각지에서 의료보험조합들이 많이 증가하게 되었다. 1976년에는 제1종인 노동자를 위한 피고용자 의료보험조합이 4개로, 제2종인 자영업자 시범의료보험 조합 7개 등 11개의 정부인가 조합을 통해 1만 6천여 명 이상의 피보험자와 5만 2천여 명의 부양가족 등 6만 8천여 명이 혜택을 받게 되었다.

정부는 1976년 말 의료보험법이 전면 개정된 후 6개월간 진료기관을 1차, 2차, 3차의 진료기관으로 체계화하는 작업과 보험수가와 보험약가를 하나하나 관계협회와 협의하면서 결정하는 복잡하고도 어려운 문제를 해결하고 드디어 1977년 7월 1일부터 시행에 들어갔다.

의료보험제도가 정착되어감에 따라 처음에 5백인 이상 사업장 근로자만을 대상으로 하던 것을 1979년 7월부터는 3백인 이상, 1981년 1월부터는 1백인 이상, 1983년부터는 16인 이상의 사업장 근로자까지 강제적용 대상으로 확대했으며 당초 피보험 대상에서 제외되었던 공무원은 1979년부터, 군인은 1980년, 사립학교 교직원은 1981년부터 관계법의 개정으로 의료보험의 혜택을 받게 되었다. 더욱이 1981년 7월부터는 지역주민을 대상으로 강제 적용할 수 있도록 하여 시범적으로 옥구·군위·홍천 주민에 대해 적용하였고 1982년 7월에는 강화·보은군 주민과 목포시민에 대해서도 확대 적용하여 매년 시범지역을 확대하였다. 이렇게 시범지역을 확대 실시하여 1989년부터는 모든 국민이 의료보호나 의료보험의 혜택을 받게 되었다.

이를 계기로 현대건설의 정주영 회장은 1977년 1월 아산재단을 설립하여 지방이나 오지 지역에서 종합병원의 혜택을 받을 수 있도록 인제, 영덕, 보성, 보령 등에 일류 종합병원을 건설하였다. 또한 대우의 김우중 회장도 대우재단을 1978년 1월에 설립하고 신안, 진도, 완도 등 세 도서지역과 무주의 오지에 종합병원을 설립하여 운영해 오고 있다.

의료복지제도는 정부와 의료 서비스를 받는 당사자들의 노력과 함께 자본주의 사회에서의 가진 자들의 희생이 함께 어우러져 한국적 의료복지시대를 열었다고 할 수 있다. 이는 박대통령의 혜안과 관심, 국가 재정을 고려한 단계적 시행 등, 미래 국민들의 행복한 삶을 영위할 수 있도록 기반을 수립한 것이 무엇보다 주효했다고 할 수 있다.

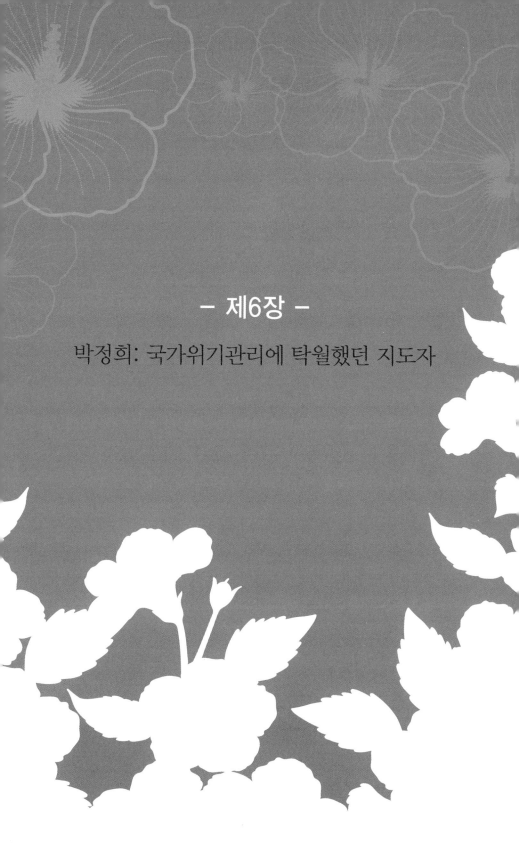

– 제6장 –

박정희: 국가위기관리에 탁월했던 지도자

✿ 두 번의 외환위기를 극복하였다

　제1차 외환위기의 시작은 1962년부터 시작된 제1차 경제개발5개년계획의 의욕적 추진에서부터 비롯되었다. 문제는 보유하고 있는 외화는 얼마 없는데 공장을 건설하기 위한 기자재와 수출에 필요한 원자재의 구입을 위한 외화의 수요는 지천에 널려있다는 점이었다. 특히 1962년과 1963년에는 농업생산의 부진에 따라 양곡 부족을 보충하기 위하여 1억 2천만 달러에 해당하는 식량을 도입하게 되어 국제수지에 큰 압박을 가져왔다. 이에 따라 1961년 말 외환보유고가 2억 달러였던 것이 1963년 말에는 1억1천만 달러로 감소하였다. 반면에 차관 도입은 전쟁 우려국이라는 이유로 성사되기가 힘든 상황이었다. 이것이 바로 제1차 외환위기였으며 정부는 이런 상태로 제1차 경제개발5개년계획을 계속 추진할 수가 없는 상황에까지 내몰렸다.

　제1차 외환위기의 타개책은 외환 유입이 어려우니 외환 유출을 막는 것이 급선무였기 때문에 제일 먼저 제1차 경제개발5개년계획을 축소하기 시작하였다. 강력한 의지를 가지고 추진했지만 진척이 미진한 종합제철사업은 차기사업으로 미루었고, 금속, 기계공업 등 중공업분야는 제1차 경제개발5개년계획의 수정 보완 작업 시 거의 배제되었다. 경공업 및 화학공업분야도 당초 23개 사업을 12개 사업으로 축소하였다. 연

평균 성장률도 당초 7.1%에서 5%로 하향 조정하였고 총투자도 50.8%에서 31.9%로 대폭 축소하는 한편, 외자도입계획도 8.9%에서 3.2%로 줄였다. 또한 민간사업에 대한 정부의 지불보증을 중지하였고 생필품의 수입도 극도로 제한토록 했다.

박 대통령은 1964년 12월 7일부터 14일까지 서독을 공식 방문하여 직접 차관도입에 나서기도 하였다. 에르하르트 수상은 독일의 5대 재벌을 불러 조찬을 하면서까지 한국을 돕고자 했다. 이리하여 재정차관 1,350만 달러, 상업차관 2,625만 달러 합계 3,975만 달러를 공여 받았다. 이것이 1차 외환위기를 극복하는데 크게 기여하였다. 그리고 광부 및 간호사의 파독, 월남 파병 등에 의한 인건비 송금으로 부족한 외환을 보충해 갔으며, 근본적으로는 수출위주의 경제정책을 통한 외화 수입이 문제를 해결해 나갔다고 할 수 있다.

제1차 외환위기가 내재적 원인에 의해 발생한 것이라면 제2차 외환위기는 외재적 환경에 의해 발생한 위기였다. 제2차 외환위기는 중동전쟁의 발발에 따라 발생된 제1차 석유파동에 기인하였다. 제1차 석유파동은 세계경제 전체를 위기로 몰아넣었으며 그 위기규모도 훨씬 큰 것이었다. 우리나라는 제1차 경제개발5개년계획이 성공하면서부터 에너지 소비가 증가함은 물론 에너지의 질도 변하기 시작했다. 그리고 정부의 에너지 정책도 1968년을 기점으로 석탄에서 석유로 바뀌어 갔고 1972년에는 국내 소비 에너지의 50% 이상을 기름으로 바꾸는 주유종탄(主油從炭) 정책으로 전환되었다. 이러한 상황에서 1973년 제4차 중동전쟁[1]이 발발하고 그 여파로 원유가격이 대폭 인상되었다. 인상 내용은 1972년 말 2.6달러이던 원유가가 1973년 10월에는 5.1달러, 1974년 1월에는 11.7달러로 다시 폭등하여 1년 만에 원유 가격이 4.5배로 뛴 것이다. 이에 따라 1973년의 경상수지적자는 3억 880만 달러였는데, 1974년에는 1973년의 6.5배인 20억 2,270만 달러로 크게 확대되었다.

《뉴스위크》와 《타임》도 석유가격 폭등을 커버스토리로 여러 번 취급할 만큼 1973년의 중동전쟁과 그 결과인 에너지 위기는 전 세계를 뒤흔든 엄청난 사건이었다.

우리나라의 에너지원은 대부분 해외 수입에 의존하고 있었기 때문에 원유가격의 폭등은 우리나라 경제를 뿌리채 흔들어놓았다. 원유가의 폭등은 원유에서 생산되는 각종 석유제품 가격의 인상, 수출감소, 국제수지의 적자 확대, 보유외환 고갈 등, 기반자체가 흔들리면서 우리나라 경제는 총체적으로 침몰 직전의 위기에까지 내몰리는 비극적인 상황을 맞게 되었다.

정부는 청와대가 중심이 되어 1973년 12월 중순부터 원유가

---

1) 제4차 중동전쟁은 1973년 10월 6일 이집트와 시리아가 이스라엘을 기습 공격한 전쟁으로 제1차 석유파동의 원인이 되었다. 이집트와 시리아를 지원하는 아랍8개국이 참전했지만 이스라엘의 반격으로 전세가 불리해지자 아랍측이 10월 16일 휴전을 제의했다. 휴전을 제의하면서 이스라엘을 지원하는 국가에 석유수출금지, 산유량 20% 감산, 유가인상을 발표했다. 유엔은 10월 22일 안보리를 소집하고 정전결의안을 채택한 후 정전명령을 내렸고 11월에 정전협정이 이루어졌다.

폭등에 따른 대책수립 작업을 시작하여 1974년 1월 10일에 완성한 '국민생활의 안정을 위한 대통령 긴급조치 제3호'(1.14조치)를 시행하였다. 그러나 원유가 폭등에 대한 긴급조치를 발동했음에도 불구하고 국내경제는 개선될 기미가 보이지 않았다. 국제경쟁력은 추락하고 국제수지는 악화되어 국가부도위기가 서서히 다가오고 있었다.

이 시기에 임명된 김용환 재무부장관은 미국 워싱턴에서 개최되는 IMF와 세계은행의 제29차 연차총회에 참석하는 동안 메이저급 은행들로부터 은행차관을 확보하기 위해 동분서주했다. 그런데 미국 메이저급 은행들의 회장들은 쉽게 만나주지 않았다. 한국은행 총재 역시도 함께 백방으로 뛰고 있었으나 메이저급 은행들과의 접촉이 쉽지 않음을 알려오는 상황이었다. 국제금융시장에서는 이미 '한국경제는 끝났다.'라고 평가하고 있었던 것이다.

뉴욕에서 김용환 장관은 먼저 IMF 아시아국장 툰틴을 만나 우선 우리경제의 실정과 정부의 대책을 설명 한 후 원화의 20% 평가절하와 스탠-바이 차관을 요청하였다. 툰틴은 즉석에서 한국의 대응방안과 정책의지에 감명을 받았다고 하면서 요청을 받아주었다. 툰틴의 협조 덕분에 IMF로부터 1974년부터 1976년까지 3년간에 걸쳐 3억4천2백만의 특별인출권(SDR)을 지원받을 수 있었다.

김용환 장관은 그 다음에 국제금융시장에서 은행차관을 교섭하였다. 맨 먼저 워싱턴에서 체이스은행의 록펠러 회장을 만나 우리가 할 수 있는 자조적 노력으로 소비억제 노력, IMF와의 협력 약속, 금융의 국제화를 통한 극복의지 등을 설명하면서 2억 달러를 빌려주면 빠른 시일 내에 경제를 회복시켜 상환하도록 노력하겠다는 취지의 논리로 설득했다. 록펠러 회장이 설명을 듣고 즉석에서 FNCB의 리스턴 회장, 모건 개런티 투자은행의 프레스턴 회장 등, 거물은행가들에게 전화를 걸어 도울 수 있는 데까지 도와주자고 설득하였다. 덕분에 뉴욕의 여러 은행들과 샌프란시스코의 아메리카은행 등으로부터 2억 달러의 은행차관이 성사되었다. 모건 개런티 투자은행, FNCB 시카고은행, 체이스은행, BOA 등 5대 메이저급 은행을 주간사은행으로 하여 이들이 각각 2,000~3,000만 달러씩을 맡는 원칙 하에 2억 달러의 은행차관 계획은 성공적으로 마무리되어 우리나라가 제2차 외환위기를 응급조치하고 넘어가는 계기가 되었다.

✺ 1970년대 석유위기를 극복하였다

제1차 석유위기는 두 가지 측면에서 한국경제에 문제를 제기하였다. 첫째는 원유가격의 갑작스런 인상과 함께 원유공급 측면에서 한국이 필요한 양만큼의 원유를 공급받지 못하는 문제였다. 두 번째는 원유가의 급등이 국내의 물가 폭등을 가져오는 문제였다.

공급적인 측면에서 중동의 석유생산자들이 절대 공급량을 줄였기 때문에 한국에 석유를 공급하는 미국의 걸프, 칼텍스, 유니온 오일 등 3사는 1973년 11월 6일 원유 공급을 감축하겠다는 통보를 하여왔다. 걸프측은 30%, 칼텍스는 10%, 유니온 오일은 20% 등, 평균 22%를 감량하게 되는 결과가 되므로 우리나라 경제가 당장 마비될 입장이었다.

그러나 우리나라는 놀라운 순발력과 조직력으로 제1차 석유위기를 극복해 나갔다. 박 대통령은 석유3사의 본사가 있는 미국에 오원철 경제2수석을 보냈다. 중동의 석유생산국들이 원천적으로 석유생산량을 줄였기 때문에 걸프나 칼텍스, 유니온 오일 등 3사는 어느 나라엔가는 절대량을 줄여 공급할 수밖에 없는 구조였다. 먼저 걸프와의 교섭에서 걸프의 도시 회장에게 '한국의 에너지원은 석유밖에 없고 석유도 모두 중동에서 수입한다. 그것도 100%를 미국계 3개사를 통해 공급받고 있으며 한국의 유류소비는 산업용이 대부분이다. 한국은

60만의 군인을 보유하고 있어 유류가 부족하면 군대운영이 어렵다.'는 이유를 들어 유류공급을 최대한 늘려 주도록 요청했다. 이런 노력 끝에 걸프사로부터 전년 동기 대비 7.8%가 증가된 원유공급을 약속받았다. 칼텍스와 유니온오일도 같은 수준으로 협상을 마무리하여 충분한 원유를 확보하였다.

또한 지속적인 에너지 공급을 보장받기 위해 박 대통령은 1973년 12월에 들어서면서 외무장관 출신인 최규하 외교특보를 특사로 하여 중동 산유국에 사절단을 보냈다. 최 특보를 비롯한 김정태 외무부 경제차관보, 최종명 상공부 차관보 등 특보단 일행은 12월 15일 사우디에 도착하자마자 이스라엘의 점령지 철수 같은 친 아랍정책을 발표하여 우호국으로 보장받기 위한 외교적 노력을 추진하였다.

이와 같은 공급확보 측면에서의 노력과 병행하여 유류소비 측면에서의 대책도 세웠다.

우선 에너지 10% 절약운동을 추진하였다. 제일 먼저 영업시간을 단축하였다. 11월부터 에너지 다소비 업체인 목욕탕, 다과점, 다방, 음식점 등 업소에 대해 저녁 8시 또는 9시, 10시 이후에는 영업을 하지 않도록 영업시간을 단축하였다.

그 다음 의료기관과 관광업소를 제외한 유흥업소, 음식점, 다과점, 목욕탕, 백화점 등에 네온사인을 사용하지 않도록 했다. 버스의 배차시간 조정, 관용차의 운행 제한 그리고 자가용도 공휴일에 한해 사용을 규제했다. 난방용 유류에 대해서도 대도시 아파트, 병원, 학교, 호텔 및 가정용까지 일정량의 감량조치를 취하였다. 기타 방송시간 조정, 관공서와 국영기업체 사무실 전구의 3분의 1을 줄이고 공무원 출근 및 퇴근 시간을 조정하였다.

두 번째로 원유가격 인상에 따른 종합물가대책을 세우고 실천에 들어갔다.

1차로 가격인상조치를 취하였다. 1973년 12월 5일, 석유류는 42%를, 일반물가는 30%를 인상했다. 석유가격 인상에 직접적으로 연동되는 전기료 7%, 비료 30%, 나일론사 32%, 설탕 16%, 배합사료 25%, 전분 42%, 판유리 25%, 목장우유 15%, 분유 10% 등 10개 품목의 가격을 인상하였다.

2차로 긴급조치 제3호, 일명 1.14조치를 발동하였다. 1.14조치의 내용은 세제측면에서 재산세 면세점 인상, 근로소득세, 사업소득세 및 주민세를 1974년 연말까지 면제 또는 대폭 경감하며 버스 및 택시의 통행세를 감면하였다.

3차로 석유류 가격을 재차 인상하였다. 대통령 긴급조치 제3호가 발동된 지 5일 후인 1974년 1월 19일 우리나라에 원유를 공급하는 걸프, 칼텍스, 유니온 오일 3사는 원유값 인상을 1월1일부터 소급적용하겠다면서 걸프는 배럴당 9.50달러, 나머지 두 회사는 8.50~8.80달러의 인상안을 통보해 왔다. 이에 따라 1974년 2월 1일 석유류값 82%, 전력요금 30%, 버스요금 20%, 택시요금 66%, 철도요금 화물 5% 승객 15%, 해운요금

50% ~109%, 항공요금 60%, 고속버스 요금 20% 등 석유 연동 제품가격을 인상하였다. 대통령 긴급조치3호의 발동과 석유 류가격의 현실화, 석유와 연동되는 제품 및 생필품의 가격현 실화에 따라 그동안 매점매석하던 국민들의 인플레심리가 어 느 정도 안정되고 질서가 잡히기 시작했다.

1973년 중동전쟁을 계기로 파생된 제1차 석유파동에 대해 박 대통령은 특유의 순발력으로 국난에 버금가는 엄청난 재 앙을 조기에 극복하였다. 석유수급문제, 물가문제, 인플레 불안심리 해소 등의 단기적인 해결책뿐만이 아니라, 석유비 축 시설의 확대, 에너지원을 원자력으로 돌려 석유 부담비율 을 완화하는 등의 장기적인 대책까지도 마련함으로써 제2차 석유 위기를 극복하는데도 충분한 면역기능을 했다. 한 마디 로 '위기를 기회로' 만들은 것이다. 그 결과 우리나라는 1972 년 7.0%, 1973년 16.7%, 1974년 8.7%, 1975년 8.3%, 1976년 15.1%의 경제성장을 이룩할 수 있었다.

❀ 매일 매일이 전쟁 같은 전쟁위기를 극복하였다

5.16혁명이 일어난 1961년은 1950년 6.25전쟁이 일어나고 11년, 1953년 휴전이 된 지 8년 째 되던 해였다. 지금도 휴전 상태이긴 하지만 지금과는 완전히 다른 상황이었다. 심심찮케 휴전선 부근에서 교전이 있었고 전방에서는 자고 나면 군인의 목을 베어간다는 소문이 횡횡하던 그런 상황이었다.

북한은 1962년부터 군사적 행동을 확대하기 시작하였다.

첫째, 북한은 1962년 12월 노동당 제4기 5차 전원회의에서 4대 군사노선을 발표하였다. 북한식 자주국방을 위해 전군의 간부화, 전군의 현대화, 전 인민의 무장화, 전 지역의 요새화가 바로 그것들이다. 4대 군사노선은 당시 미국의 월남전 참전과 소련과 중국의 분쟁 등, 국제정치의 정세 변화가 이러한 군사노선 채택의 배경으로 분석되고 있다.

둘째, 1965년 9월에는 중국의 모택동이 김일성에게 '월남의 베트콩식 무력해방을 남한에서 실시하라.'는 지시를 내렸다. 모택동의 지원을 받은 북한 김일성은 1966년 후반기부터 제2 베트남 식 공산혁명전쟁을 강화하기 시작하였다.

셋째, 북한은 1967년부터 대남 게릴라전을 확대하기 시작했다. 휴전 이후 대남 도발은 1년에 30~40여건에 지나지 않았으나 1967~1968년에 들어서자 10배 이상 대폭 증가했다.

- 1960년대 후반의 북한 도발-

구분		1965	1966	1967	1968	1969
사건 수	비무장지대	42	37	445	542	99
	한국 후방	17	13	121	217	39
교전 회수	비무장지대	23	19	122	236	55
	한국 후방	6	11	96	120	22
사망자	북한군	4	43	228	321	55
	한국 및 미군	21	35	131	162	15
	한국 민간인	19	4	22	35	19
부상자	한국 및 미군	6	29	294	294	42
	한국 민간인	13	5	53	16	17
포로	북한군 포로	51	19	57	63	6

(오원철 '박정희는 어떻게 경제강국 만들었나')

1967년에 북한이 도발한 주요한 사건들을 간추려 보면, 해군 당포함 격침 사건(1.19), 비열도 간첩선 격침사건(4.17), 강릉 고단지구 무장공비침투사건(5.21), 연평도 근해 어선 포격사건(5.27), 경원선 폭파사건(9.5), 경의선 폭파사건(9.13) 등이 있다.

1968년에는 청와대 기습 습격사건(1.21), 푸에블로호 피랍사건(1.23), 울진·삼척 무장공비 침투사건(10.30) 등이 있었고, 1969년에는 미국 EC-121 정찰기 격추사건(4.15), 1차 흑산도 간첩단 격침사건(6.9), 2차 흑산도 간첩선 격침사건(10.23), 대한항공 YS-11기 납북사건(12.11) 등이 일어났다.

1970년대에도 해군 방송선 피랍사건(1970.6.5), 대통령 암살기도 현충문 폭파미수사건(1970.6.22), 대한항공 F-27기 납북미수사건(1971.1.23), 소흑산도 근해 간첩선 격침 사건(1971.6.1), 추자도 무장공비 침투사건(1974.5.20), 해경 863경비함 격침사건(1974.6.28), 육영수 여사 피격사건(1974.8.15), 휴전선 남침용 땅굴사건(1974.11.5), 판문점 도끼 만행사건(1976.8.18) 등, 북한의 만행은 그칠 줄을 모르고 계속되었다.

　아래에 대표적인 사건들만 몇 가지 간추려 보았다.

▷북한 124군 특수부대원들의 청와대 기습 습격사건

　1·21청와대 기습사건이란 북한이 박 대통령을 암살할 목적으로 124군 특수부대원으로 구성된 테러단을 남파하여 청와대를 기습한 사건이다. 북한은 박 대통령을 살해하기 위하여 1968년 1월 16일 31명의 테러단을 황해도 연산에서 출발시켰다. 그들은 한국군 26사단 마크가 부착된 국군복장에 개인화기로 개머리판을 접을 수 있는 AK소총, 소련제 TT권총, 수류탄 10발 및 대전차 수류탄 2발, 실탄 300발 등으로 무장하였다. 그들은 1968년 1월 17일 밤 8시에 북한의 비무장지대 최남단의 연천군 매현리 초소를 출발하여 미 2사단 방어구역으로 침투하였다. 그들은 1월 19일 저녁 8시에 법원리 뒷산에서 출발하여 시속 10km로 법원리-마티산-앵무봉-노고산-진관사-북한산으로 이어지는 능선으로 침투하여 1월 20일(토요일) 새벽 4시경에 북한산에 도착하여 승가사 아래에서 휴식을 취하였다.

그들은 1968년 1월 21일 밤 8시경에 북한산을 내려오기 시작하여 밤 9시 30분경에 일반도로에 도착하여 청와대를 향해 걸었다. 밤 10시 15분경 종로경찰서 최규식 서장과 마주쳐 무장공비 중 한명이 최규식 서장을 향해 사격을 하면서 1·21사태가 본격화 되었다. 1·21사태로 31명의 무장공비 중 27명 사살, 1명 도주 중 사망, 1명 생포(김신조), 2명은 월북하였다. 이 사태로 우리측 사상자는 최규식 종로경찰서장을 비롯하여 민간인 7명이 사망하고 대령 1명을 포함하여 군인 23명이 전사했으며 부상자만도 52명이나 되었다.

▷미 정보 수집함 푸에블로호 납치사건

청와대 기습사건 이틀 후인 1968년 1월 23일 새벽에 푸에블로호가 북한 해안 40 km 지점의 동해 공해상에서 북한의 초계정 4척과 미그기 2대에 의하여 강제로 납치된 사건이다. 이 때 북한 측의 사격으로 1명이 사망하였으며 나머지 승무원 83명은 모두 피랍되었다.

미국은 북한의 이러한 무모한 도발행위를 비난하고 푸에블로호 및 그 승무원의 즉각 송환을 강력히 요구하였다. 한편, 핵추진 항공모함 엔터프라이즈호와 제7함대의 구축함 2척을 출동시켰다. 또한 미국은 즉시 국가안보회의를 열어 그 대응책을 강구하는 한편 판문점에서 군사정전위원회 소집을 요구, 북한에 대해 푸에블로호 납치의 부당성을 항의하였다. 그리고 소련을 통한 외교적 송환 노력을 하였으나 거절당하였다.

미국은 336일 동안 28차례의 회담을 통해 사건발생 후 11개월이 지난 1968년 12월 23일 11시 30분 판문점을 통해 승무원 82명과 유해 1구를 송환받았다. 반면에 푸에블로호 함정과 거기에 설치된 비밀전자장치는 모두 북한에 빼앗겼다.

납치 승무원을 송환받는 판문점에서 미국 측 대표 우드워드 준장은 '푸에블로호가 북한 영해에 침입했다는 수긍할 만한 증거가 없으며 우리가 믿을 수 없는 사실에 대해 사과할 수 없다.'고 말하고 '다만, 승무원들의 석방을 위해 이 문건에 서명한다.'고 발표한 뒤 북한 측과 협의한 문서에 서명했다.

부에블로호 납치사건은 납치된 지 336일 만에 승무원들을 인수받고 마무리 되었다.

▷북한 124군 특수부대원 울진 · 삼척 무장공비 침투

울진삼척무장공비 침투사건은 1968년 10월 30일부터 11월 2일 사이에 북한의 124군부대원 120명이 동해안 울진 · 삼척지방에 유격대 활동거점 구축을 목적으로 침투한 사건이다.

북한은 10월 30일 울진군 북면 나곡 4리에 30명, 11월 1일에는 울진군 북면 나곡 6리에 30명, 11월 2일에는 삼척시 원덕읍 월천2리에 60명 등, 모두 120명의 테러범들을 3일간에 걸쳐 야음을 틈타 침투시켰다. 무장공비들은 군복 · 신사복 · 노동복 등의 갖가지 옷차림에 기관단총과 수류탄을 지닌 채 주민들을 집합시켜서 북한책자를 배포하고 북한의 발전상을 선전하는 한편, 정치 사상교육을 시키면서 인민유격대 가입을 강요하였다. 울진군 북면 고수골의 경우, 11월 3일 새벽 5시 30분쯤 7명의 공비가 나타나서 '경북 경찰대에서 주민등록증 사진을 찍어주러 왔다.'라는 말로 마을사람들을 모은 다음, 사진을 찍고 위조지폐를 나누어 주며 사상 선전을 하고 유격대지원 청원서에 서명할 것을 강요하였다.

이 때 이 마을에 나타난 양양군 장성읍에 거주하는 전병두(당시 32세, 노동)를 대검으로 찔러 죽이는 만행을 저질렀다. 삼척군 하장면의 한 산간마을에서는 80세 노인, 52세의 며느리, 15세의 손자 등 일가 세 사람이 난자당하였으며, 평창군 산간마을에서는 10세의 이승복 어린이가 '나는 공산당이 싫어요.'라는 절규와 함께 처참한 죽음을 당하였다.

한편, 당국은 1968년 11월 3일 오후 2시 30분을 기하여 경상북도와 강원도 일부 지역에 을종사태를 선포하고, 대간첩대책본부의 지휘 아래 군과 향토예비군을 출동시켜 소탕전을 벌였다. 소탕작전은 11월 3일부터 12월 28일까지 56일간, 11개부대가 동원되었으며 경찰 및 예비군 4만 7천여 명이 투입되었다. 소탕작전결과 107명을 사살하고 4명 생포, 3명 자수, 6명 도주로 작전이 종결되었다. 작전 중에 우리 측은 군인 전사자 34명, 부상자 50명, 민간인 피살자 31명의 인명피해를 입었다.

▷미 EC-121 군정찰기 격추

미 EC-121 군정찰기 격추 사건은 일본의 아쓰기 해군 비행장을 출발한 미국 해군 소속 EC-121 워닝스타 조기경보기가 1969년 4월 15일 14시경 동해상 152km지점에서 북한 공군 미그21 전투기 2대의 공격을 받아 해상으로 추락하여 탑승한 승무원 31명의 인명피해를 입었다.

미 국무부가 2010년 5월에 비밀 해제한 외교문서에 따르면 당시 닉슨 행정부 외교안보팀은 미 정찰기 격추 대응 방안을 놓고 이견을 표출하며 열띤 토론을 펼쳤고, 다양한 견해들 속에서 닉슨 대통령의 최종 결정으로 군사적 대응을 피한 것으로 나타났다. 닉슨 대통령은 당시 격추사건 이튿날인 4월15일 헨리 키신저 백악관 국가안보보좌관을 통해 북한 요격기 이륙 비행장 공습, 원산항 해상봉쇄, 원산항 기뢰 폭파, 잠수정 발사어뢰를 통한 북한 군함공격 등, 군사적 옵션의 세부 방안을 국방부가 검토해 보고하도록 지시했다.

또 미국의 군사보복 이후 북한이 한국의 미군기지나 목표물에 제한적 공습을 하거나, 비무장지대(DMZ)를 넘어서 전면적인 공격으로 나올 경우에 대비한 대응 체제 구축 시나리오도 함께 마련토록 했다.

외교적 옵션으로는 북한이 제안한 판문점 군사정전위 논의, 유엔 회부 등이 제기됐으나 로저스 장관은 판문점 군정위 논의 반대 입장을 밝혔고, 유엔에 회부할 경우 '왜 미국이 정찰활동을 했느냐?'고 문제를 제기하는 국가들 때문에 유엔의 대응을 이끌어낼 수 없다는 쪽으로 결론지었다.

최종 결론은 가장 어정쩡한 보복인 4월 19일부터 26일까지 핵항공모함 엔터프라이즈호를 비롯한 40척의 함정으로 구성된 71기동함대를 동해에 진입, 원산앞바다에서 무력시위를 하는 것으로 종결되었다.

▷국립묘지 현충문 폭파미수 사건

북한이 박 대통령을 암살하려는 시도는 세 번 있었다. 그 첫 번째가 1968년 1월 21일 북한의 124군 부대 특수요원 31명의 청와대 습격사건이고, 두 번째가 1970년 6월 22일 새벽 3시 50분경 호국영령들이 잠들어 있는 동작동 국립현충원에 무장공비가 잠입해서 폭발물을 설치하려는 시도였으며, 세 번째가 1974년 8월 15일 국립극장 8.15경축식에서 문세광이 대통령을 암살하려고 한 시도였다.

국립묘지 현충문 폭파사건은 6.25 전쟁 20돌 기념식장에 참석예정인 박 대통령을 비롯한 요인들을 암살하려는 목적으로 현충문 지붕 위에 폭발물 설치하던 도중 실수로 폭발하여 공비 1명이 즉사하고 나머지 공비들은 달아나면서 테러 전모가 밝혀진 사건이다. 당시 박 대통령은 6·25기념일에 국립묘지를 참배하는 것을 관례로 삼고 있었는데, 공비들은 이를 이용해 박 대통령과 정부 요인들을 암살하려했던 것으로 분석됐다.

폭발물은 반경 30미터 안의 인명 살상이 가능한 클레모어와 유사한 고성능 폭약이 사용된 것으로 밝혀졌다. 대간첩대책본부는 북괴 요원들이 우리 측 주요 인사들이 참배를 위해 현충문을 통과하는 순간, 유·무선을 통해 폭파시키려 했다고 발표했다.

군·경·예비군 합동수색대는 6월 22일 국립현충원 일대를 수색하여 공비 1명의 시체와 권총 1정, 실탄 32발, 폭발물 잔해와 한화 12만원, 경기도 광주군 지도, 가짜 주민증 1점 등을 수거했다. 그리고 7월 5일 오후 김포지역에서 작전을 전개하여 김포 서쪽 10km 지점의 산에서 공비로 추정되는 자들을 포착하여 교전 끝에 2명 모두 사살했다. 교전에서 아군은 기관단총 1정, 권총 1정, 대검 1개, 미화 150달러, 한화 51만원, 라디오 1대 등을 노획·수거했다.

▷육영수 영부인 암살 사건

육영수 여사 암살사건은 1974년 8월 15일 국립극장에서 거행된 광복절 기념식에서 조총련계 재일교포 문세광이 박 대통령을 암살하기 위해 권총을 발사하였으나 대통령은 암살을 모면하고 옆에 있던 육영수 여사가 피살당한 사건이다.

문세광은 1974년 8월 15일 오전 7시 조선호텔에서 준비해준 포드 M-20 승용차를 타고 오전 9시 정각에 국립극장에 도착하여 검문을 받지 않고 들어갔다. 박 대통령의 연설이 약 10

분정도 진행되었을 때 문세광이 일어나 허리춤에 차고 있던 권총으로 1탄은 오발하고 2탄을 대통령을 향해 쏘았으나 연설대의 중간을 맞췄고, 제3탄은 불발이었고 제4탄을 육영수 여사를 향해 총을 쏘았다. 이것이 육영수 여사의 머리를 관통하여 치명상이 되었다. 육영수 여사는 서울대학교 의과대학 부속병원으로 후송되어 5시간 이상의 응급수술을 받았으나 오후 7시 향년 48세로 사망하였다. 문세광은 대법원에서 사형선고 후 그해 12월 20일에 형이 집행 되었다.

박 대통령은 이런 긴박한 상황 속에서도 담대하고 냉철하게 행동하였다. 박 대통령은 약 2분후에 연대 위로 몸을 드러내고 다시 연설을 시작하였다. 겁먹거나 당황한 기색 없이 정확하게 중단했던 기념사의 위치를 찾아내 읽기 시작했다.

그날 참석했던 《워싱턴포스트》 기자인 돈 오버도퍼는 '그날 내가 가장 놀란 것은 문세광의 총격이 아니라 박 대통령이 연설을 재개한 것이다. 아내가 총에 맞아 실려 나갔는데 연설을 계속하다니, 그것도 아무 일 없었다는 듯이 차분하게…. 우리 미국인의 기준으로는 도저히 상상은 물론 이해 할 수 없는 일이었다.'고 말했다.(조갑제, 박정희 11권)

❀ 야당의 극렬 반대를 극복하고 예비군을 창설하였다

1968년 1월에는 두개의 큰 군사적 사건, 즉, 청와대 습격사건과 푸에블로호 납치사건이 북한에 의해 저질러졌다. 이에 대한 대책을 논의하기 위해 한미고위급회담이 1968년 2월 6일 오전에 중앙청에서 열렸다. 한국 측에서는 국무총리를 비롯한 외무부 장관, 국방부 장관, 중앙정보부장, 합참의장 등 고위급과 미국 측에서는 유엔군 사령관, 주한 미국 대사 등이 참석했다. 이 회담에서 정일권 총리는 미국 측에 '1월에 발생한 2개의 사태와 유사한 사태가 재발 시 미국은 한국과 공동으로 즉각 보복 조치를 취한다.'는 내용의 각서를 한국 정부에 제출해 줄 것을 요구했다. 만약 이 요구안에 대해 미국 측이 미온적일 때는 한국은 단독으로 '모종의 중대 조치'를 취하겠다고 통고했다.

한편, 박 대통령은 1968년 2월 6일 저녁에 국무총리를 비롯한 국방부 장관과 각군 참모총장들을 식사에 초대해 놓고 예비군의 필요성을 언급했다. 박 대통령은 '우리도 강력한 예비군을 가져야 하지 않겠나. 그놈들이 기껏해야 소총하고 수류탄 몇 발 들고 오는데 우리 예비역들 200만 명 정도만 무장시켜 각 지방에서 공비가 나타나면 예비군들이 대항하면 되지 않을까?'라고 하면서 김성은 국방부장관에게 예비군 조직 편성을 지시했다.

예비군 부대 편성안은 읍면단위에 1개 중대규모를 편성하고 지휘는 경찰 지서장이 하며 사태가 발생했을 때는 선 조치, 후 보고하는 방식을 취하는 형태로 윤곽이 잡혔다. 이는 예비군들은 자기 구역 내에 침투한 공비들을 가두는 역할을 하고 섬멸은 현역이 하는 개념의 예비군 부대편성이었다.

예비군의 무장은 미군이 M16을 주력화기로 선택함으로써 폐기장비가 된 카빈소총과 M1소총 100만 정 및 실탄 5,000만 발을 무상으로 지원받아 할 수 있게 했다.

이러한 모든 과정이 마무리 되어 1968년 4월 1일 대전 공설운동장에서 대한민국 향토예비군이 창설되었다. 이렇게 창설된 예비군은 1968년 10월30일부터 11월 2일까지 경북 울진군과 강원도 삼척시에 침투한 무장공비 120명을 소탕하는데 제일 먼저 효과를 보았다.

1967년부터 북한의 게릴라전을 대비한 향토방위법 제정을 검토했으나 국민의 기본권을 침해하는 것이고 국방은 군인들이 하는 것이지 왜 일반국민에게 과중한 책임을 맡기느냐는 등, 야당의원들을 비롯한 지도층들과 대학 교수들을 포함한 지식층에 있는 사람들, 그리고 언론계에서 강력하게 반대해 왔다.

그 당시 야당인 신민당은 향토예비군 설치법 폐지안을 제안하였으나 1968년 6월 20일 국방위원회에서 표결에 부쳐 재석 12명 중 찬성 3명, 반대 9명으로 부결되었다. 제안 설명에 나선 김영삼 의원은 예비군법의 폐지 이유로 '예비사단과 경찰력의 강화 및 장비 개선으로 이 법이 없이도 북괴의 도발을 막을 수 있고, 이 법은 국민의 인권을 저버리는 위헌법률이며, 그동안 운영결과 많은 문제점이 드러났기 때문'이라고 주장했다.

그리고 1971년도 대통령 선거에 출마한 김대중 후보는 한국의 안보문제를 놓고 첫째 미·일·소·중의 4대국에 의한 전쟁억제보장, 둘째 향토예비군의 무조건 폐지주장, 셋째 국군 감축을 주장한 바도 있었다. 1970년대의 상황으로서는 주한 미군의 철수를 전제로 하는 4대국 전쟁억제 보장론이나 국군 감축론, 예비군 폐지론 등이 현실성이 없던 때였다.

우리 역사상 안보문제를 당리당략 차원에서 접근함으로써 온 나라가 피비린내 나는 엄청난 국난을 가져온 사례도 있다. 임진왜란이 일어나기 2년 전인 1590년 3월 조선은 통신사를 파견하여 일본의 정세를 파악하고자 하였다. 정사에 중추부 첨지 황윤길(정3품), 부사에 성균관 사성 김성일(종3품) 등, 200여명의 통신사를 파견하였다. 이들은 무려 1년동안 일본에 머물면서 일본의 정세를 파악한 후 이듬해인 1591년 1월에 귀국하였다. 서인이었던 정사 황윤길은 '일본은 틀림없이 쳐들어온다.'라고 보고를 하자 동인이었던 부사 김성일은 '도요토미 히데요시의 눈이 쥐의 눈과 같다. 절대로 쳐들어오지 못한다.'라고 상반된 보고를 하였다. 이러한 보고에 같은 동인이었던 서애 유성룡이 김성일에게 '그대의 말은 황윤길의 말과는 전혀 다른데 만일 병화가 있게 된다면 장차 어쩔 작정이시오?'라고 물었다. 그때 김성일은 '나 역시 어찌 왜적이 끝내 군사를 일으키지 않는다고 단언하겠습니까. 그러나 단지 황윤길의 말이 너무 지나쳐 중앙이나 지방의 사람 모두가 놀라 당황할 것이므로 그것을 염려해서 그랬을 따름입니다.'라고 대답하였다.

그 결과는 왜군이 부산항에 쳐들어 온지 단 두 달 만에 조선 팔도가 일본의 수중에 들어가고 말았다. 그 때 선조는 백성을 버리고 자신만의 안위를 위해 명나라로 망명하고자 하였고 조정중신들도 대다수가 거기에 동의하였다. 이러한 선조의 모습은 지도자의 자세가 어떠해야 하는지를 보여주는 좋은 역사의 교훈이라고 생각된다.

6.25전쟁 때도 육군본부의 정보국에서는 북한의 남침 징조가 있다고 상부에 보고했으나 아무도 귀담아 듣지 않았다. 북한이 6월 25일 새벽에 남침했을 때 육군참모총장은 잠들어 있었고 참모총장에게 최초의 전화는 남침이 시작된 후 2시간이 지난 뒤에야 이루어졌다. 전군에 비상령이 내려진 것은 전면 남침이 시작된 후 4시간이 지난 뒤였다.

박 대통령은 한반도의 안보는 지정학적 위치 때문에 주변국들과의 세력균형이 이루어지고 스스로의 자주국방 역량이 있을 때만 유지될 수 있음을 늘 강조하였다. 예비군 창설은 북한의 게릴라전을 대비하기 위한 전략이며 군인출신 대통령의 전문가적 식견을 백분 발휘한 위업이라고 할 수 있다.

✿ 국민이 목숨 바쳐 지키고 싶은 나라를 만들려고
노심초사하였다

미국의 굴기를 가능하게 한 여러 가지 이유 중에서 가장 눈에 띄는 것이 사회지도층의 솔선수범이고 희생정신이 아닌가 생각된다. 6.25 전쟁에 참전한 미국의 장성급 이상의 자제가 142명인데 그 중에서 35명이 죽거나 부상당했다. 그들 중 당시 미8군 사령관 제임스 벤플리트 장군의 아들 짐 벤플리트 공군 중위가 사망하였으며, 마크 클라크 대장의 아들 빌 클라크 대위는 김화전투에서 부상당하여 본국 후송에서 치료중 후유증으로 사망하였다. 또한 미 해병 1항공단장 필드 해리스 소장의 아들 윌리엄 해리스 중령은 해병 1사단 대대장으로 중공군 포위망을 돌파하다 전사하였으며, 당시 대통령에 당선된 아이젠하워 대통령의 아들도 한국전에 참전하고 있었다.

이러한 지도층의 희생정신뿐만 아니라 국가를 위해 희생된 사람에 대해 국가가 끝까지 보살핀다는 원호제도가 있다. 한국전쟁에 참전해 전사한 미군 유해를 지금도 발굴하고 예를 갖추어 안장하는 것을 보고 미국이 세계에서 최강국의 자리에 오르는 데는 그만한 이유가 있다는 것을 다시 생각하게 한다.

우리는 조선 500년 동안 붓을 든 문인이 칼을 든 무인을 꼼짝없이 묶어둔 문치국가였고 문인이 지배계층을 형성한 대가로 임진왜란 때에는 왜군이 20일 만에 수도 한양을 점령하고 두 달 만에 전국토를 유린하는 결과를 가져왔다. 일본의 교토 시에 있는 이총(귀무덤)에는 12만 6천여 명의 조선인의 귀와 코를 전공품으로 베어와 무덤을 만들었고 2차 진주성 전투에서는 6만 여명의 군인과 민간인이 학살당하는 아픔을 겪었다. 병자호란 때에는 일주일 만에 수도 한양이 적의 수중에 들어갔으며 임금은 피난지도 제대로 선택하지 못할 정도였다. 병자호란의 결과 조선인 60만 명이 포로로 잡혀갔고 두 왕자가 인질로 잡혀가 고초를 겪음은 물론 임금이 청태종에게 한번 절할 때마다 세 번 머리를 땅에 부딪치는 삼배구고두(三拜九叩頭)의 수모를 당한 적도 있다.

이러한 전쟁을 수 없이 겪었음에도 반복되는 이유는 치자들의 호국에 대한 의식의 부족과 사회지도층의 솔선수범(Noblesse Oblige)의 전도 현상 때문이다. 임진왜란이나 병자호란 때에 사회지도층은 다들 도망가거나 피난을 가버리고 초야에 묻힌 선비들이나 사졸, 천민들이 전쟁에서 목숨을 건 투쟁을 했다.

5.16혁명 당시까지만 하더라도 국난극복과정에서 희생된 국민들의 넋을 기리는 국가적 제도나 국민들의 의식 속에 뿌리 내리고 있는 문화가 확립되어 있지 않았다. 미국이 아직도 6.25전쟁 중 희생된 미국 군인들의 유해를 발굴하는데 비해 우리는 4만 2천여 명에 달하는 국군 포로들을 송환하기 위한 노력을 역대의 그 어떤 정부도 하지 않았었다. 또한 누란의 위

기에 빠진 국가를 구하기 위해 6.25전쟁에 참여한 국가유공자보다 국가의 정치제도인 민주화운동에 참여한 자들에 대한 보상금이 훨씬 많은 나라에서 누가 목숨 바쳐 나라 지키는데 나서겠느냐는 것이다.

미국에는 '제대군인원호법'이 있다. 이 법은 제2차 세계대전 종전을 앞둔 1944년 루스벨트 대통령 시절에 만들어졌다. 1,600만 제대군인에게 교육, 주택, 보험, 의료, 직업훈련에 파격적 혜택을 주었다. 퇴역군인을 영어로는 베테랑(veteran : 노련한 사람, 경험이 풍부한 사람)이라고 한다. 제대군인을 어떻게 대우하느냐에 따라 나라의 품격이 갈린다. 캐나다는 '특별한 시민'으로 규정해 그들의 권리를 우선적으로 지켜주는 '재향군인 권리장전'을 두고 있다. 프랑스는 재향군인과 레지스탕스 출신을 위해 해마다 60조원을 쓴다. 영국은 재향군인 통합 서비스망을 만들고 사회복지기관과 함께 일대일 상담을 하며 어려움을 살핀다.(김형기 '조선일보 만물상')

1961년 5.16혁명이 일어날 때까지도 우리나라는 상이군경에 대한 원호제도가 확립되지 않아 여러 가지 사회적 문제를 야기하고 있었다. 대부분의 원호대상자들은 생계를 위해 문전걸식, 물건 강매, 강제기부요구 등으로 사회불안의 원인이었고, 전몰군경 미망인들은 더욱 더 생계가 어려운 절망상태에 빠져있었다. 또한 그들의 유자녀는 보호책도 없이 부량아로 전락하여 사회의 멸시의 대상이 되었다.

박 대통령이 5.16혁명 후에 시작한 일 중의 하나가 4.19의거 희생자, 6.25전쟁으로 인한 전몰군경, 일제 해방운동을 한 애국 지사들에 대한 지원과 보호 제도를 확립하는 일과 오랜 과거에 국난 극복과정에서 희생된 사람들에 대한 성소 만들기였다.

가장 먼저 1961년 7월 5일 법률 제647호로 군사원호청 설치 법을 제정하고 군사원호청을 설치하였다. 본청 및 5개 지청, 25개 출장소에 191명의 인원으로 제대로 된 원호업무의 시작 이었다. 그 다음 해에는 원호처로 기구를 승격시키고 25개 출 장소를 30개 지청으로 확대하였다. 업무도 종전의 6.25전쟁 전몰군경 위주에서 애국지사 및 애국지사 생존자, 애국지사의 유족, 4.19의거 상이자 및 사망자의 유족, 반공상이자 등 국가 유공자로 확대하였다. 이어서 군사원호대상자 임용법, 군사원 호대상자 정착 대부법, 군사원호보상법, 전몰군경유자녀 보호 법, 국가유공자 및 월남 귀순자 특별보호법, 군사원호보상금 법 등, 원호관련 제도를 완비하였다.

다음으로 국난극복과정에서 멸사봉공한 충신과 영령들을 기리기 위한 성역화사업을 실시하였다.

첫째, 충무공 이순신에 대한 성역화 작업이다. 박 대통령은 임진왜란 때 보인 충무공 이순신의 정신을 길이 보존하기 위 해 1968년 8월에 현재의 아산 현충사를 성역화 할 것을 지시하 여 1974년에 완성하였다. 이순신 장군은 임진왜란 중 세계 해 전사에 유례가 없는 23전 23승의 승리를 이룩하였다. 그 당시

조선의 전쟁준비상황에 비추어 턱없이 부족하고 사기도 저하되어 있는 군인, 부족한 전함과 군량미, 갖은 모함과 핍박에도 불구하고 임진왜란 중에 700여 척의 적함을 격침 내지 나포하였다. 상황에 따른 적확하고 다양한 전략전술의 구사, 일본의 전함을 뛰어넘는 거북선의 개발, 육전에서만 사용하던 학익진의 해전 응용 등, 뛰어난 창의력으로 전쟁을 승리로 이끈 천재적인 전쟁경영자 이순신을 후손들에게 가르치고 기리는 것은 미래의 호국을 위해서도 필수적이라 생각하였음직하다.

둘째, 금산 칠백의총의 성역화이다. 칠백의총은 임진왜란 당시 중봉 조헌 선생과 승장 영규대사가 이끄는 700여명의 의병들의 무덤이 있는 곳이다. 임진왜란 당시인 1592년 8월에 왜군 1만 5천명과 조헌이 이끄는 의병 700명, 승장 영규대사가 이끄는 승병 600명이 청주성과 금산 연곤평에서 처절한 싸움을 벌여 의병 및 승병은 모두 순절하였다. 이들을 기리기 위해 싸움이 있은 4일 후에 조헌선생의 제자 박정량과 전승업이 칠백의사의 유해를 한 무덤에 모시고 칠백의총이라 명명(승병 600여명은 그 당시의 신분사회에서 승려는 천민이었기 때문에 포함시키지 않은 것으로 판단, 필자주) 하여 오늘에 이르고 있다.

셋째, 만인의총(萬人義塚)의 성역화이다. 만인의총은 전북 남원시에 위치하는 것으로 1597년(선조 30) 정유재란 때 남원성을 지키기 위해 왜적과 항전하다가 전사한 군관민을 합장한 무덤이다. 그해 7월말 왜군 11만 명이 좌우군으로 나뉘어서 우군은 황석산성, 좌군은 남원을 공격하였다. 1597년 8월 14~15일 이틀 동안 혈전이 전개되어 군관민이 합심해 싸웠으나 중과부적으로 남원성은 함락되고 이 싸움에서 접반사 정기원, 방어사 이복남·오응정, 별장 김경로·신호, 부사 임현, 통판 이덕회, 진안현감 이원춘·마응방 등과 성을 방어하던 2,000여 명의 병사와 1만여 명의 주민들도 전사하였다.

넷째, 행주산성의 성역화이다. 행주산성은 1593년에 권율 장군을 앞세워 2,700여 명의 군사가 지형과 화차를 이용해 3만여 명의 왜군을 격파시킨 행주대첩지로 알려진 격전지이다. 1963년 박정희 대통령의 지시에 따라 대첩비도 새로 세우고 여러 차례 유적 정비 공사가 이루어져 대첩 기념관, 충장사와 정자, 문, 대첩비 등이 새롭게 세워졌다.

다섯째, 6.25전쟁 참전기념 유적지를 새로이 창건하였다. 6.25 전쟁에 참전한 16개 국가의 참전 기념비, 한국전 순직 종군기자 추념비, 춘천, 영산 및 왜관의 6.25 전적비 등을 제막하였다.

이외에도 국난극복과정에서 희생자들의 호국정신을 높이 받들기 위해 성역화 사업을 한 사적들은, 고려 때 40년에 걸친 몽고군의 침략에 맞선 삼별초군의 호국정신을 기리기 위한 제주 삼별초항몽순의비 제막, 충무공 이순신 장군이 4년 동안 삼도수군 통제사의 지휘통제소로 썼던 경남 통영군의 제승당 보수, 임진왜란 3대 대첩의 하나인 진주성의 복원 등등, 수없이 많다.

　이러한 국난극복과정에서 순직하였거나 희생된 군인, 민간인, 외국인 등, 모든 사람들의 발자취를 성역화 하는 것은 이들의 호국정신을 기리고 후손들의 귀감이 되게 하기 위한 최소한의 조치일 것이다. 많은 정치인들이 모두가 애국자인양 이야기 하지만 이러한 국난극복과정에 희생된 사람들의 넋을 기리기 위한 현장에 한 번도 가보지 않은 사람이 어떻게 애국애족자라 말할 수 있겠는가? 또 이런 제도와 문화가 없는 나라에 목숨 바쳐 나라를 구하고자 하는 사람이 어디 있겠는가?

⊛ 국산병기제작에 사활을 걸었다

박 대통령이 자주국방의 의지를 갖도록 하는데 가장 큰 영향을 미친 사건 중의 하나는 1969년 7월 25일 미국 닉슨 대통령이 발표한 '닉슨독트린'이었을 것이다. 닉슨독트린에 따라 한국에 주둔하고 있는 주한 미 지상군 7사단이 1971년 3월 27일 본국으로 철수하였다. 이로써 한국 내에 주둔하고 있는 미 지상군은 6만 3천명에서 4만 3천명으로 축소되었고 판문점을 제외하고는 한국군이 휴전선 전부를 방어하게 되었다.

또한 미국이 6.25전쟁 이후 한국의 주적 대상이었던 중국과의 화해와 교류를 하는 상황은 박 대통령의 자주국방 의지를 더욱 촉발시키는 계기가 되었다. 한편 1960년대 후반으로 오면서 북한의 대남 도발은 양적이나 질적으로 확대되어 국민들에게 미치는 영향이나 피해규모도 엄청나게 커지는 상황이었다. 또한 당시 한국군의 무기체계는 미국에 전적으로 의존하고 있는데 미국의 대한 군사원조는 대폭 삭감되어 한국은 고립무원의 상태에 빠지게 되었다.

박 대통령은 1971년 11월 김정렴 비서실장, 오원철 차관보와 함께 현재 우리 기술로 개발 가능한 병기개발에 필요한 사전 조치 등을 확인하고 즉시 청와대 비서실에 경제2수석실을 새로 설치하고 수석에 오원철을 임명했다. 그 자리에서 다음과 같은 지시도 함께 내렸다.

① 우리나라는 현재 초비상 상태라고 판단된다.

② 우선 예비군 20개 사단을 경장비 사단으로 무장시키는데 필요한 무기를 개발하고 생산토록 하라. 박격포까지를 포함한다.

③ 청와대 안에 설계실부터 만들어서 직접 감독하라. 나도 수시로 가보겠다. 처음 만든 병기는 총구가 갈라져도 좋으니 우선 시제품부터 만들어라. 그리고 개량해 나가면 쓸만한 병기를 생산할 수 있게 된다.

④ 북한군의 최근 동향에 대해서는 중앙정보부장을 만나 설명을 듣도록 하라.

오원철 경제2수석은 먼저 청와대에서 함께 일할 조직을 구성하고 곧바로 개발에 착수하였다. 개발과제로 카빈 및 M1소총, 기관총, 박격포, 3.5인치 로켓발사기, 수류탄, 대인지뢰, 대전차지뢰의 8종을 확정하였다. 그 다음에는 실제 연구개발에 참여할 국방과학연구소의 기구개편을 하였다. 연구개발 팀에는 총포실, 탄약실, 로켓실, 통신전자실, 기동장비실, 장구 및 물자실 등 6개 실을 구성하였다. 그리고 1971년 11월 17일부터 밤낮을 가리지 않는 24시간 근무체제로 돌입했다. 이들이 처음 개발을 시작할 때에는 소총 및 3.5인치 로켓포는 설계도도 없었기 때문에 실물을 분해하여 역설계를 하면서 시작하였다. 특수강을 구하기 위해 청계천 고물상을 다 뒤지기도 하였다. 이 기간 동안에 연구에 참여한 연구인력들은 목욕탕도,

이발소도 못가면서 연구개발에 몰두했다. 명령 하달 후 36일, 개발착수 후 30일 만인 1971년 12월 16일에 제1차 시제품이 완성되어 청와대 대접견실에 전시하고 1971년 12월 23일 부산육군총포창에서 시사(試射)를 마쳤다.

제1차 시제품에 대한 시사가 끝나자마자 제2차 시제품 생산을 준비했다. 제2차 시제품은 1차 시제품에 추가로 박격포탄, 로켓포탄, 예비군 및 현역 개인용품, 비상전투식량 등을 새로 개발하기로 하였다. 곧이어 1972년 1월부터 제2차 시제품 작업으로 들어갔다. 제2차 시제품의 기한이 3월 말로 정해져 있어 90일의 여유밖에 없었다. 제2차 시제품 생산시에는 미국의 국방부 기술연구처의 도움도 받았고 소재의 재질문제도 해결하였다.

제2차 시제품이 나와 1972년 4월 3일 박 대통령, 3부요인, 각 군 참모총장, 언론기관, 시제품 생산업체 대표 등이 참석한 자리에서 시험발사회를 가졌다. 국산무기를 우리 기술진에 의해 개발해서 시험발사하기는 역사상 처음 있는 일이다. 카빈총, 기관총, 수류탄, 유탄발사기, 3.5인치 및 66mm 대전차 로켓포, 대인지뢰, 대전차지뢰, 60mm 박격포 경량화형과 표준화형 그리고 81mm박격포 모두를 시사했다.

한국은 미국의 도움으로 1971년 3월 13일 계약을 체결하고 공장건설에 돌입하여 1974년부터 M-16소총을 본격적으로 생산하기 시작하였다. 정책담당자와 개발자들은 개발이 완료

박정희의 기업가적 국가경영과
위기관리 리더십

된 제품들의 생산체계를 구축하기 위해 전 세계 무기생산공장들을 시찰하고 한국에 가장 적합한 공장 건설을 모색하였다. 1973년부터 개발된 병기생산에 착수한다는 방침아래 생산업체를 물색하기 시작하였다. 1972년 10월, 제2차 방위산업회의를 거쳐 개발생산업체로 19개, 화포시제업체 9개, 포탄 및 신관 시제업체 19개, 한국형 소총 시제업체 11개 등, 모두 58개 업체(한 업체에서 2부문 이상을 생산하는 업체가 있어 실제로는 29개 회사)를 지정하였다. 또한 19개 품목에 대한 1,384개의 부품을 생산하는 계열공장 40개를 지정하였다.

당시의 자주국방을 위한 무기개발은 시간과 기술과 자본과의 싸움이었다. 개발을 시작하고 약 5개월 만에 카빈총, 기관총, 수류탄, 유탄발사기, 3.5인치 및 66mm 대전차 로켓포, 대인지뢰, 대전차지뢰, 60mm 박격포, 81mm박격포 등을 시험개발에 성공한 것은 기적에 가깝다고 할 수 있다. 그 당시에 우리는 실제 무기를 가지고는 있었지만 그 무기들에 대한 설계도 한 장 없던 시절이었다. 그래서 무기를 분해해서 역설계를 통해 설계를 하고 원자재를 구하고 생산을 하는 단계를 거쳐 시사회를 가질 수 있었다. 개발에 참여한 연구진들과 관련자들은 하루 24시간을 모두 연구개발에 몰입했고 국가를 위해 개인은 무한대의 희생정신을 발휘한 결과였다. 이것은 정상적인 방법과 생각으로는 불가능한 일이고 군인정신, 기업가정신과 같은 절박한 상황이 아니면 도전할 수도, 추진할 수도 없는 위대한 업적이고 성과였다. 이 일은 지도자에 대한 믿음과 애국심이 없었더라면 결코 달성할 수 없는 일이었다. 이들은 보상을 요구하지도 않았다. 오직 국가의 안위에 도움이 된다면 나의 24시간은 기꺼이 국가에 헌납할 수 있는 희생정신만이 있었다.

이렇게 시작된 국산병기 개발은 예비군의 무장을 조기에 달성하였고 6.25 전쟁 이후에 미국의 무기체계에 있던 우리 군의 무기체계를 국산병기로 전환하게 하였으며 자주국방의 기틀을 마련하였다. 그리고 오늘날 우리가 전세계 무기생산 선진국으로 발전하는데 기틀을 놓았다.

⚘ 최첨단무기개발에 도전하였다

한국이 세계 10위 권 이내의 선진국으로 발전하는 데 역사적인 디(D)데이는 아마도 1973년 1월 31일 것이다. 박 대통령은 1973년 1월 31일 오후 1시에 청와대 국산병기전시실에서 오원철 경제2수석 비서관으로부터 '방위산업 건설 및 공업구조 개편'에 대한 보고를 받았다.

당시 북한은 개인화기는 물론 대포, 탱크, 잠수함까지 자체적으로 생산하고 있었다. 그런데 우리의 방위산업 수준은 전적으로 미국의 원조에 의해 유지되는 수준이었다. 그리고 1년여 전부터 시작하여 이제 겨우 카빈총, 기관총, 수류탄, 유탄발사기, 3.5인치 및 66mm 대전차 로켓포, 대인지뢰, 대전차지뢰, 60mm 박격포, 81mm박격포 등을 개발한 정도였다. 북한과는 비교가 안되는 수준이었다.

당시 한국의 병기개발은 미군이 한반도에서 철수 할 것을 대비해서 당장 예비군 및 현역에서 필요한 재래적 병기를 보충하기 위해 미국의 큰 도움 없이 우리 손으로 급하게 개발했었다. 그런데 이날의 브리핑은 우리나라 군수산업을 장기적으로 세계적 경쟁력을 가지는 군수산업 수준으로 등극시키기 위한 컨센서스를 이루기 위한 목적이었다. 지금까지 우리가 범접하지 못했던 장갑차, 군함, 폭격기 등을 생산할 수 있는 산업으로 업그레이드 하는 역사적인 날이다.

그날 브리핑은 여러 가지 목적을 가진 보고였다. 첫째는 첨단 방위산업의 가능성을 보여주기 위해 보고장소를 청와대 내에 있는 국산병기 전시실로 정했다. 둘째는 엄청난 투자비가 소요되는 첨단방위산업과 중화학공업으로의 구조개편을 위해서는 관련자들의 동의를 끌어낼 필요가 있었다. 따라서 브리핑 참석자도 김종필 국무총리, 태완선 부총리, 남덕우 재무장관, 유재홍 국방장관, 이낙선 상공장관, 장예준 건설장관, 최형섭 과기처장관, 민관식 문교장관, 심문택 국방과학연구소 소장, 김정렴 비서실장 이하 관계특별보좌관, 수석 비서관 등, 중화학공업과 방위산업을 추진하는데 의견을 모아야 될 모든 관계관들을 참석시킨 매머드 군단이었다.

그 날 보고에는 중요한 두 가지 내용이 포함되었다. 첫째는 그때까지의 병기개발 추진사항이다. 둘째는 첨단방위산업을 포괄할 수 있는 공업구조를 후진국에서 선진국 구조로 개편하는 방향이다. 그때까지의 우리나라 공업수준이라는 것이 대부분 와이셔츠를 만드는 정도의 섬유산업, 비료를 만들 수 있는 정도의 화학공업, 막 시작한 철강공업 정도였다. 이것을 자동차와 장갑차, 탱크를 만들고 대형 유조선과 군함을 만들며, 헬리콥터와 폭격기까지 만들겠다는 야심찬 계획으로 업그레이드 하는 도전이었다.

그 날 보고는 보고매수가 무려 137매나 되고 시간은 네 시간이나 걸렸다. 우리나라 최고의 통치그룹의 사람들을 무려 네 시간이나 한 자리에 묶어두고 보고를 한다는 것은 극히 이례적인 일이라 할 수 있다.

방위산업이란 것은 첨단의 화학공업, 첨단의 조선공업, 첨단의 기계공업, 첨단의 전자공업이 복합된 공업의 형태이다. 이것이 가능해 짐으로써 오늘날의 삼성전자, 삼성중공업, 현대중공업, 현대자동차, 한국항공우주산업같은 회사들이 생겨날 수 있었다.

이 보고에서 가장 중점적으로 검토했던 사항은 다음의 세 가지였다.

첫째가 방위산업의 특성상 수요가 있느냐 하는 것이었다. 수요가 있느냐는 바로 규모의 경제를 달성해 시장경쟁력을 가지느냐의 문제를 해결하는 것이다. 그래서 원칙을 평상시에는 민수제품을 비상시에는 군수제품을 생산함으로써 기업의 경쟁력을 갖게 하는 쪽으로 삼았다.

두 번째는 기술부족 문제이다. 성능이 나쁜 기계는 국내외에서 어느 나라도 사주지 않을 것이다. 병기는 성능이 차이가 나면 싸움의 성패가 갈리기 때문에 기본적으로 성능이 우수한 제품을 생산하는 것이 1차 관문이다.

세 번째는 엄청난 투자 규모이다. 무려 100억 달러라는 엄청난 재원이 약 10년 동안에 투자되어야 한다는 것은 우리나라 경제규모로서는 상상도 할 수 없는 과제이다. 이것이 그날 보고의 핵심이기도 하였다.

그날 오원철 수석이 무려 네 시간에 걸친 보고를 다 마치자 박 대통령은 참모들과 다음과 같은 대화를 나누었다.

대통령: "오 수석, 돈이 얼마나 들지?"

오원철: "내외자 합쳐 약 100억 달러입니다."

대통령: "남 재무! 돈을 낼 수 있소?"

남덕우: "액수가 커서…"

대통령: "내가 전쟁을 하자는 것도 아니지 않소? 일본은 국가의 운명을 걸고 태평양전쟁을 일으켰는데도 국민들은 기꺼이 따라 주었소. 총리! 총리를 위원장으로 하는 중화학공업 추진위원회를 구성토록 하시오. 그리고 중화학공업을 육성하는 데 필요한 외자도입 조치를 하시오."

김종필: "네, 알겠습니다."

오원철 수석은 이날의 현장을 이렇게 표현했다.

"그날 대통령은 고독의 한가운데 홀로 앉아 있었다. 이를 바로 눈앞에서 지켜본 나는 눈시울이 뜨거워졌다."

지도자의 길이란 이렇게 힘들고 고독한 것이다. 그런 무거운 짐을 지고도 뚜벅뚜벅 자신의 길을 간 지도자가 있었기에 우리나라의 방위산업이 잠수함을 자체 제작하고 고등훈련기를 수출할 수 있게 되는 획기적인 발전을 할 수 있게 된 것이다.

❆ 한국인에 의한 한국인을 위한 자주국방시대를 열었다

1953년 휴전 이후 남북관계는 항상 긴장관계에 있었지만 특히 1967~1968년은 긴장이 고조되는 시기였다. 1967년 이전에는 1년에 30~40여건에 불과했던 도발회수가 1967년과 1968년에는 그 10배가 넘는 수준으로 급증하였다.

북한은 게릴라식 도발로 국내의 민심을 교란하는 한편, 1970년대를 적화통일의 기간으로 정하고 정규전에 대비한 군사시설의 전진배치를 완료한 상태였다. 특히 휴전선 부근의 황해도 곡산비행장을 전투비행장화하여 미그21과 같은 최신에 전투기를 배치하고, 서해함대를 새로 창설하여 잠수함 및 유도탄 발사함정을 배치하였으며, 지상군에는 각종 최신에 지대지 미사일, 신형탱크, 대공포, 로켓발사기 등을 휴전선 일대에 배치하였다. 특히 1974년에 들어오면서 1월에는 국가동원 훈련의 실시, 2월에는 김일성이 '싸움은 먼 장래의 일이 아니다. 지시만 있으면 즉시 전시체제로 전환할 수 있도록 준비하라.'고 지시하였다고 한다. 3~4월에는 인민무력부가 각 병과별 전쟁준비상태 및 비상식량 비축 상태를 점검했고 수시로 전쟁준비 판정검열을 실시했다.

1970년의 남북한의 군사전력의 비교에서도 북한의 군사력이 월등히 앞서고 있음을 알 수 있다. 국방비만 보더라도 남한이 3억 3천만 달러에 비해 북한은 7억5천만 달러로서 우리의 두 배가 넘었고 전투기도 우리가 200기인 반면 북한은 580기, 지상군 전력면에서도 우리가 2개 기갑여단을 운용하고 있었으나 북한은 전차가 무려 900여대나 되었으며 자주포가 200문, 대공포가 1,500문 등으로 우리보다 월등한 장비를 갖추고 있었다. 다만 우리가 믿는 것은 미군의 주둔이었다.

박 대통령에게 자주국방을 해야겠다는 결심을 굳히게 한 결정적 사건들로는 1971년 미군 7사단의 철수와 1975년 4월의 캄보디아 공산화 및 월남패망이었다. 박 대통령은 월남이 패망하는 과정에서 미국이 혈맹인 월남을 하루아침에 헌 신짝 버리듯 물러서는 것을 보고 미국을 신뢰할 수 없었을 것이다.

자주국방의 스타트를 예고한 사건은 1974년 2월 15일에 발생한 백령도 홍어잡이 어선 수원 32호와 수원 33호의 납치사건이었다. 이때를 계기로 국민적 분노와 함께 '율곡사업'이 시작되었다. 율곡사업의 재원은 처음에는 방위성금으로 시작하였다가 1975년부터 방위세로 전환하였다. 방위세법은 1975년부터 1980년까지 한시법으로 제정하였으나 5개년씩 두 번의 연장을 거쳐 1990년도에 마감하였다. 방위성금은 1974년 2월부터 약 10개월간 64억 5천만 원이 모금되었고 1975년 11월 말까지 총 161억 3천만 원이 모금되어 율곡사업의 재원으로 활용되었다. 그리고 1975년에 방위세가 신설되어 1980년까지 약 2조 6천억 원, 1990년까지 총 25조 8천억 원이 징수되었다.

방위성금 161억 3천만 원으로는 서해 주요도서 방어구역 보강비 7억 원, 해군고속정 건조비 7억 원, 해양경찰대 통신장비 3억 원, 수도권 방위비 43억 원, 향토예비군 장비보강비 20억 원, 국군지상장비구입비 12억 원, 공군기 도입 7억 원 등에 지출하였다. 방위세 25조 8천억 원으로는 우리나라 국군현대화를 추진하였다.

그 결과 우리육군은 소총이나 헬멧에서부터 155mm 화포에 이르기까지 미 현역군 수준과 동일한 장비를 갖추었고 20개의 예비사단을 전투사단으로 무장하게 되었다. 기본병기는 국산화가 완료되었다. 창원기계공단을 건설하여 각종 기본병기를 여기에서 생산함은 물론 최첨단 무기생산의 기반도 마련하였다. 온산의 동, 아연, 연 제련소를 건설하였고 옥포조선소에서는 원자력 항공모함도 제작 가능한 시설을 갖추었다. 1977년부터 155mm곡사포의 대량생산, 각종 통신장비의 최신식으로 교체, 한국형 짚차의 생산공급, 한국형 전차의 개발, 발칸포의 개발 및 실전배치, 공격용 헬기 500MD 국산화 개발, 해군의 PK고속정 개발보급, 다목적 고속함을 건조하여 함대함 미사일 장착, 한국형 구축함의 건조 등이 완료되었다.

1978년 8월에는 제3차 방위산업진흥 확대회의를 열어 항공기 생산계획을 확정하고 1978년 11월 항공공업진흥법이 국회에서 통과되었다. 그리고 항공기 생산계획에 따라 1980년도 중반까지 계약을 끝내고 1981년 말까지 공장건설, 시설확보, 기술훈련도 실시하도록 하였다. 항공기 조립은 1982년부터 개시하며 헬기엔진은 1981년, 전투기엔진은 1982년부터 생산하도록 하는 등 전반적인 로드맵을 설정하였다. 그리고 공군의 주력 공격기를 1975년부터 1980년까지 177기를 구입하여 1980년대 말까지는 426대로 확대한다는 계획을 세우고 도입에 나섰다. F-5 공격기를 1970년대 중반에 146대를 발주하였고 1982년부터 국내조립생산을 실시하여 생산하는 등, 전체적으로 300여대를 도입하여 공군현대화에 기여하였다.

1,2,3차 경제개발5개년계획의 성공적 추진으로 1970년대 중반 이후부터 경제적으로 한국이 북한을 앞서기 시작하였으며 율곡사업의 수행으로 1990년도 이후부터는 한국이 군사적으로도 핵을 제외한 모든 면에서 북한을 앞서기 시작했다. 그 이후 북한과의 격차는 점점 벌어져 현재의 상황은 북한이 한국으로부터 흡수통일 되는 상황을 걱정하고 있는 실정이다.

❀ 한국형 장거리 미사일 시대를 개척하였다

1978년 9월 26일, 온 국민이 TV를 통해 지켜보고 있는 가운데 중개된 미사일 발사장면은 방위세를 내어 자주국방을 돕는 국민들의 가슴에는 자긍심을 심어주기에 충분했을 것이다. 이날의 쾌거로 한국은 세계에서 일곱 번째의 미사일 개발국이 되었다.

한국형 장거리 미사일개발은 경부고속도로와 함께 박 대통령이 직접 총사령관이 되어 추진한 사업 중의 하나였다. 박 대통령은 대통령으로서 국가를 보위하기 위하여 취할 수 있는 길은 자주국방체제를 하루 빨리 완비하는 길밖에 없다고 판단하였다. 자주국방체제를 갖추는 완결편의 하나로 선택된 것이 한국형 장거리 미사일 개발사업이다.

1971년 12월 26일 박 대통령은 오원철 수석에게 다음과 같이 미사일개발의 당위성을 설명하였다.

"서울이 휴전선에서 40km 밖에 되지 않지 않아. 북한군은 프로그 미사일을 최전방에 배치했다는데, 전쟁이 나는 순간 프로그 미사일이 서울 시내에 떨어질 것을 각오해야 돼. 그런데 평양은 휴전선으로부터 160km나 떨어져 있어, 항공기로 폭격할 수밖에 없는데, 비행기로 가려면 폭탄 싣는 시간, 비행기가 이륙하는 시간, 비행하는 시간 등을 합치면 몇 십 분이 걸리게 되지 않나. 오 수석! 우리도 평양을 때릴 수 있는 유도탄개발을 지금부터 시작해야겠네."

1972년 4월 14일에는 국방부가 공식적으로 국방과학연구소(ADD)에 '1974년까지 단거리 전술유도탄을 개발생산하고, 1976년까지 장거리 지대지 유도탄을 개발 시제품을 제작하라.'는 지시를 내렸다. 이에 따라 국방과학연구소장 책임 하에 미사일개발계획단이 편성되었다.

1973년 2월에는 연구장비 심의위원회가 설치되어 필요한 장비 구입계획이 작성되었으며 1974년 9월에는 연구소 건설 설계가 끝나고 대전 인근에서 공사가 착공되었다. 박 대통령은 연구소 공사 중에도 수시로 건설현장을 찾아 노무자들과 함께 식사도 하고 애로사항도 청취하곤 하였다.

유도탄개발의 가장 큰 난점은 기술이전이었다. 우방국인 미국도 미사일 개발까지는 허락했지만 기술이전은 반대했다. 따라서 기술이전을 받는데 엄청난 어려움이 있었다. 당시 이경서 부소장은 사거리 180km의 나이키 허큘러스 유도탄을 생산하는 맥도널드 더글라스와 교섭을 벌였는데 기술판매는 불가능하다는 대답을 들었다. 그래서 사거리를 180km에서 240km로 연장하는 사업을 할 생각이 없는지 더글라스사에 제안하였다. 그때 더글라스사가 엄청난 연구비를 요구함에 따라 우리 측은 더글라스사에 3단계 제안을 하였다. 1단계는 예비타당성 검토, 2단계는 실제설계, 3단계는 개발생산을 하는 제안이었다. 그리고 1단계의 계약으로 180만 달러를 지불하고 ADD

연구요원 10명을 공동연구에 참여키로 하였다. ADD연구요원 10명은 6개월간 더글라스사에서 공동연구를 하게 되었다.

그리고 곧바로 추진제 공장 설립에 돌입했다. 추진제는 액체연료와 고체연료가 있는데 고체연료는 비싸지만 어느 때나 발사가 가능하기 때문에 고체연료를 선택하였다. 고체연료를 생산하기 위해서는 화합물을 믹서할 수 있는 300갤론 짜리 믹서장치가 필요하고 이를 보유하고 있는 나라는 미국밖에 없었다. 당시 군수산업의 불황으로 어려움에 처해 있던 록히드사 산하에 미공군용 추진제 제조공장이 있었는데 이의 매각 가능성을 타진하여 긍정적인 반응을 얻고 이 공장이 가지고 있는 300갤런짜리 믹서 2개, 각종 공구, 시험장치, 기술자료 및 서적 등, 공장내에 있는 모든 것을 패키지로 260만 달러에 구매하였고 추진제 제조기술과 원료공급은 프랑스와 300만 달러에 계약하였다.

유도탄개발생산기관은 대전기계창 이라는 이름으로 1976년 5월에 공사를 마무리 짖고 500여명의 인원으로 발족되었다.

유도탄체의 개발은 홍재학 박사의 관리 하에 창원에 있는 방산업체 대동공업에서 제작하고 있었다.

한국형 장거리 유도탄인 K-1미사일개발 목표연도는 당초에는 1980년 말이었는데 주한 미군철수가 구체화 됨에 따라 1978년 국군의 날까지로 단축되었다. 이에 따라 ADD요원들은 24시간 근무에 토요일 일요일도 있을 수 없었다. 그 결과

1978년 4월 1호기가 완성돼서 시험발사를 할 수 있게 되었다. 1호기의 시험발사 때는 유도조정장치만 국산화한 것이고 추진체는 미국 나이키 유도탄을 사용하였다. 그런데 1호기 시험발사는 실패하였다. 그래서 1호기 발사 때의 문제점을 보완하여 2호기를 제작 시험발사 하였는데 또다시 실패하였다. 또다시 문제점을 수정보완하여 3호기를 제작 시험발사하여 성공한 후 4, 5, 6, 7, 8호기까지 시험발사에 성공하였다. 드디어 1978년 9월 26일에 최종적으로 박 대통령과 한미군관계 수뇌부 및 보도진 등, 모두 1백여명이 참관하는 가운데 시험발사에 성공했다. 이날 공개된 국산 유도병기는 모두 우리 과학 기술진에 의해서 전 과정이 설계 제조 개발된 것으로써 한국형 지대지 장거리 유도탄, 중거리 유도탄, 다연장로켓, 대전차로켓 등등이었다.

이날은 한국의 미사일 시대를 여는 역사적인 날로 기록될 것이다. 만약 이날 이후도 미사일개발을 지속적으로 추진하고 노회한 외교역량을 발휘했더라면 지금 대한민국은 북한의 대포동 미사일을 앞서는 세계적인 미사일 강국으로 발전했을 것이다.

❀ 자주국방의 최종목표인 핵개발에 도전하였다

한국에서 핵기술 개발이 처음 시작된 것은 미국과 핵의 평화적 이용을 위한 조약을 체결한 1956년 직후의 일이라고 할 수 있다. 한국은 1957년 IAEA에 가입하였고 1958년에는 원자력의 평화적 이용을 위한 원자력법의 제정, 대통령 직속의 원자력원(차관급 행정기관)의 설립, 핵관련 기술자들에 대한 훈련을 받게 했다. 그리고 1969년에는 원자력연구소가 핵개발 12년 계획을 작성한 바도 있었다. 1970년에 착공하여 1978년에 완공한 고리 1호기가 한국이 핵을 평화적, 상업적으로 이용한 첫케이스가 되기도 하였다.

그동안 한국의 안보상황은 1953년 체결된 한미상호방위조약에 따라 미국의 안보우산에 의지하여 북한의 남침에 대처해 왔다. 그러나 1967년부터 북한의 도발이 확대되고 있음에도 미국의 냉대와 무관심이 겹쳐지고 있었다. 특히 1969년에 발표한 닉슨독트린에 따라 미국의 대아시아 전략이 변화되었고 드디어 1971년 3월 주한미군 7사단이 철수함으로 해서 그때까지 유지되어 왔던 한국에 대한 미국의 안보공약을 더 이상 신뢰할 수 없다는 생각이 팽배해지기 시작하였다.

반면에 한국과 북한의 군사력 비교 면에서 한국이 상당한 열세에 있었다는 것은 모두가 공감하는 상황이었다.

박 대통령이 재래식 병기개발에서 핵개발로 자주국방의 틀을 옮기는 가장 큰 이유는 재래식 병기만으로는 인구와 국부가 밀집되어 있는 서울을 북한의 공격으로부터 억지할 수 없고 핵개발만이 가장 효과적인 방법이라고 판단했을 수 있다. 박 대통령은 조변석개하는 미국의 대한 안보공약을 보다 확실하게 하기 위해서는 핵 옵션을 활용하여 자주국방을 달성하는 그날까지 미군을 한반도에 묶어둘 필요도 느꼈을 것이다.

이러한 배경 하에서 박 대통령의 핵무기개발 의지는 1971년 청와대에 경제2수석실이 설치되면서 구체화되기 시작했다. 1973년 겨울, 핵무기 개발계획과 관련한 극비보고서가 대통령에게 직접 제출되었다. 약20장 분량의 차트형식으로 만들어진 이 계획서에는 핵무기의 기본개념에서부터 소요예산(15~20억달러), 개발완료 예상기간(6~10년) 등이 적혀있었다.

한국의 핵개발은 1971년 8월에 윤용구 박사를 원자력연구소 소장으로 임명하면서 서서히 추진되기 시작했다. 1972년 5월 최형섭 과학기술처장관이 프랑스로부터 핵개발에 필수적인 플로토늄의 생산을 위한 재처리 기술을 제공받기로 확답을 받았다. 1973년 3월에 원자력연구소 제1부소장으로 취임한 주재양 박사는 5월부터 7월까지 핵무기 관련 재외 한국인 과학자 15명을 유치하여 국내 연구인력 25명 등, 총 40명으로 핵연료 제조와 재처리분야 연구팀을 구성하였다. 연구용 원자로를 구입하기 위해 캐나다와 협상을 진행하여 1973년 4월에는 캐나다 원자력공사 존 그레이 사장이 내한하여 월성2호기 원자력발전소를 캐나다형 중수로(CANDU)로 채택한다면 연구용 원자로를 제공할 용의가 있다는 의사를 표명하였다.

청와대 경제2수석실에서는 연구용 원자로의 원료인 천연우라늄을 확보하기 위해 자원연구소로 하여금 충북 괴산에 있는 우라늄 광석의 경제성을 조사하게 하는 한편, 실제로 우라늄 광석을 캐 70~80%의 함량을 지닌 우라늄정광을 만들어 박 대통령에게 보여준 적도 있다.

그러나 미국은 1974년 인도의 핵실험이 발생한 이후 인도의 뒤를 이어 핵무기개발에 나설 수 있는 국가와 그들 나라의 핵개발 능력과 의도를 철저히 조사하라는 명령을 미국의 해외 주재정보원들에게 하달하였다. 이 지시에 따라 작성된 국가정보특별보고서에서 한국이 핵무기를 개발할 수 있는 국가로 지목되었고 1974년 말부터 한국을 포함한 몇몇 나라들을 핵확산 저지를 위한 감시대상국으로 분류하여 감시체계를 가동하기 시작하였다.(홍성걸 '박정희의 핵개발과 한미관계')

그 결과 미국정부는 한국의 핵무기개발은 주변국들을 자극하여 동북아지역의 안정에 저해요인이 되리라는 점에 의견의 일치를 보았다. 따라서 한국의 핵무기개발을 포기시킬 수 있는 제반 조치를 강구하기로 결정하였다. 이 당시 미국은 한국의 고리원자력발전소 1기의 도입을 허가하여 1971년 3월에 이미 기공식을 가진 바 있고 고리 원자력발전소 2호기 도입을 위한 차관 2억 5천만 달러의 승인을 눈앞에 두고 있는 상황이었다.

1975년 3월에는 미 국무부에서 서울·캐나다·프랑스·일본·오스트리아 주재 미국대사에게 한국의 비밀 핵무기개발을 막아야 한다고 지시한다. 한국의 핵무기 개발을 저지하기 위해 미국은 영국, 캐나다, 프랑스, 서독, 일본, 소련이 참여하는 다자간 회의는 물론 한국에 대한 일방적 정책도 고려하고 있음을 밝혔다. 현재 한국이 접촉하고 있는 프랑스와 캐나다와도 협력을 통해 이미 공급된 기술과 시설을 회수하는 방안, IAEA의 안전기준에 따른 핵의 평화적 이용은 계속 지원하되 한국이 핵확산금지조약(NPT)에 가입하도록 압력을 가하고, 한국의 핵관련 행동과 시설을 예의 주시하여 감시를 강화하는 등의 방침을 밝혔다.

그리고 미국 국무부는 캐나다와 프랑스를 접촉하여 한국에 대한 재처리 시설 공급을 중단해 줄 것을 요청하였으며 미국대사는 지속적이고 끈질기게 한국이 핵연료재처리 시설을 고집할 경우 원자력 발전소 고리 1, 2호기 지원은 불가능함을 암시하였다.

1975년 3월부터 끈질기게 한국에 대해 압력을 가했음에도 굴복하지 않던 한국정부는 1975년 12월부터 프랑스로부터 재처리 시설도입을 포기하는 등 미국의 우려를 우회하는 쪽으로 방향을 선회하기 시작했다. 다시 말해 일본처럼 핵무기를 당장 만들지 않되 만들 수 있는 기술을 연구, 비축해 두는 쪽으로 방향선회를 한 것이다. 1976년 1월 한국은 프랑스의 상고 방사와 맺었던 재처리시설 건설의 파기를 프랑스에 요청했으며 프랑스도 이를 받아들였다.

1976년 1월, 미국의 압력에 따라 핵무기 개발을 포기한 이후 한국의 핵개발정책은 평화적 이용을 위한 핵기술을 개발해 가면서 축적한 핵능력을 유사시 군사적 목적에 즉각적으로 전용할 수 있도록 한다는 이중적 핵기술 개발정책으로 방향을 잡았다. 이 정책은 당시의 국제정치적 상황이나 한미관계, 경제 개발, 에너지 수급 등, 제반 조건을 고려해 볼 때 가장 합리적인 선택이었다고 할 수 있을 것이다. 만일 박 대통령이 좀 더 오래 살아서 이 정책을 10년 이상 지속하였더라면 한국은 적어도 실질적 핵능력을 보유한 군사적 선진국의 반열에 일찍 등극하지 않았을까?

- 제7장 -

박정희: 미래 대통령의 표상

❀ 그는 18년 동안 절대 권력을 가졌어도 부패하지 않았다

박정희는 대통령이 되기 전 군 시절부터 청렴한 군인으로 평가받았고 실질적으로도 청빈하게 살았다.

박 대통령이 1953년 대구에서 서울 동숭동으로 이사한 첫 번째 집은 방이 둘인 셋집이었다. 천장이 낮은 이 집은 서향이어서 오후가 되면 햇볕이 방안으로 들어오는 평범한 서민 집이었다. 그 때 박정희의 월급은 쌀 한 가마 값에도 못 미치는 2만 환 정도였다.

1953년 10월에 다시 고사북동(현 성북구 보문동)의 방 세 칸짜리 독채 집으로 이사했다. 이 집은 원병오 당시 부관의 사촌누나 집이었는데 원 중위의 간청으로 세 든 사람을 내보내고 박정희 대령에게 세를 주었다. 박정희는 전세금 낼 돈이 없어 월세로 살았다. 고사북동에 살 때 육영수 여사의 동생 육예수는 당시를 이렇게 회고했다.

"집 아래 공동 수도에서 물을 받아 와야 했는데 해가 뜨면 주민들이 물초롱을 물지게에 지고 내려와 끝도 보이지 않게 줄을 서곤 했어요. 언니와 저는 창피해서 긴 줄을 서지 못했습니다. 그래서 새벽에 일어나 물을 받아 지고 올라왔습니다. 언니와 저는 매번 미끄러져 옷이 젖곤 했는데 겨울엔 집에 와서 보면 옷이 꽁꽁 얼어붙어 있었습니다. 말이 장성집이지 최하층 빈민 생활이었습니다. 장작이 떨어지고 돈도 떨어져 그 때 우리가 지내던 방은 '뼈가 얼던 방'이었습니다. 영하 20도까지 내려가는 추위를 어떻게 견뎠는지… 그 때 그 시절은 잊혀지지 않습니다."

박 대통령이 포병학교장에서 5사단장으로 전보되었을 때를 당번병 박환영씨는 이렇게 기억하고 있었다.

"광주에서 서울로 이사를 하는데 노량진 역전에서 부엌도 없는 문간방 두 개를 세 얻었다. 두 졸병이 이사를 하는데 부대에서는 아무도 도와주지 않았다. 사단장이 조금만 신경을 쓰면 부하들을 보내 줄 텐 데도, 박 대통령은 지나칠 정도로 결벽증이 있었다."

박 대통령의 장모이신 이경령 어른은 '방엔 불도 들이지 못하고 방바닥에서 물이 줄줄 나서, 군인들이 비옷으로 쓰던 판초우의를 깔면 축축하게 누기가 차서 도무지 앉지도 눕지도 못하여 밤이나 낮이나 서성거리고, 밥은 풍로에서 해서 끼니를 때우고, 손녀딸 근혜는 아파서 울고….'라고 그때를 회상하였다.(조갑제 '박정희 3권')

필리핀의 마르코스 대통령 시절의 외무장관이었던 로물로 장관이 1974년 8월 6일 한국을 방문하여 청와대 오찬장으로 향하는 차중에서 장지량에게 한 이야기가 있다. 장지량은 필리핀 대사로 있는 동안 나이가 23세나 많은 아버지뻘인 로물로 외무장관과 두터운 친분을 쌓은 터였다.

로물로가 장지량에게 불쑥 이런 말을 꺼냈다.

"박 대통령은 럭키맨이야."

"왜 럭키맨입니까?"

"부인 때문이야. 육영수 여사가 남편 뒷바라지하는 모습을 보면 박 대통령은 정말 럭키맨이야."

육영수와 이멜다는 극히 대조적인 퍼스트레이디였다. 나중에 밝혀진 사례를 보면, 마르코스와 이멜다가 권력에서 쫓겨나 하와이로 망명한 후 그들이 살던 말라카냐 궁이 공개되었을 때 그녀의 치장용품이 화제를 모았었다. 최고급 브랜드의 구두 2천2백 켤레, 수백 벌의 의상과 파티용 장갑 68켤레, 각종 유명브랜드의 팬티 3천5백장, 가운 2천벌, 검은색 브래지어 5백 개, 가발 30개, 수백 개의 보석상자 등….

사치는 그렇다고 치부한다 해도 로열패밀리가 정부 요직은 물론 90여개의 기업을 차지하는 등 마르코스의 독재는 부패로 악명이 높았다.

로물로는 그런 이멜다와 마르코스의 부패를 암시하는 외교적 수사로 대통령 박정희를 럭키맨이라고 하는 것이었다. (김인만 '박정희 일화에서 신화까지')

워싱턴 포스트지의 기자를 오래했던 돈 오버도퍼는 자신의 저서 《두 개의 코리아》에서 박 대통령을 이렇게 묘사했다.

"박 대통령은 경제적으로 막강한 권력을 구사했지만 개인적 치부는 하지 않았으며 부패하지도 않았다. 점심으론 간단한 국수 한 그릇이 고작이었고 쌀을 아끼기 위해 보리와 섞어 먹었다. 그는 물을 아끼기 위해 청와대 화장실 변기에 벽돌을 넣어두었다. 여름에는 셔츠 칼라를 밖으로 내놓는 노타이 차림으로 다니면서 공무원들에게도 같은 복장을 하게 했다."

한국이 월남파병을 계기로 미국으로부터 M-16소총을 지원받아 안보상 크게 도움을 받게 되었을 때의 얘기이다. 이 때 M-16 소총 제조회사인 맥도널드 더글러스 회사는 중역 데이빗 심프슨을 청와대로 보내 한국에 대한 공급계약체결에 감사하는 의례적 인사를 차리도록 하였다. 이때 박 대통령을 직접 방문했던 심프슨 중역의 글 요지이다.

〈여름이었던 것으로 기억이 난다. 비서관이 열어준 집무실 안의 광경은 나의 두 눈을 의심케 만들었다. 커다란 책상 위에 어지러이 쌓인 서류더미 속에서 자신의 몸보다 더 커 보이는 의자에 앉아 한 손으로는 무엇인가를 열심히 적고 다른 한 손으로는 부채질을 하면서 더운 날씨를 이겨내고 있는 사람을 보게 되었다. 한 나라의 대통령 모습이라고는 전혀 믿기지 않을 정도였다. 하지만 고개를 들어 나를 바라보는 그의 눈빛을 보았을 때 지금까지 내 마음에 자리 잡았던 모순이 사라짐을 느낄 수 있었다. 그는 손님이 온 것을 알고 의복을 갖춘 다음에 내게 이렇게 말했다.

"먼 곳에서 오시느라 수고가 많으셨소. 앉으세요. 아! 내가 결례를 한 것 같소이다. 나 혼자 있는 이 넓은 방에서 그것도 기름 한 방울 나지 않는 나라에서 에어컨을 켠다는 게 큰 낭비인 것 같아서요. 나는 이 부채바람 하나면 바랄 게 없지만, 이 뜨거운 볕 아래서 일하는 국민들에 비하면 나야 신선노름 아니겠소?"

나는 그 제서야 소위 한 나라의 대통령 집무실에 그 흔한 에어컨 바람 하나 불지 않는다는 사실을 알았다. 그리고 지금까지 내가 만난 여러 후진국 대통령과는 무언가 다른 사람임을 알 수 있었다.

"각하, 이번에 한국이 저희 M-16 소총의 수입을 결정하신 것에 감사드립니다. 이것이 한국의 국가방위에 크게 도움이 되었으면 하는 바람입니다. 그리고 이것은 저희들이 표시하는 작은 성의…."

나는 준비해간 수표가 든 봉투를 그의 앞에 내밀었다.

"이게 무엇이오?"

박 대통령은 봉투를 들어 그 내용을 살피기 시작했다.

"홍, 100만 달러라. 내 봉급으로는 3대를 일해도 만져보기 힘든 큰 돈이구려…."

차갑게 느껴지던 그의 얼굴에 웃음기가 보였다. 나는 그 역시도 내가 본 다른 지도자들과 별로 다를 바 없는 사람임을 알고 실망감을 감출 길이 없었다.

"각하, 이 돈은 저희 회사에서 표시하는 성의입니다. 그러니 부디…."

대통령은 지그시 눈을 감았다. 그리고 나에게 말했다.

박정희의 기업가적 국가경영과
위기관리 리더십

"이보시오, 하나만 물어봅시다. 이 돈 정말 날 주는 것이오?"

"네, 물론입니다. 각하."

"대신 조건이 있소. 들어주시겠소?"

"네, 말씀하십시오. 각하."

그는 수표가 든 봉투를 나에게 내밀었다. 그리고 나에게 이렇게 말했다.

"자, 이 돈 100만 달러는 이제 내 돈이요. 지금 당장 이 돈의 값어치만큼 총을 가져오시오. 난 돈보다는 총으로 받았으면 하는데 당신이 그렇게 해주리라 믿소."

나는 왠지 모를 의아함에 눈이 크게 떠졌다. 대통령은 말을 이었다.

"당신이 나에게 준 이 100만 달러는 내 돈도, 그렇다고 당신 돈도 아니오. 이 돈은 저 멀리 월남에서 피를 흘리며 싸우고 있는 내 아들의 땀과 피와 바꾼 것이오. 그런 돈을 어찌 한 나라의 아버지로서 내 배를 채우는데 사용할 수 있겠소. 이 돈은 다시 가져가시오. 대신 이 돈만큼의 총을 우리에게 주시오."

나는 낯선 나라의 대통령에게 왠지 모를 존경심을 느끼게 되었다. 집무실을 떠나면서 다시 한 번 돌아본 나의 눈에는 손수 에어컨을 끄는, 작지만 그러나 너무나도 크게 보이는 참다운 한 나라의 대통령이 보였다.〉(김성진 '박정희를 말하다')

❀ 그는 어느 시골에서나 볼 수 있는 농부처럼 소박했다

1979년 10월 26일 밤, 박 대통령이 시해당해 국군 통합병원에 입원하였을 때 박 대통령의 시신을 검안한 정규형 군의관은 합동수사본부의 수사관들에게 그가 대통령의 얼굴을 알아보지 못한 이유를 '시계가 평범한 세이코였고, 넥타이핀의 멕기가 벗겨져 있었으며 혁대도 해져 있었습니다. 이런 여러 가지 사실로 미루어 각하라고는 꿈에도 상상할 수 없었습니다.'라고 답변하였다고 한다.

박 대통령의 집무실 겸 서재에는 계산자, 돋보기, 은단 통, 소독솜 통, 라디오, 정원수 전지용 톱, 그리고 부채와 파리채가 있었다. 대통령 집무실의 비품치고는 너무나 초라하다고 해야할까?

2층 식당 한쪽 구석에는 전자오르간과 퉁소도 있었다. 침실에는 효자손, 카빈총이 있었고 바지는 수선해 입고 구두의 뒤축이 닳으면 뒤축을 갈아 신는 대통령, 물을 아끼기 위해 침실 옆 화장실과 집무실 옆 대통령 전용 화장실 변기 안에 아무도 모르게 벽돌을 넣어둔 대통령이었다. 석유파동 이후에는 골프를 삼갔으며 배드민턴으로 아침마다 운동을 대신하였다.

박 대통령의 대구사범 동기이며 한양대학교 문리대 학장, 국가재건최고회의자문위원, 인하대 총장을 역임한 김병희의 회고에 이런 이야기가 있다.

한양대학교 문리대 학장 시절에 박 대통령이 자기를 좀 도와 달라는 이야기에 수학을 하는 사람이 도울 일이 무엇이 있겠느냐고 거절했다. 김 학장은 사양했지만 당시 최고위원이던 김용순이 찾아와 학생문제담당 자문위원 자리를 권하여 최고회의에 가끔 나가게 되었다.

"어느 날 박 의장 방에 처음 들렀을 때의 첫 인상은 그 방이 어쩌면 그렇게도 초라할 수가 있을까 하는 것이었다. 마치 야전군사령관이 있는 천막 속을 방불케 하였다. 특히 그가 앉은 의자는 길가에서 구두 닦는 아이들 앞에 놓인 나무의자와 조금도 다를 바가 없었다. 게다가 그가 피우는 담배는 국산 '아리랑'이었다. 당시에 내가 피우는 담배는 국산으로는 최고급품인 '청자'였고 때로는 선물로 받은 양담배도 있었다.

하루는 그 방에 들어갔더니 마침 대통령이 점심을 먹고 있는데 10원짜리 냄비우동 한 사발과 노랑무 서너 조각이 전부였다. 나는 친구들과 어울려 500원짜리 고급식사를 마치고 온 터라 몹시 양심의 가책을 받았다."(조갑제 '박정희 5권')

미국 컬럼비아 대학교 전자공학과 교수였던 김완희 박사가 1967년 9월 청와대 집무실에서 박 대통령에게 우리나라 전자산업 육성방안을 보고 한 뒤 대통령과 점심 식사를 함께 했다. 박 대통령은 김완희 박사의 숟가락 위로 깻잎을 얹어주며 말했다.

"김 박사, 김 박사가 왔다니까 집사람이 특별히 준비한 모양이오.”

그는 당시의 기억을 되살려 이렇게 말했다.

“대통령의 식단이라고 믿을 수 없을 정도로 검소했어요. 육류라고는 유일하게 갈비찜이 전부였어요. 그 갈비찜도 박 대통령이 거의 다 내 밥 위로 올려주곤 했습니다.”

식사가 끝나자 박 대통령은 김완희 박사를 서재로 안내해서 서랍에서 뭔가를 꺼내더니 탁자 위에 놓으면서 이렇게 말하더란 것이다.

“김 박사, 미국 모토롤라사가 한국에서 이걸 만들겠다고 하면서 공장부지 매입을 허가해 달랍니다.”

탁자 위에 올려 진 것은 작은 트랜지스터였다.

“요 조그마한 것이 한 개 20~30달러나 하고, 손가방 하나면 몇 만 달러가 된다고 합디다. 그런데 우리는 지금도 면직물밖에 수출하지 못하고 차로 한 곳간을 채워도 손가방 하나만큼도 못하니…. 내 이래서 김 박사를 보자고 한 겁니다. 김 박사, 우리나라도 전자공업을 육성하고 싶은데 도와주시오.”(조갑제 ‘박정희 9권’)

우리 속담에 개구리가 올챙이 시절을 모른다는 말이 있다. 박 대통령은 올챙이 시절을 결코 잊지 않고 생을 산 지구상에 몇 안 되는 사람 중의 한 사람이었다. 그것은 청와대 안에서도 청와대 바깥의 가난하고 힘든 사람들의 삶을 결코 잊지 않고 자신의 삶을 거기에 맞추어 살았다는 징표이다. 인간사에서 강자는 약자에 대해 우월감을 가지게 되고 이것은 오만으로 발전하기 쉽다. 그래서 강자는 대부분 약자를 깔보게 된다. 심지어 강자는 약자의 아픈 곳을 찌르기도 하며 약자의 고통을 즐기기도 한다. 인류사에 금력이나 권력을 가진 자들이 항상 비난받는 가장 큰 이유 중의 하나가 오만으로 약자들을 배려하지 않는 삶의 모습이다. 나는 박 대통령의 일상생활에 대해 일반대중이 비난하거나 매도하는 일은 본 적이 없다. 그 부분만큼은 결코 비난 받을 일을 하지 않았기 때문이다.

⊛ 그는 주변의 눈치를 보지 않고 항상 당당했다

　인기를 먹고사는 정치인이나 연예인들은 그들의 소비자인 국민이나 일반대중을 비난하거나 바른 소리를 하는 경우가 거의 없다. 그들은 인기영합적인 달콤한 말로 그들을 현혹하거나 방관주의자 내지는 기회주의자가 되는 경우가 일반적이다. 그러나 박 대통령은 달랐다. 필요할 경우에는 국민을 향해서도 잘못된 것은 잘못되었다고 당당하게 말하는 지도자였다. 농민이 못사는 것이 위정자들의 무능과 정책의 빈곤 때문이기도 하지만, 농민들의 자조적인 노력과 자각심의 부족이라고 그들에게 이야기 하고 자조노력을 당부하기도 했다.

　싱가포르의 국부이자 싱가포르를 오늘의 강소국으로 만든 리콴유 전 총리가 한국을 방문한 적이 있었다. 그 때 어느 만찬에서 박정희 대통령을 염두에 두고 지도자의 자세에 대해 언급한 대목이 있다.

　"대한민국의 성공과 경제 번영은 대한민국 국민과 그 지도자들의 자질이 어떠한가를 가장 잘 나타내는 징표이다. 한국이 공업, 농업 분야에서 이룩한 발전은 다양하고 뚜렷하다. 이와 같은 발전은 능력 있고 추진력이 강한 국민과 확고한 지도력 없이는 성취될 수 없는 것이다. 박 대통령 각하가 바로 눈앞의 현실에 집착하는 분이었다면 오늘의 대한민국은 존재하지 않았을 것이다."

해방 이후 한국과 미국의 관계는 한국의 지도자들이 미국에게 큰 소리를 칠 수 없는 상황이었지만 박 대통령은 그들에게 끝까지 자세를 굽히거나 교언영색하지 않았다.

한일회담으로 국내가 한창 시끄러울 때인 1965년 4월 미 국무부의 극동담당 부차관보 마셜 그린이 방한하였을 때의 일이다. 그는 서울 중구 정동의 미 대사관저에 윤보선 민정당 총재를 초치하여 한·일회담과 관련한 요담을 했다. 그때 민정당의 김준연 의원은 그린 부차관보를 '각하'라고 호칭하면서 박 대통령의 방미 정상회담 계획을 중단시켜달라고 요구하기도 하였다. 미 국무부의 부차관보는 국장급 정도인데 '각하'라는 호칭까지 하는 것은 일반 국민들이 보기에도 민망할 정도였다.

다음날 그린 부차관보는 브라운 주한 미국대사와 함께 청와대를 찾아왔다. 박 대통령은 그린이 윤 전 대통령을 만난 것에도 기분이 상해 있었는데 그린 부차관보는 대통령 앞에서 담배를 꼬나물고 다리를 포개고 앉았다.

박 대통령은 그 무서운 눈매를 번득이면서 그린을 정면으로 쏘아 보더니 통역에게 말했다.

"이 자에게 내가 하는 말을 한 마디도 빼지 말고 그대로 통역하시오"

박 대통령은 비수 같은 질문들을 던졌다.

"그래, 윤보선 씨가 뭐라고 하던가? 당신은 지금도 내가 물러나야 한다는 생각에 변함이 없는가?"

배석했던 박상길 대변인에 따르면 그린은 원색적인 대통령의 한국말을 얼마간 알아듣는 것 같았다고 한다. 박 대변인은 당시를 이렇게 회상했다.

"정말 옆에서 보기에도 식은땀이 흘렀다. 그린은 대통령의 말씀이 몇 마디 진행되자 겹친 무릎을 풀고 장군 앞에 선 졸병 모양으로 초긴장하면서 담배는커녕 손끝까지 떨리는 듯하였다. 그리곤 정확한 발음으로 '예서 엑설런시' 소리만 연거푸 하다가 다리를 후들거리며 정신없이 나갔다. 나는 이때 '한 나라의 국가원수란 이렇게 무섭구나.'하고 느꼈고, 한 독립국가의 주권에 대하여 뼈로부터 우러나오는 긍지를 통감하였다."

박 대통령이 1979년 6월 미국 카터 대통령과 회담할 때의 이야기도 한 나라의 대통령으로서 너무나 당당하고 자기의 소신을 피력한 이야기로 유명하다. 회담 전에 실무자들 간에도 이미 미군철수에 대해서는 일체의 이야기를 하지 말도록 금기사항으로 이야기가 되어 있었다. 그럼에도 회담이 시작되자말자 박 대통령은 약 40분간을 미군철수의 부당성을 논리적으로 설명하였다고 한다. 그때의 그 회담에서 카터 대통령은 화가 잔뜩 나기도 하였지만 결과적으로 카터의 미군철수정책은 철회되었다.

박 대통령은 한국의 정치인들이나 지도자들과의 관계에서도 늘 당당했다. 그가 최고회의 의장시절인 1963년 3월에 군정연장과 관련하여 국가재건최고회의 위원들과 원로정치인들과 가진 토론에서도 박 대통령은 자기의 소신을 당당하게 피력했다.

"군인이 가장 존중하는 것은 명예입니다. 나라가 망한 후 애국자라는 소리를 듣느니보다 역적이란 말을 듣더라도 정국의 혼란을 막아야겠습니다."

그는 제주도 4.3사건과 여수순천 반란 사건 이후 군 내부의 좌익세력을 척결하기 위한 숙군수사가 진행될 때 좌익으로 지목되어 군사재판에서 사형언도를 받아 자기의 구명운동을 할 때도 비굴하지 않았다고 한다. 박 대통령이 당시 백선엽 정보국장에게 구명운동을 할 때의 일을 백선엽은 다음과 같이 회고했다.

〈이 때 수사책임자의 한 사람인 김안일 방첩과장이 나에게 구명 운동을 하여 박정희 소령과의 면담이 이루어졌다. 내 사무실 문이 열리고 김안일 과장의 뒤를 따라 박정희 소령이 들어왔다. 김안일 과장은 내 왼쪽에 있던 의자에 앉았고 박정희 소령은 내 정면에 서 있었다. '우선, 그 의자에 앉으시오.' 머뭇거리던 박정희 소령이 의자에 앉았다. 나와는 얼굴을 마주 보고서 앉은 것이었다. 자리에 앉은 박정희 소령은 꼿꼿한 자세였다. 의자 등받이에 몸을 기대지 않고 끝에 조금 걸터앉은 상태였다. 나는 그가 자리를 제대로 잡고 앉아 나를 마주 볼 때까지 아무 말도 하지 않고 기다렸다. 그는 말이 없었다. 나는 계속 기다렸다. 그런 상황이 10여 초 흘렀던 것 같다. 짧다면 짧은 시간이지만, 이승과 저승으로 엇갈릴지 모를 운명에 놓인 박정희 소령과 서로 아무 말도 하지 않은 채 그저 바라보는 시간으로는 꽤 길었다는 느낌이었다. 이윽고 박정희 소령의 얼굴이 잠시 움직였다. 어둑해진 사무실이었지만 내 눈도 그에게 이미 익숙해져 있었다. 얼굴을 조금 찡그리는 듯하더니 박 소령이 드디어 입을 열었다. 그의 말은 간단했다. 아무런 수식이 없었다.

"한 번 살려 주십시오."

그의 목소리는 조금 떨리고 있었다. 그 순간 그의 눈에는 눈물이 도는 듯했다. 눈자위가 붉어지는 것도 내 눈에 들어왔다. 꼭 할 말만을 강하게 내뱉었지만 그는 격한 감정에 휩싸인 모습이었다. 그 모습이 의연하기도 하고 처연하기도 했다. 생사의 갈림길에 선 사람임에는 분명했지만, 자신의 감정을 최대한 배제하고 반드시 해야 할 말 한마디만 얼른 내뱉는 점에서 그는 꿋꿋했다. 비굴하다는 느낌이 전혀 없었다.〉(백선엽 '내가 물러서면 나를 쏴라 2권')

✳ 그는 주변관리에는 추상같이 철저하였다

박 대통령은 유교적 전통이 살아 있던 시절에 가난한 소작농 집안의 7남매 중 막내로 태어나 대구 사범학교, 만주군관학교, 일본 육군사관학교, 조선경비사관 학교 등, 당시로서는 형제들 중에서 가장 공부를 많이 한 엘리트였고 군인이라는 높은 지위에 있었기 때문에 가족들은 은덕을 좀 보겠다는 기대가 있었을 것이다. 그러나 그는 군인 시절부터 친인척 관계에 대해서는 결벽증에 가까울 정도로 공사구분을 엄격히 하여 친인척들의 공적 개입을 저지하였다.

이른바 '대통령 친인척 경호 임무'는 해당 지역 경찰서 정보과에서 전담하게 되어 박 대통령이 사망할 때까지 계속됐다.

박 대통령은 친인척 관리를 비교적 합리적으로 처리했다. 가난했던 외가쪽에 대해서는 최소한 생계를 보장하는 선에서 경제적 지원을 했고, 친가 쪽은 자유업을 허용하는 반면 관공서와 결탁하는 사업에 대해서는 극력 저지했다. 물론 정계 진출도 억제했다. 1975년부터는 큰형 박동희의 장남이자 장조카인 박재홍을 통해 매달 한 번씩 친족들의 소식을 보고받는 식으로 대처했으며 가난한 친척에게는 약간의 생활비를 편지와 함께 전해주곤 했다. 처가 쪽은 경제적으로 풍족했고 고등교육을 받은 사람들이 많아 그들의 능력대로 정·관계로 진출하는 것을 대체로 묵인하는 식이었다.

박 대통령의 친인척 관리는 1964년 3월부터 1968년 10월까지 5년 동안은 대구사범 동기생인 권상하 정보비서관이 전담하다시피 했으며 그 다음에 김시진, 박승규 민정수석 비서관들이 담당했다.

1964년부터 대통령 친인척 관리를 담당했던 권상하 정보비서관은 대통령의 친인척 관리를 담당하면서 박 대통령으로부터는 친인척 관리를 잘못한다고 질책이 빈번하였고, 대통령 친척들로부터는 매정하다고 욕먹는 등 참으로 어렵고 고단했다. 특히, 박 대통령이 대통령에 취임하자 무엇보다 주변 사람들이 순박했던 대통령의 가족들을 가만 두지 않아 친인척관리는 더욱 힘들었다.

박 대통령이 제5대 대통령에 당선될 무렵 둘째 누님인 박재희는 남편 한정봉과 경북 상주군 옥산면에서 조용히 살고 있었다. 어렸을 때 박정희를 업어 키우다시피 한 누님이었고, 장성하여 만주군관학교로 갈 때엔 그에게 여비를 마련해 주기도 했던 누님이었다. 동생이 대통령이 된 직후 누님 부부는 상주군의 재산을 다 처분하고 서울 성북동의 작은 한옥 한 채를 세내어 살고 있었다. 1964년 여름 박 대통령은 서울시장과 내무장관으로부터 누님 부부가 관청을 기웃거리며 로비 활동을 한다는 보고를 받고서 비로소 누님이 서울에 와 살고 있다는 사실을 알게 됐다.

박 대통령은 권상하 비서관을 불러 '우리 누님이 서울에 와 있다고 하네. 자네는 누님 집에 경찰을 고정 배치해서 누가 무얼 사들고 들어오는지, 무슨 차를 타고 오는지 차량 번호까지 적어서 매일 나한테 보고해 주게.'라고 지시했다. 권상하는 '각하, 아무리 그래도 누님한테 그렇게까지 할 필요가 있습니까?'라고 말씀드렸다. 박 대통령은 치안국장과 성북경찰서장을 불러 '내 누님 한 분이 상주에서 당신들 관내로 와서 사는데 여러 사람들이 운동한다고 이리 저리 끌고 다니는 중이라 몹시 시끄럽다. 형사를 고정 배치시키고, 누가 무엇을 가지고, 무슨 차를 타고 오는지 등 매일 여기 있는 권 비서관에게 보고하라.'고 지시했다. 그로부터 닷새 뒤 권 비서관은 박재희의 아들로부터 전화를 받았다.

"큰일 났습니다. 어머니께서 나흘째 단식투쟁을 하십니다. 빨리 오셔서 어떻게 좀 도와주십시오."

권 비서관이 달려갔더니 머리를 수건으로 동여매고 누워 있던 박재희가 일어나 권 비서관의 멱살을 잡고 흔들면서 고함쳤다.

"대통령 누님은 서울에서 살지 말라는 법이 있는가? 헌법 내놔 봐라. 있으면 내가 상주로 내려가겠다."

권 비서관은 박 대통령에게 누님의 입장을 설명했다.

"각하, 이런 상황이니 형사를 배치시켜 가족들에게 기죽이는 일은 철회하시는 게 어떻습니까?"

"안 된다. 내가 지금 장난친 줄 아나? 자네, 우리 누님 가족들을 직접 상주로 데려다 주고 온나. 나는 서울에서 절대로 누님 안 만날 거다."

또 하나 가족에 대한 이야기이다. 1961년 가을 최고회의 의장 시절, 박 대통령의 조카 박재석(당시 32세, 둘째형 박무희의 장남)은 대구에서 트럭 두 대로 운수업을 하고 있었다. 박재석보다 다섯 살 위인 삼촌이 최고회의 의장이 되자 그의 주변에서는 사업을 함께 하자는 사람들이 생겨났다. 그들은 원조자금으로 수입되는 원목들을 부산 앞바다에 띄워놓고 보관료만 받으면 되는 목재보관업을 하자며 박재석을 설득했다. 박재석의 역할은 정부 관리를 설득해 계약을 성사시키는 일이었다.

박재석은 농림부 장관을 만나 '각하의 가족인 저희들도 먹고 살 수 있도록 목재보관업이나 하게 해 주십시오.' 라고 부탁했다. 당시 농림부 장관이던 장경순이 담당국장을 불러 도와주라고 지시했다. 그러자 당시까지 그 사업을 해오던 사람이 동네방네 소문을 내고 다녀 큰 문제가 생겼다.

부산시경국장이 박재석을 찾아와서 신신당부를 했다.

"죄송하지만, 당장 사업 그만두셔야 하겠습니다. 저를 봐서라도 회사 문 좀 닫아 주이소."

박재석은 그길로 회사를 정리했다.

그 뒤 박재석은 운수업으로 번 약간의 돈으로 선산의 가족묘를 새로 단장하는 등, 묵묵히 집안 대소사를 도맡아 했다. 그는 당시에 삼촌 박정희에게 섭섭함도 있었지만 세월이 지난 뒤에는 생각이 달라졌다고 한다. 만약 그때 삼촌 말을 듣지 않고 공공사업에 손을 댔더라면 10.26 이후에 결코 무사하지 못했을 거라는 사실을 것을 자기도 알기 때문이었다.

권상하 정보비서관은 대통령 친인척 관리를 5년 동안 하면서 본인도 솔선수범하려다 보니 자기의 친인척으로부터도 인색하다고 욕을 많이 먹었다고 한다. 우리는 박 대통령이 서거하신 후 여러 대통령을 옆에서 지켜보았다. 그 중에서 박 대통령의 친인척관리야 말로 가장 모범이라는 생각을 하게 된다. 박 대통령이 재임하던 시절은 우리 사회가 조선 500년 동안 내려온 유교적 가문중시문화가 아직도 남아있던 시절이었다. 그러한 문화적 풍토에서 더러는 유혹을 받았음직도 한데 친인척 관리를 추상같이 집행한 박 대통령은 앞으로 대통령이 되는 사람들이 닮아야 할 모범이라는 생각을 하게 된다.

박 대통령 이후 여러 대통령을 거치면서 대통령 본인의 비리로 감옥에 간 대통령도 보았고 형님이나 동생이 구속되는 것도 목격하였다. 본인의 은닉자금을 형님에게 맡겨두었다고 송사를 치르는 대통령도 보았고, 평생을 정의를 외치며 살았던 대통령의 자식들도 비리에 연루되어 감옥으로 보내지는 것도 보았다. 누가 진정으로 훌륭한 대통령인가?

⊛ 그는 막걸리를 좋아한 진정한 서민이었다

박 대통령은 어린 시절 밤참이나 오후 학교 방과 후에 어머니와 함께 비름나물 비빔밥을 즐겨 먹었다고 한다. 지금은 시골에서도 별로 먹지 않는 나물이다.

박 대통령은 대통령이 된 뒤에도 워낙 비름나물을 좋아하여 청와대 비서실 직원이 비름나물 씨앗을 구하여 청와대 본관 뒷산에 작은 밭을 일구어 심었다. 여기에서 수확한 비름나물에 참기름과 고추장을 넣어 보리 밥에 비벼 먹으면서 가난을 되새기곤 하였다고 한다.

정일권 씨의 회고에 의하면 박 대통령이 1963년 12월 제5대 대통령에 취임한 직후 외무부장관인 자신을 청와대로 불러 한일회담의 조기 종결을 부탁할 때 청와대 식탁에 오른 것은 육영수 여사가 손수 끓인 생태찌개와 소주였다고 한다. 또한 1964년 5월에는 국무총리를 맡아달라는 부탁을 하기 위해 청와대에서 독대를 할 때의 식탁도 육 여사가 직접 끓인 생선찌개와 소주였다. 그 자리에서 '이제 술을 좀 바꿔 보시지요.'라고 했더니 '아직 이릅니다. 일본에서 받아낼 돈을 다 받아내고, 우리 농촌의 보릿고개를 없애 버리게 되면, 그 때 가서 기분좋게 샴페인을 터뜨려 봅시다.'하고 조용히 웃기만 했다고 한다.

박 대통령이 어느 날 마산의 한일합섬 공장에 들렀을 때의 일화가 있다. 수출용 스웨터를 만들고 있는 수천 명의 여공들은 시골에서 올라온 앳된 소녀들이었다. 박 대통령이 한 여공의 머리를 쓰다듬으며 소원이 무엇이냐고 물었다.

"공부 못 한 것이 한입니다. 영어 글씨를 모르니 감독님 말씀을 알아들을 수 없습니다."

눈물이 글썽이는 여공을 바라보던 박 대통령은 옆에서 안내하던 김한수 사장에게 야간학교를 개설하게 하였고 여기서 공부하고 졸업한 학생들에게 졸업장을 줄 수 없다고 버티는 문교부 장관을 설득하여 법 규정을 개정하면서까지 졸업장을 주게 했다.

박정희 대통령은 애주가였다. 그가 가장 좋아했던 술은 역시 막걸리였다. 지금 막걸리가 세계화되는데 누구보다 기여한 공로가 많은 사람은 아마도 박 대통령일 것이다.

박 대통령은 가는 곳마다 좋아하는 막걸리가 있었다. 청와대에 있을 때는 고양막걸리를 마셨다. 대구에 가면 군 시절에 마신 팔공산 자락의 천연수로 빚은 불로막걸리를 말 통으로 사다 마셨다고 한다. 부산 군수기지사령관 시절에는 금정산 산성막걸리에 흠뻑 취하곤 했다.

박 대통령은 평소에 막걸리를 예찬할 때 뭐니 뭐니 해도 막걸리는 논두렁에서 마시는 막걸리가 최고라고 했다. 그래서 막걸리는 농주라고 했다. 일하지 않고 막걸리를 마시면 트림만 나오고 오줌만 마렵다고 했다. 막걸리는 일하는 자의 술이라는 것이다. 막걸리에는 땀을 식히고 피로를 풀어주는 시원함에 감돌아드는 노동의 기쁨이 있다. 그의 막걸리 사랑은 곧 농촌 사랑이었다.

박 대통령의 막걸리 사랑에 관련된 일화들이 많다.

1966년 3월 6일 일요일, 당시 장기영 부총리가 청와대 권상하 정보비서관에게 전화를 걸어 왔다. 한국일보가 조성한 남한강변의 포플러 단지를 대통령께 보여드리고 싶은데 대통령의 의향을 물어달라는 것이었다.

포플러 단지 시찰을 건의하자 대통령은 반색을 했고, 세 사람은 곧 점퍼 차림으로 지프차에 올랐다. 검은 안경을 쓴 대통령이 운전석 옆에 앉고, 두 사람은 뒷자리에 앉았다. 포플러 단지에 도착하자 박 대통령은 쭉쭉 뻗은 나무들을 살피면서 두 팔에 안아보고, 흔들어보고, 매달려 보면서 무척 흡족해했다.

"대성공이오. 우리 국토에 쓸모없는 땅이 많으니 이런 속성수를 빨리 보급해서 수익성 있는 국토녹화를 해야 하겠소"

시간이 4시가 훌쩍 지나 귀로에 오른 지프가 여주의 한적한 길에 접어들자 허름한 주막이 나타났다. 누추하고 전깃불도 없이 컴컴한 주막이었다. 50줄 나이의 뚱뚱한 주모가 안내하는 대로 메주 냄새가 물씬 나는 방으로 들어가니 아랫목이 따뜻해서 몸을 녹이는 데는 안성마춤이었다.

"날도 쌀쌀하니 막걸리 따끈하게 해서 한 사발 주시오."

얼마 후 주모는 찌개 안주와 따끈한 막걸리를 가져와 손님들에게 한 사발씩 권했다. 손님들과 막걸리 사발을 주거니 받거니 하던 주모가 박 대통령을 요리조리 훑어보더니 갑자기 박 대통령의 무릎을 탁 쳤다.

"아이고, 이 양반이 꼭 박정희를 닮았네. 신문에서 본 그대로 어쩌면 이렇게 똑같은지 몰라."

순간 동행자들은 긴장했다.

"주모! 내가 왜 박정희를 닮아? 모두들 박정희가 날 닮았다고 하는데."

박 대통령이 능청을 떨자 두 사람은 웃음이 나왔다. 주모는 손님들 눈치는 아랑곳없다는 듯 술상 앞에 꼭 붙어 앉아 이것저것 참견하다가 정부에 대해 불만을 퍼붓기 시작했다. 동행자들은 술기운이 싹 가시면서 안절부절 못하는데 박 대통령이 추임새를 넣어주니 잔뜩 기세가 오른 주모는 군수, 경찰서장, 지서 주임에서 아무개 순경까지, 또 면장과 면서기들을 일일이 거명하면서 '죄상'을 낱낱이 폭로하는 것이었다. 그러더니다시 박 대통령에게 말을 붙였다. '박정희는 새까맣고 조그만 것이 어찌 그리 간이 큰가 몰라. 하도 단단해서 돌로 쳐도 안 죽을 거야.' 두 사람은 주모의 입방정에 긴장하기 시작했다. 반면에 박 대통령은 파안대소하며 연신 맞장구를 쳤다.

그 다음날 월요일 오전에 관할 군수와 경찰서장이 청와대로 부리나케 달려와 권 비서관에게 사과를 하는 것이었다.

"어제 각하께서 오셨는데 전혀 몰랐고, 무식한 주모가 너무 방정을 떨어서 몸 둘 바가 없습니다."

권 비서관은 두 사람의 이야기를 대통령께 구두로 보고했다. 박 대통령은 껄껄 웃으며 이렇게 말했다.

"어제 주모한테 민정을 잘 전해 들었고, 좋은 충고도 고맙게 받아들이겠다고 군수하고 서장한테 전해주게. 그리고 그 두 사람에게 그 주모를 잘 보살펴 주도록 부탁한다고 해."

잔뜩 움츠렸던 군수와 서장은 비서관으로부터 대통령의 말을 전해 듣고 어깨를 펴고 돌아갔다.

박 대통령은 본인의 생활도 서민적으로 살았지만 어렵고 힘든 사람들에 대한 배려도 많이 했다. 원호처장을 지냈던 박기석의 회고에 따르면 박 대통령은 평소 어려운 이웃의 사정을 살피고 돕는데 많은 관심을 보였다고 회고하였다.

"그분은 겉으로는 과묵해 보이지만, 속정이 깊고 따뜻한 분이셔서 원호대상자를 돕는 일에 있어서도 실무자가 미처 생각지 못한 부분까지 자상한 배려를 해주셨다. 해마다 추석이나 세모가 되면 으레 나를 불러 애국지사나 특별히 나라를 위해 희생한 사람들 중 어려운 사람 등 수십 명을 골라 그분들에게 전하라면서 남모르게 생활지원금을 건네주시곤 했다. 전주시 고사동 채윤석 준위 가족에게 생계비 전달, 6.25때 남편을 잃고 월남전에 아들까지 잃은 신복진 여사의 입원비 지원 등, 대통령의 인간적이고 훈훈한 마음을 읽을 수 있었다."

⚙ 그는 주변으로부터 항상 능력을 인정받은 글로벌 인재였다

박정희는 초등하교 3학년부터 졸업할 때까지 반장을 하였고 학교성적도 우수한 것으로 평가되었다. 성적이 전 과목이 고루 우수하며 암기력이 좋아 산수, 역사, 지리 등은 언제나 만점이었다. 학습시간에는 남보다 먼저 손들고 침착하게 발표하고, 학급 내에서는 연령이 낮은 편이었으나 매 학년 1등이며, 반장으로서 통솔력이 탁월하였다. 자습시간에는 학우들을 지도하였으며 학습준비도 철저히 하는 등, 학급운영을 선도적으로 하며 아동으로서는 지나칠 정도로 과묵, 냉철, 사색적 성격이라는 평가를 받았다.

초등학교 동기생들은 박정희를 어릴 때 몸집은 작았지만 야무진 데가 있어 '대추방망이'라는 별명을 붙였고 체구에 비해 담력이 세고 머리가 비상하여 암기력이 뛰어났다고 기억하고 있었다.

박정희가 다닌 구미공립보통학교는 1920년 개교한 후 1932년 졸업할 때까지 한 명도 대구사범학교에 입학시키지 못했다. 박정희는 그해 입학생 100명 중 51등으로 합격하여 입학하였다. 구미공립보통학교가 개교한 후 12년 만에 처음으로 대구사범학교에 합격생을 낸 것이다.

박정희는 1939년 10월 만주국 육군군관학교 제2기 입학시험을 치렀고 전체 합격자 240명 중 15등으로 합격하여 1940년

4월에 만주국 육군군관학교에 입학했다. 박정희는 2년간의 만주군관학교 생활을 마치고 1942년 3월 졸업했으며 졸업식장에서 우등상장을 받았다. 5명의 우등상장을 받은 사람들을 민족별로 보면 일본계 2명 만주계 2명이었다.

박정희는 만주군관학교 예과 2년을 마치고 일본계 졸업생과 만주 및 조선계 성적 우수 졸업생들과 함께 1942년 10월에 일본 육군사관하교 본과 3학년(일본 정규 육사 57기 해당)에 편입하였다. 편입 후 1년 6개월 만인 1944년 4월에 일본 육사 57기를 졸업했다. 그 당시 유학생으로 편입한 학생들 중에서 박정희는 3등으로 졸업하여 우등상을 받았다.

해방이 되고 대한민국으로 귀국하여 1946년 9월 24일 조선경비사관학교(육군사관학교 전신) 제2기로 입교했다. 3개월간의 교육을 받고 그해 12월 14일에 졸업했다. 전체 263명 입교생 중에서 194명이 졸업했고 박정희는 194명 중 3등으로 졸업했다.

1954년 초에 장도영 장군이 2군단장으로 보임 된 후 당시 2군단 포병사령관이 다른 곳으로 전출됨에 따라 후임 포병사령관으로 박정희를 데려다 쓸 정도로 장도영도 그의 능력을 인정하고 있었다.

박 대통령이 서거하고 난 후 서재를 정리할 때 서재에 꽂혀 있는 책이 무려 6백 권이나 되었다. 그 책들 중에는 세계대백과사전, 파월 한국군전사, 난중일기, 불확실성의 시대, 감사원

결산 감사 보고서, 성경, 성경 사전, 단채 신채호 전집, 백두진 회고록, 지미 카터 자서전, 자본론의 오역(일어판), 김일성(일어판), 사상 범죄론, 한국 헌법, 다국적기업, 정경문화(잡지) 등 실용주의적 서적으로 가득 차 있었다고 한다. 독서량이 많은 박 대통령은 혁명 전에 문인들과도 친했다. 당대 날렸던 시인 구상도 친구였고 시인 이용상, 소설가 장덕조, 김팔봉 등도 군인 박정희의 높은 교양에 깊은 인상을 받고 대화의 상대자가 되었다고 한다.

❀ 그는 6.25 남침 날짜를 정확히 예측하였다

박정희는 좌익 혐의에 연루되어 처형되기 직전에 구사일생으로 살아 남아 육군본부 작전국전투정보과의 상황실장에 임명된다. 박정희는 6.25 남침날짜를 정확히 예측할 정도로 정보수집능력과 분석력, 그리고 판단력이 뛰어난 사람이었다. 그가 얼마나 정보 분석 능력이 탁월했는지를 몇 명의 증언을 통하여 확인하여 본다. 이런 사실은 그와 함께 근무했던 여러 명의 사람들로부터 확인이 가능하다. 박정희와 함께 전투정보과에서 근무했던 당시 김종필 중위는 이렇게 증언하였다.

〈나를 포함한 이영근, 석정선 등 육사 8기 졸업생들 중에서 가장 우수한 평가를 받은 10명은 육군본부 정보국 중에서도 가장 우수한 인재들만 모였다는 전투정보과에 배속 되었다. 당시 백선엽 정보국장에게 신고 인사차 들어가니 정보국장님이 이렇게 말씀하셨다.

"이곳에는 앞으로 너희들이 모시고 일할 훌륭한 분이 와 계시다. 가서 인사를 드리고 와라."

일동이 옆방으로 들어가 보니 계급장 없는 군복을 입은 한 문관이 과묵한 얼굴로 우리들을 맞이하였다.

"나 박정희요."

숙군 사건에 관련되어 군복을 벗었고 형장으로 끌려가기 직전에 구원을 받아 문관으로 근무하고 있는 박정희 실장이 바로 그 사람이었다. 작은 키에 까무잡잡한 얼굴, 만주군관학교를 1등으로 졸업하고. 일본육군사관학교를 3등으로 졸업한 우수한 장교이며, 공적으로는 엄격하지만, 사적으로는 자상한 분으로 많은 생도들의 존경을 받고 있던 인물을 직접 만나게 된 것이다.〉(김석야 '실록 박정희와 김종필')

당시 함께 근무했던 이영근 중위(전 국회의원)도 전투정보과 시절의 박 대통령을 이렇게 증언했다.

"작전과 정보에 대해서 경험이 없었던 저희들의 눈에는 박정희 그 분은 하나의 경이였습니다. 빨치산들의 이동이 감지되면 그들의 예상 이동경로를 저희 과에서 판단하여 작전국에 알려주곤 했는데 그분의 예상이 적중하는 것을 많이 보았습니다. 상황실에 가끔 상관들이 나타나, 박정희의 지도 하에 우리들이 그려 넣은 상황판을 비판하고 고쳐놓는 경우가 많았습니다. 경험이 적은 장교들이 억지주장을 하는 경우였지요. 그런 사람들이 마음대로 그려놓고 나가버리면 그때까지 듣고만 있던 박정희는 '자아식, 알지도 못하면서'라고 한마디를 한 다음 마른 걸레로 다시 상황판을 지우고 본래대로 그려놓는 것이었습니다. 며칠 지나고 보면 본래의 판단이 맞아떨어진 것으로 밝혀져 그분에 대한 존경심은 배가될 수밖에 없었습니다."(조갑제 '박정희 2권')

박정희와 김종필은 함께 일하면서 여러 가지 정보를 종합하여 북한의 기습남침이 임박했으며 만약에 전쟁을 일으킨다면 그 날자는 6월 25일 일요일이 될 것이라고까지 정확하게 예측하였다. 당시만 해도 38선이라는 것이 그냥 지도상에 선으로 그어져 있는 상징적인 선에 지나지 않았고 경비초소도 몇 킬로미터에 하나씩 드문드문 있었기 때문에 사람들의 이동이 자유로웠다. 남측과 북측 모두 정보원들을 상대 진영에 보내어 정보를 캐내기에 혈안이 되어 있었던 때였다. 그러나 6월 들어서자 북측을 염탐하고 나서 귀환해야 할 첩보원들이 약속이나 한 듯이 전원 소식이 두절되었다. 여러 가지 상황으로 보아서 북측의 경계가 갑자기 강화되어 통행이 불가능하다는 판단을 할 수 있었다.

또한 북측의 병력과 무기가 대거 38선 근방으로 이동하고 있었기 때문에 북한이 남침을 개시할 시기가 임박했음을 알 수 있었다. 7월로 접어들면 계절적 요인으로 전쟁을 일으키기가 쉽지 않을 것이기 때문에 북한이 남침을 하면 6월에 할 것이고 그 날짜를 선택한다면 군인들의 마음이 해이해 진 일요일을 선택할 것이며, 결국은 6월 25일이라는 계산이 나온다.

1950년 6월 21일 박정희 실장은 어머니의 소상을 준비하기 위해 선산으로 내려가지 않으면 안 되었다. 작년에 세상을 떠난 어머니에 대하여 그는 남다른 한을 간직하고 있었다. 어머니가 몸져누운 것은 그가 여순반란 사건에 연루되어 잡혀갔다는 소식을 전해 들으면서였다. 독립운동이니 건국이니 하면서 뛰어다니다가 비명에 간 셋째 아들 박상희의 죽음 하나만으로도 견디기 힘든 충격이었는데 막내아들까지도 또 비명에 갈지 모른다는 생각으로 노심초사하다가 마침내 병석에 눕게 된 것이다. 그 어머니의 임종조차도 지켜보지 못한 박정희 실장은 어머니의 소상만이라도 직접 주관해야 하겠다는 심정으로 휴가를 낸 것이다.

휴가를 떠나면서 박정희 실장은 김종필 중위에게 간곡해 당부했다.

"북괴의 동향이 심상치 않은데 자리를 비우게 되어서 마음이 편치 않소. 무슨 일이 있으면 구미경찰서로 연락해 주시오."

박 실장이 자리를 비운 후에 김종필은 다시 보고서를 작성하여 상부에 올렸다. 만일 적이 침공하면 25일이 될 것이니 전군의 경계태세를 강화하고 장병의 외출외박은 물론 휴가까지도 금지해야 한다는 내용이었다. 그러나 상부에서는 6월이 한참 모내기철로 농촌일손이 모자란다는 이유를 들어 군인들을 대거 휴가 보내고 외출외박도 허용했다. 그리고 그 전날인 24일 저녁에는 거의 모든 주요지휘관들이 육군본부에 모여 장교 클럽 낙성식 축하 댄스파티를 벌이고 있었다. (조갑제 '박정희 2권')

사전에 충분히 대처할 수도 있었던 1950년의 6.25 한국전쟁은 이렇게 시작된 것이다. 박정희의 앞을 내다보는 선구자적인 지혜와 통찰력을 잠시 들여다 볼 수 있는 장면이다.

- 제8장 -

박정희: 그의 기업가적 리더십

⊛ 그에게는 민족중흥의 꿈이 있었다

박정희에게는 '부강한 나라를 만들겠다.'는 꿈이 있었다. 오로지 대통령이 되겠다는 꿈만 꾼 사람과 부강한 나라를 만들겠다는 꿈을 가진 사람은 그의 행태도 다르고 결과도 다르게 마련이다.

5.16군사혁명의 혁명공약 네 번째가 '절망과 기아선상에서 허덕이는 민생고를 시급히 해결하고'였다. 그만큼 혁명의 궁극적인 목표는 권력을 쟁취하는 것이 아니라 권력은 수단이고 목표는 국민을 잘 살게 하는 민족중흥인 것이었다.

박 대통령은 5.16군사혁명을 하고 2일 만에 경제개발전문가를 찾아 종합경제개발계획 수립을 지시하고 10일 만에 경제개혁을 추진할 주체인 경제기획원을 창설했으며, 또한 10일 만에 부강한 나라를 만드는데 가장 중요한 국민정신개혁을 위한 재건국민운동본부를 설치하였다. 그리고 혁명 후 4개월 만에 산업국가로 만드는데 필수적인 과학과 기술을 개발하기 위한 기술연구소 설립 타당성 조사를 지시할 정도로 그는 부강한 나라를 만들겠다는 꿈을 갖고 있었다. 그는 나무를 심으면서도, 고속도로를 내면서도, 수출입국을 외치면서도 '후손에게 풍요로운 조국을 물려주기 위해'라는 신념을 안고 평생 이를 실천한 애국혼의 상징이었다.

1973년 11월 광주에서 열린 새마을 지도자 대회에서 박 대통령은 그의 국가경영철학의 일단을 이렇게 피력한 바 있다.

"새마을 운동이란 무엇이냐? 나는 작년에 간단히 '잘 살기 운동'이라고 정의했다. 여기서 잘 산다는 건 나 혼자 잘 먹고 잘 사는 게 아니고 서로 도와서 나와 함께 이웃도, 우리 고장도, 우리나라도 잘 사는 것을 뜻한다. 아니 그것을 뛰어넘어서 우리 후손들에게 부강한 나라, 살기 좋은 나라를 만들어 물려주는 것, 이것이 참되게 잘 사는 것이다. 이것이 우리가 지금 벌이고 있는 새마을 운동의 궁극적인 목표이다. 지난날 우리나라는 일제 강점시대와 6.25전쟁을 거치면서 너무 못살아서 외국에 갔다가 누가, 어느 나라에서 왔느냐고 물으면 '나는 한국 사람이오.'라고 떳떳하게 말하는 사람이 많지 않았던 게 사실이다. 그러나 앞으로는 '나는 대한민국 사람이오.'라고 가슴을 펴고 당당하게 말할 수 있는 그런 나라를 만들어야 한다. 그런 자랑스러운 나라를 만들어 후손들에게 물려주자. 이것이 우리가 노리고 있는 새마을 운동의 궁극적인 목표인 것이다."

박 대통령은 자기의 민족중흥의 꿈을 달성하기 위해 늘 구체적인 국가목표를 제시했다. 그는 국민을 현혹하는 비현실적인 이야기를 하지 않았다. 그는 '자유가 강물처럼 흐르고 평화가 들불처럼 번지는 그런 나라를 만들겠다.' 또는 '사람이 먼저다.'라는 식의 추상적인 언어로 국민들이나 관계자들을 선동하지 않았다. 그는 구체적인 목표를 제시하고 온 국민을 설득하여 그것을 끝까지 달성해냈다.

1970년 4월 포항제철 준공식의 치사에서도 포항제철의 10년 후, 20년 후의 비전을 제시하였다.

"이 공장은 앞으로 내자와 외자를 합쳐서 약 2억 2천만 달러, 우리나라 돈으로 환산하면 약 670억 원 정도의 투자를 하게 되고, 앞으로 3년간의 건설 기간을 소요로 하여 모든 것이 순조롭게 추진되면 73년 여름에 가서는 약100만 톤 규모의 제철 공장을 완성할 수 있게 될 것입니다. 그러나 나는 이 공장이 완공된 다음에도 앞으로 계속해서 2백만 톤, 3백만 톤 규모로 시설을 확장해 나가지 않으면 국내 수요를 충족할 수 없을 것으로 내다봅니다. 우리나라의 공업이 발전해 나가는 추세를 보아서, 우리나라에서도 1970년대 후반기쯤 가서는 약 1,000만톤 정도의 철강재 생산 능력을 가져야 될 것이고, 또 그러한 공장들이 계속 건설돼 나가야 하리라고 생각하는 것입니다."

1974년 6월 현대조선 준공식 겸 26만 톤급 유조선 명명식 치사에서도 3년 후인 1977년에는 두 개의 거대 조선소를 더 짓고 조선 능력을 연간 600만 톤으로 늘리고 한 해 수출액의 약 10%인 10억 달러를 벌어들이도록 하겠다고 비전을 밝혔다.

그는 민족중흥, 경제건설, 포항제철, 고속도로, 수출 1억 달러, 10억 달러, 100억 달러의 달성, 새마을운동, 방위산업 건설, 소총에서 미사일 개발까지 끊임없이 비전을 제시하고 추진해왔다. 마지막에는 완수하지는 못했지만 수도이전까지 비전을 제시하였다.

그리고 그 꿈을 달성하기 위해 전 국민들을 동원하는 데도 탁월한 능력이 있었다. 그는 서독에 갔을 때 광부와 간호사들을 만난 자리에서 '시간을 주십시오. 다시는 우리 국민들이 외국에 팔려오는 일이 없도록 하겠습니다.'는 각오를 밝히면서 그들에게 열심히 일하자고 용기를 주었다. 그는 함께 일하는 공무원들이나 기업인들에게도 용기를 북돋아 줌으로 해서 그들이 자발적으로, 또 헌신적으로 대열에 동참하도록 이끌었다.

수출목표를 달성하기 위해 상공부 공무원들이 밤을 새워 일할 때도 그들은 피곤한 줄 몰랐다. 경부 고속도로 준공식에서 상을 받은 군 장교들이 뜨거운 눈물을 흘린 것도 부강한 나라를 만드는데 자신들이 일조를 했다는 자긍심의 눈물이었다. 정주영 회장이 하루 세 시간, 네 시간을 자면서 이익을 생각하지 않고 건설현장을 누빈 것도 부강한 나라를 만드는데 힘을 보태고 싶었기 때문이다. 이병철 회장도 자기 개인의 영달과 자녀들까지의 영달을 위해서라면 제일모직과 제일제당이면 족하다고 말했다. 그런 그가 그렇게 많은 사업을 일으킨 것은 오로지 사업보국을 위해서였다.

✪ 그는 무에서 유를 창조하는 도전가였다

박정희가 인생에서 처음 도전한 일은 스물 세 살의 나이에 그 당시에 가장 월급도 많고 안정된 직장인 교사직을 버리고 '긴 칼을 차고 싶어서'라는 말을 남기고 만주 군관학교에 입학하는 도전이다. 짐 콜린스는 그의 저서 《좋은 기업에서 위대한 기업으로》에서 좋은 기업의 CEO가 자기 기업이 좋은 기업으로 생각하기 시작하면 위대한 기업으로 올라가지 못한다고 하였고, 칭기스칸도 몽골인이 비단옷과 벽돌집에 안주하면 나라가 망해간다고 경고하였다.

박정희가 안정적인 교사직에 안주했다면 한국의 근대화는 없었을 것이다. 그는 자기의 모든 역량을 바쳐 만주군관학교를 최고성적으로 졸업하고 그 덕분에 일본 육군사관학교에 편입도 하게 된다. 박 대통령 한 개인에게는 모험이고 도전인 대구사범학교, 만주군관학교, 일본 육군사관학교를 거치면서 일본의 명치유신을 통한 국가굴기를 몸소 체험할 수 있었던 게 우리에게는 큰 행운이었다고 할 수 있다.

그의 다음 도전은 5.16혁명이었다. 혁명이란 예로부터 실패하면 삼족이 멸문지화를 당하는 그야말로 목숨을 건 모험이다. 산악인 엄홍길씨의 히말라야 14좌 등정의 성공도 수 없이 많은 동료들이나 세르파들의 죽음과 맞바꾸면서 이룬 쾌거였다. 5.16혁명은 히말라야 등정과는 비교할 수 없을 만큼 큰 희생이 따르는 대모험이었다. 만약 실패했을 때 혼자만의 목숨이 달린 문제가 아니고 함께 참여한 동료의 죽음은 물론이고 혁명에서 발생할 수 있는 피아간의 희생과 예측할 수 없는 상황이 일어날 수 있는 경우의 수가 너무 많은 도전이었던 것이다.

박 대통령이 포항제철을 건설할 때 세계은행 실무자가 타당성이 없다고, 국제제철차관단이 차관을 주선해 주지 않아도, 야당 국회의원이 나라 망친다고 반대해도, 국내언론이 차관으로 새로운 부실기업을 만든다고 선동해도 결코 포기하지 않았다. 그는 포항제철의 미래가 불투명하다고 부정적인 주장을 하는 부총리를 경질하면서까지 포항제철 건설에 도전했다. 그 도전의 결과는 오늘날 찬란하게 빛나는 포스코란 이름으로 우리들 앞에 서 있다.

한일회담 때는 거의 대부분의 국민과 학생과 지식층들이 굴욕외교라고 데모하고 온 나라가 데모대로 들끓어도 그는 계엄령을 선포하면서까지 회담을 성사시켰다. 청구권자금이 들어오지 않으면 경제개발을 할 수 없다는 절박함이 있었기에 결코 포기할 수 없었던 것이다. 너무나 어려운 과정을 거쳐 달성한 것이어서 그랬을까? 박 대통령은 '이 서류 몇 개 가져오는데 15년이 걸렸다니'라고 탄식을 하기까지 했다.

고속도로 건설도 야당이 공사를 저지하기 위해 자리를 깔고 들어 누워도 이것이 국가발전의 요체이고 국민의 생활이 편리해진다면 나는 욕을 먹어도 괜찮다고 생각하고 끝까지 밀고 나갔다. 그는 경부고속도로 준공식 치사에서 이렇게 말했다.

"아무리 어려운 일이라도 우리가 일단 하겠다고 결심한 일은 우리의 모든 노력을 총동원하면 안 되는 일이 없다, 불가능은 없다는 자신감을 우리는 얻었다. 우리가 이러한 민족적인 자신감을 얻었다는 것은 이 도로가 우리나라 경제에 미치는 물질적인 효과보다도 더 중대한 의의가 있다고 생각한다."

산림녹화사업은 해방 이후 모든 정부에서 가장 많은 투자를 했던 사업이었지만 결실을 보지 못했던 대표적인 국가목표 중의 하나였다. 그러나 박 대통령은 기꺼이 도전했고 이를 달성하여 우리나라를 산림 선진국으로 등극하게 했다.

박 대통령은 부강한 나라를 만드는데 필요한 일이라면 남이 안 된다고 하고 반대하는 일도 주저함 없이 밀고 나갔다. '내 무덤에 침을 뱉어라.'라는 유명한 발언은 국민들이 언젠가는 자신을 알아주는 날이 올 것이라는 확신, 역사는 자신의 편에 설 것이라는 자신감이 없었다면 나올 수 없는 발언이다.

❀ 그는 진정한 개혁주의자였다

　박 대통령은 5.16혁명 후 일주일만인 5월 22일에 내핍생활 강화, 근로정신 발휘, 생산증진 활동 제고, 도의심 함양 등 범국민운동 대강을 발표하고 국가개혁프로젝트들을 추진하기 시작하였다. 5월 27일에는 병역기피 공무원들을 적발하여 구조조정 하였고 5월 28일에는 부패공무원 및 기업인, 재산해외도피자들을 체포하였으며 언론정화사업도 추진하였다. 그리고 공무원들의 기강을 확립하기 위해 30분 앞 당겨 출근하기, 무단결근 및 무단이석 금지, 잡담 엄금, 지시된 업무 시간 내 완료하기, 민원서류 처리시 무료 대서 및 처리 시간 엄수, 친절봉사, 민폐금지, 허례허식 악습폐지, 검소한 생활 솔선 이행, 유흥장 출입금지, 양담배 흡연금지 등의 개혁을 시작하였다. 5월 29일부터는 서울 시내 다방에서 외화로 사들인 커피 판매를 자제하고 국산차 애용을 계도하는 등 500년 이상 누적되어 온 우리 사회의 구악들을 개혁해 나갔다.

　또한 그는 5.16혁명 후 8개월 만에 대한제국, 일제시대, 미군정시대 때 만들어진 법률 중에서 자유당 정부에서나 민주당 정부에서 개혁하지 않았던 573개 법령을 모두 정리하였다. 대한민국을 건국할 때 우리나라에는 과거의 국가법령이 613개가 있었다. 그 중에서 자유당 시절이나 민주당 시절에 개편한 것은 겨우 40개에 지나지 않았다. 나머지 573개 법률은 5.16

혁명 후 8개월 만에 모두 정리하여 새로운 법률, 대통령령, 부령으로 개편하였다.

박 대통령은 5.16 후 10일 만에 고리채정리법안을 만들고 정리에 들어가 1961년 8월 5일부터 12월 31일까지 신고를 받아 정리하였다.

대한민국의 주요산업은 농업이었다. 당시의 농업은 가뭄이나 홍수 등 천재에 따라 한 해 농사가 결정되는 수동적 산업이었다. 여기에 더해 농사의 주체인 농민이나 정부도 농업은 하늘이 지어준다는 의식에 빠져있어 스스로 문제를 해결하려는 의지가 없었다. 조선시대에는 기술이 없었고 1960년대까지는 의욕과 도전이 없었으며 그에 필요한 자금도 없었다. 1962년에는 수리안전답의 비율이 40%에도 미치지 못했던 것을 4대강 댐 건설과 지하수 개발 등으로 1979년에는 87%로 확대하였다.

1960년도 말까지만 하더라고 농촌에는 전기보급이 20%에도 미치지 못하였다. 이것을 박 대통령의 집념으로 1979년에는 99%까지 확대하여 사실상 우리나라 100% 전기보급 시대를 열었다.

5.16 혁명 당시만 하더라도 우리나라 대부분의 산골에는 화전민들이 대를 이어 살고 있었다. 화전민으로 인하여 산불도 나고 오랫동안 자란 나무들을 한 방에 불태우므로 산림을 보호할 수가 없었다. 전국의 화전민이 무려 30여만 가구에 지금

의 대전시 시민정도의 사람들이 화전으로 살고 있었다. 이를 삼림으로 보전할 것과 농토로 전환할 것을 분리하여 전부 정리하였다.

1973년 8·3긴급경제조치는 제1·2차 경제개발5개년계획의 추진 과정에서 늘어난 차관의 상환기간 도래 등으로 자금조달에 쪼달리는 기업들을 살려낸 극약처방이었다. 당시 기업들은 명동 사채시장에서 긴급자금조달방법으로 고리 사채를 쓰고 있는 상황이었다. 이를 해결하지 않으면 국가전체의 부도사태까지 갈 수 있는 엄청난 재앙이 싹트고 있었다. 자본주의 경제정책으로는 있을 수 없는 긴급조치로 그 당시 통화량의 약 80%에 해당하는 고리사채를 정리하여 기업들의 위기를 탈출하게 하였다. 이 때 긴급조치를 하지 않았다면 제1차 석유위기 때 한국의 부도사태가 발생했을 가능성이 아주 높았다.

박 대통령은 이처럼 18년 재임기간 동안 하루도 쉬지 않고 우리나라 구석구석에 쌓였던 구악들을 개혁하는데 전력을 투구하였다.

⚙ 그는 일에 미친 열정주의자였다

짐 콜린스(Jim Collins)는 《좋은 기업에서 위대한 기업으로》에서 좋은 회사에서 위대한 회사로 도약하는 CEO의 5단계 리더십으로 '지속적인 성과를 일구어 내고자 하는 치유 불가능한 욕구에 사로잡혀 광적으로 일을 추진한다. 그들은 회사를 키우는 데 필요한 일이라면, 그 결정이 아무리 엄청나고 힘들지라도 무엇이든 할 결의가 되어 있다.'고 기술하였다.

헤르만 지몬(Hermann Simon)은 《히든 챔피언》에서 위대한 기업의 경영자들의 특징으로 ① 사람과 일의 구분이 없다 ② 집중적으로 목표를 향해 매진한다 ③ 두려움이 없다 ④ 활력과 끈기가 있다 ⑤ 다른 사람들에게 영감을 준다 등을 꼽았다.

사람과 일의 구분이 없다는 말은 위대한 기업의 CEO는 회사와 항상 하나라는 뜻이다. 이들은 사생활과 일을 거의 완벽하게 통합시키고 이 두 가지 영역을 분리시키지 않는다고 한다.

박 대통령은 5·16 혁명 이후 오직 부강한 나라를 만드는데 그의 온 정력을 기울였다. 그에게 사생활이란 없었다. 경부고속도로를 건설할 때의 재원조달을 위한 유류세 개정법안을 국회에서 미적거리며 못하고 있을 때 호통을 치면서까지 법안을 통과시켜 재원을 마련했고, 야당도 반대하고 국민들도 반대했지만 끝까지 밀어붙여 이루었다. 고속도로 건설기간 내내 짚차로, 헬리콥터로 수시로 현장을 방문하여 근로자들과 관계자들을 격려했다.

우리도 철강공장을 가져야겠다는 집념으로 포항제철 설립에 몰입하였다. 대한국제제철차관단(KISA)도 부정적이고 세계은행(IBRD)도 부정적이었다. 야당도 언론도 모두 한결같이 반대했음에도 불구하고 포항제철 설립에 몰입하였다. 포항제철이 온전하게 정상궤도에 오를 때까지 정치에 휘둘리지 않도록 박태준 사장에게 종이마패를 써 주면서까지 포항제철의 성공을 옆에서 지켜주었다.

KIST건설기간에도 한 달에 한 번 이상을 현장을 찾아 건설근로자들를 격려하고 함께 식사도 하면서 그들에게 신바람을 불러 일으켰다.

황병태 전 주중 대사는 박 대통령의 업무처리 정신을 이렇게 회고 하고 있다.

"박 대통령은 성격이 차분하면서도 냉정한 편이었지만, 일단 결심이 서면 불같이 달려드는 분이었다. 그에게 있어 경제개발 사업은 관료적 명령계통이 필요 없었고 정치적으로 복잡한 계산도 염두에 없었다. 필요한 경우에는 본인이 직접 나섰고 다른 사람들은 심부름을 하는 데 지나지 않았다. 기업을 직접 일으킨 창업자 출신의 최고경영자나 다름없었다. 경제개발계획은 박 대통령의 남다른 열정이 뒷받침되지 않았다면 이루어지지 못했을 것이다."

김재순 전 국회의장은 2011년 9월 조선일보와의 인터뷰에서 박 대통령의 지도자적 자질에 대하여 '나랏일을 자기 일처럼 성실하고 책임 있게, 어느 누구의 눈치도 보지 않고, 좋다고 생각하는 것, 가야 할 길에 전력투구한 양반이에요. 거기에 대해선 인정하고도 남음이 있어요.'라고 회고하였다.

1952년 박정희가 대구에서 육본 작전국 차장으로 근무하고 있을 때 그 밑에서 하사관으로 근무한 홍득만 중사는 5.16혁명이 일어나자 바로 곁에서 박정희를 시중드는 역할을 했다. 그 때 보고 느낀 박정희의 모습이다.

"박정희 의장은 최고회의 사무실에서 살다시피 했다. 잠을 언제 자는가 싶을 정도로 항상 깨어서 일하고 있었다. 그는 야전 침대에서 자고 일어나면 아침 신문부터 꼼꼼히 읽었다. 그 다음엔 중앙정보부, 육·해·공군 정보부대에서 올라온 각종 보고서들을 밑줄을 쳐가면서 읽기 시작했다. 그 다음엔 진정서와 건의서들을 읽었다. 보고서를 읽느라 아침을 생략할 때도 많았다."

박 대통령은 재임 18년 동안 개인의 생활과 국가의 일의 구분 없이 민족중흥 사업에 몰입했다. 결정하기까지는 독서와 사색, 전문가의 조언, 충분한 준비 등 정중동으로 결정하지만, 일단 결정이 되면 집중적으로 목표를 향해 매진하여 그 목표를 달성하였다.

❀ 그는 말을 앞세우지 않고 실천으로 보여주었다

호암 이병철 회장은 최고경영자의 조건으로 인격, 리더십, 신뢰, 창조성 등과 함께 '추진력'을 중요한 덕목으로 지목하였다.

또한 이병철 회장의 경영 15계명의 첫 번째 계명이 '행하는 자 이루고 가는 자 닿는다.'이다. 그만큼 추진력은 시작이고 끝맺음이다. 머리가 아무리 좋은 사람도 추진력과 실천력이 뒷받침 되지 않으면 결과를 얻지 못한다는 말이다.

정주영 회장은 안 되는 일을 여간해서 수용하지 않는다. 그가 늘 입에 달고 다닌 말이 바로 '해봤어?'다. 해보고 안 되는 것인지, 머릿속에서 안 된다고 하는 것인지 물어보는 말임과 동시에 하면 된다는 일종의 자기 암시이기도 하다.

박정희, 그는 5%의 지시와 95%의 확인을 하는 대통령이었다. 5.16 이후 경제개발5개년 계획을 추진하여 많은 성과를 냈을 때 비판적인 입장에 있는 사람들이 제2공화국의 경제개발5개년 계획을 도용했다고 하는 사람들이 있다. 그것도 일면 맞는 말일 수 있다. 사실 경제개발5개년계획은 소련이 원조이고 우리나라 제1공화국 때도 있었고 제2공화국 때도 있었으며 북한에서도 비슷한 계획으로 경제개발을 추진했다. 그러나 제1공화국 때나 제2공화국 때는 계획은 있었지만 실천이 없었고 시간싸움에서도 실패했다. 그리고 북한에서도 5개년계획, 7개년계획이 있었지만 결과가 달랐다.

박 대통령이 제5대 대통령으로 취임한 1963년 12월 말경 외무부 차관으로 임명된 정일영이 주불 공사를 마치고 귀국하여 청와대 집무실을 방문했을 때의 목격담이다. 인사차 청와대 집무실에 들어서는 동안에도 박 대통령은 책상 위에 펼쳐진 지도에서 눈을 떼지 못하고 있었다. 한 손에는 콤파스가 들려 있었다. 머쓱해진 정 차관이 인기척을 내자 박 대통령은 '어, 왔어?'하면서 다시 지도를 보며 콤파스로 이곳저곳을 재고 있었다. 가만 보니 제주도와 남해안 다도해가 수록된 해도였다. 박 대통령은 지도에서 눈을 떼지 않은 채 이렇게 말했다.

"정 차관, 이거 말이야. 우리 전관 수역을 제주도 서쪽에서 동쪽으로 127도 13분까지만 하면 황금어장이 우리 수역 안으로 포함되는데… 요놈을 어떻게 할 수 없나?"

"예."

"이거 될까?"

"한 번 해보겠습니다."

"그래. 한 번 해봐."

"각하, 그런데 왜 제가 할 일을 직접 하십니까?"

박 대통령이 갑자기 눈을 부라리며 이렇게 말했다.

"누가 할라 캐야지. 이거 누가 책임지고 할라고 해?"

미국의 공공차관과 관련된 일화도 있다. 박 대통령이 1965년 5월 미국 존슨 대통령의 초청으로 미국 방문에서 미국이 한국에 제공하는 공공차관을 프로젝트별 승인제에서 '총액한도제'로 전환하기로 합의하였다. 과거에는 프로젝트별로 하나하나를 신청하고 사업성 검토를 하여 차관을 승인하는 형태였으나 총액한도제는 총액을 결정해 놓고 개개의 사업별로 승인절차를 거치지 않고 차관을 제공하는 형태이다.

그 당시 공공차관 과장은 황병태였다. 공공차관이 1억 6천만 달러가 확정되어 있었지만 실제로 우리에게 돈이 제공되지 않은 상황에서 1965년 10월 중순 경 대통령이 긴급회의를 소집하였다. 오전 10시부터 시작된 회의가 오후에까지 계속되었다. 대통령이 회의를 다시 주재하면서 황병태 과장에게 갑작스럽게 '황 과장, 워싱턴에 출장을 다녀오게. 지금 당장 출발하게. 아까 이 자리에서 얘기됐던 1억 달러의 목표가 성사되기 전에는 돌아올 생각을 말게나. 국무성 현관에서 기다렸다가 출근하는 담당 직원들과 눈길을 마주치고 인사를 해라. 귀찮으니까 빨리 보내야 한다는 말이 나올 때까지 계속 매달려라.'라면서 출장을 명령하였다. 황 과장은 이렇게 출장을 떠나 석 달이 지난 1966년 2월에 차관이 약 9천만 달러가 되어서야 귀국해도 좋다는 전화를 받고 귀국했다고 한다.

1965년 가을 한일조약의 국회 비준과 월남파병안을 처리하여 여유를 갖게 된 박 대통령은 모처럼 청와대 출입기자들을 정원으로 불러 간단한 다과회를 가졌다. 한 기자가 '새로 만든 각하의 상황실을 구경시켜주실 수 없습니까?'라고 물었다. 박 대통령은 말이 없었다. 다른 기자가 '그곳에는 전국 공무원들의 신상 자료가 다 들어 있다는데…'라고 혼잣말처럼 중얼거리자 박 대통령은 '그럼 보여주지.'라면서 앞장을 섰다.

본관 집무실 동쪽에 마련된 10평 남짓한 방으로 들어간 기자들은 의외의 광경에 놀랐다. 삼엄하고 화려할 줄 알았던 상황실 벽을 벽지가 보이지 않을 정도로 뒤덮고 있는 것은 조세 징수 사항, 무역동향, 산업시설 건설현황 등의 통계수치와 도표였다. 박 대통령은 지시봉을 들더니 기자들에게 각종 경제 통계를 설명해갔다. 괘도를 척척 넘기면서 보지도 않고 숫자를 거의 외우면서 설명하는데 착오가 없었다. 박 대통령은 '이런 식으로 나가면 우리도 1970년에는 자립경제를 달성할 수 있을 거야.'라고 했다. 그가 말한 자립경제란 미국원조를 받지 않는 경제를 말한다.(조갑제 '박정희 8권')

박정희의 기업가적 국가경영과
위기관리 리더십

✽ 그는 인재를 모으고 관리하는데 탁월하였다

5.16군사혁명을 할 때 적극적으로 가담한 장교가 약 250명, 전체 동원된 군인이 약 3,700명이었다. 250명의 장교를 목숨을 건 쿠데타에 협조하도록 하는 것은 그에 대한 강한 신뢰와 그에게 끌리는 강한 흡인력이 없이는 불가능한 일이다. 이와 같은 박 대통령의 인간적 매력과 더불어 혁명에 동참하게 하는 비전과 애국심에 불타는 젊은 장교들에게 더불어 잘 사는 나라로 만들자는 동기부여가 목숨을 건 혁명에 동참하게 했을 것이다.

5.16혁명의 핵심들이 박 대통령과 육군본부 전투정보과에서 같이 근무했던 후배들인 김종필, 이영근(전 유정회 총무), 이병희(전 국회의원), 전재구(전 중앙정보부 차장보), 전재덕(전 중앙정보부 차장), 석정선(전 중앙정보부 차장), 서정순(전 중앙정보부 차장) 등과 포병학교 시절의 부하였던 이낙선(전 상공부, 건설부 장관), 이원엽(전 감사원장), 홍종철(전 경호실장, 문공부장관), 구자춘(전 서울시장, 내무장관) 등이 함께 혁명을 했다는 것을 보아도 인간적으로 얼마나 신뢰하고 따랐는지를 알 수 있다.

육군본부 전투정보과 시절 부하였던 이영근은 박 대통령을 '그분은 형님 같기도 하고 아버지 같은 느낌도 들었어요. 업무에 대해서는 엄격한 분이 술자리에서는 상하 관계를 의식하지 않도록 소탈하게 우리를 대해 주었습니다.'라고 술회하였다.

박 대통령이 포병학교 교장 때 당번병으로 출발하여·신당동 사저 관리인으로 평생을 박 대통령 주변에 있었던 박환영은 '그분은 당번병을 하인처럼 대하지 않았고 식구처럼 대했으며 아무리 잘못하는 일이 있어도 처음 한 두 번은 지적하지 않습니다. 세 번째쯤 실수하면 그때는 납득할 만큼 따끔하게 나무라시지요.'라고 회고하였다.

박 대통령이 등용했던 인재들의 면면을 보면 한결 같이 청렴하고 열정적이며 헌신적인 사람들이었다는 것을 알 수 있다.

박태준 전 포스코 회장은 박 대통령의 분신으로 Little Park 이라는 별칭이 손색없는 사람이다.

제철보국을 신념으로 살았고 철은 자신의 종교요 곧 국가였다고 믿으며 살아온 박태준이 포항제철을 건설할 때 건설비만 14조원이 넘는 규모였지만 그는 불의와 타협하지 않았다. 물론 박 대통령의 '종이마패'로 방패막이를 쳐 주었지만 한국의 정치풍토에서 정치권과 타협하지 않은 것이 오늘의 포철신화를 낳은 이유였다. 그는 부패하지 않았다. 마지막에는 자기 이름으로 된 부동산을 모두 팔아 사회에 기부하고 죽을 때는 자기 이름으로 된 재산이 하나도 없었다. 마치 또 다른 박 대통령을 보는 듯하다.

정주영 회장은 경부고속도로를 건설할 때 하루에 3~4시간 밖에 잠을 자지 않고 고속도로 건설에 전념했다고 한다. 사석에서 정주영 회장이 박 대통령에게 '각하, 명령만 내리십시오.

서해안을 일자로 막아 한국의 국토를 활짝 넓히겠습니다.'라고 이야기할 만큼 대통령의 나라 사랑을 몸소 실천하겠다는 의지를 담고 살았다. 정주영 회장은 이렇게 회고했다.

"박 대통령은 고속도로에 관한 얘기를 하고자 시도 때도 없이 밤중이건 새벽이건 나를 찾았다. 식사도 같이 많이 했고 막걸리도 함께 많이 마셨고 나라 경제 얘기도 많이 나누었다. 나는 박 대통령의 국가발전에 대한 열정적인 집념과 소신, 그리고 그 총명함과 철저한 실행력을 존경하고 흠모했다. 사심 없이 나라만을 생각하던 대통령을 도와 한 푼이라도 적은 예산으로 소기의 목적을 달성시키는 목표 외에 나에게 다른 생각은 아무것도 없었다."

김완희 박사가 1968년 3월에 미국의 전자산업 전문가들과 함께 귀국해서 9일 동안 한국의 전자산업현황을 돌아보고 한국의 전자산업육성 보고서를 작성하여 1968년 7월 15일 대통령에게 보고하였다. 그는 그때까지 박 대통령의 도와달라는 협조 요청에 결심을 굳히지 못했다고 한다. 김완희 박사의 결심이 선 것은 그날 저녁 회식이 끝난 뒤였다.

"그날 자리를 파하고 일어나 청와대를 떠나려는데 박 대통령이 현관까지 배웅하러 나오셨어요. 우리들이 차에 탈 동안 밤하늘을 올려다보면서 심호흡을 하시더군요. 그리고 차가 떠날 때까지 그 자리에 그대로 서 계셨습니다. 어둠 속에 홀로 서 있는 박 대통령이 너무나 외로워 보였습니다. 말끝마다 '가난한 한국을 부강하게 만들어야 한다.'고 강조하는 박정희 대통령을 도와 드려야겠다고 그때 차중에서 결심했던 겁니다."

(조갑제 '박정희 9권')

이렇게 박 대통령과 김완희 박사와 맺어진 인연은 1968년부터 1979년 박 대통령이 돌아가실 때까지 계속되었다. 그 기간 동안 박 대통령은 무려 130여 통의 사신을 보내면서 그의 협조를 얻어냈고 한국의 전자산업을 육성하여 오늘의 대한민국을 세계적인 전자공업 강국으로 만드는데 초석을 놓았다.

1970년대 국방과학연구소(ADD) 직원들은 설계도도 없이 국산병기를 제작할 때에는 역설계를 하면서까지 36일 만에 시제품을 만들었다. 그 때 직원들은 밤에 잠을 자지 못해도 신바람이 났다고 했다. 강군을 만드는데 자신들도 일조를 하고 있다는 자긍심의 발로였을 것이다.

김정렴은 재무부 장·차관, 상공부 장·차관, 9년 2개월 동안의 대한민국 실질적 권력의 2인자라 할 수 있는 비서실장 자리에 있었다. 그는 두 번의 통화개혁을 직접 기안했고, 8·3 사채동결 조치, 우리나라 세제의 핵심적인 개혁조치인 부가가치세 도입, 1960년대 수출입국, 중화학공업 건설 및 방위산업 육성에 깊이 관여한 대한민국의 성장기에 중추적 역할을 한 박 대통령의 분신이었다. 그러나 그는 부정하거나 부패하지 않았다. 오직 그는 박 대통령의 조국근대화의 심부름꾼 역할을 충실히 했을 뿐이다.

오원철은 1971년부터 제2경제비서관으로 재직하면서 박 대통령이 친히 '대한민국의 국보적 존재'라고 칭송할 만큼 국가적 어젠더를 발굴하여 조국근대화에 기여하였다. 그는 대전차 로켓, 다연발 로켓, 중거리 로켓, 장거리 유도탄 등의 개발을 성공시켰다. 그는 8년여를 대통령 측근에서 100억 달러가 더 들어가는 방위산업을 수행하는 자리에 있으면서도 결코 부패하지 않았다. 또한 대통령의 나라사랑이 어떠한 것인지를 너무나 잘 알았고 이를 실천하기 위해 온 몸을 바쳤지만 그것을 희생이라 생각하지 않았다. 그는 이렇게 고백했다.

"나는 구식 한국인어서 '부정 탄다'는 말을 믿었다. 그 때문에 새로운 일을 시작할 때마다 내 자신이 부정한 생각이나 행동을 하지 않도록 준비했다. 뇌물을 받는다든가, 술을 마신다든가 심지어 아내와 동침하는 것조차도 피했다. 조국을 위해 실패하지 않는 것이 내 사명이었다."

이석제는 5.16혁명의 핵심적인 주체세력이었고 혁명 성공 후 국가재건최고회의 법사위원장, 내각사무처장, 총무처장관, 감사원장 등 20여년을 최고권력 주변에 있었다. 그는 대한제국 법령, 일어로 된 일제법률, 영어로 된 미군정 때의 법률 600여개를 8개월 만에 정리하여 명실 공히 한국의 법령체계로 만들었다. 그리고 대한민국의 직업공무원제도를 정착시켜 선진국 대한민국을 만드는 초석을 낳았다. 조갑제 기자는 그런 이석제를 이렇게 평가했다.

"평생 이재에 관심 가진 적 없이 5남매를 키우느라 이석제의 노년은 빈궁했다. 청빈이란 말이 이렇게 들어맞는 경우도 드물 것이다. 권력을 잡고도 특권과 부패를 증오했다. 퇴직 후 사생활도 검소했다. 그러한 그가 겨울 밤거리에서 택시를 기다리며 서 있는 모습은 차라리 아름답기까지 했다."

❀ 그는 국가와 민족을 사랑한 애국애족주의자였다

지금도 50~60대 이후의 연령대의 사람들이 박 대통령에 열광하는 것은 선거민주주의가 갖는 한계를 알기 때문이다. 선거민주주의가 갖는 한계란 선거를 통해 국회의원을 뽑고 대통령을 뽑으면 새로운 귀족, 현대적 의미의 귀족을 뽑는 이상의 의미가 없다는 것이다. 선거에 의해 뽑힌 사람들이 정말로 국가와 민족을 위해 목숨 걸고 헌신하는 게 아니라 자기 개인의 사리사욕에 치중하기 때문이다.

박 대통령은 아무리 힘든 일이라도 가난을 없애는 일이라면 포기하지 않았다. 한 반도에 사는 우리민족에게 오천 년 동안 누적된 가난을 몰아내기 위해 서독 에르하르트 총리 앞에서도 차관을 달라고 구걸했고 광부와 간호사들에게 다시는 타국에 팔려나오지 않도록 하겠다며 시간을 달라고 하였다.

그는 만나는 사람마다 이 땅에 사는 후손들을 위해서 지금 우리는 희생하고 봉사하자고 설득했다. 사모아에서 만난 원양어부에게도, 독일 함부르크에서 만난 간호원과 광부에게도, 샌프란시스코, 호주 · 뉴질랜드 교포들을 만났을 때도, 새마을 지도자들을 만났을 때도, 청와대 직원들에게도, 국민들에게도 지금 우리는 미래 후손들을 위해 희생하고 봉사할 때라고 설득하였다.

이석제 전 총무처장관은 1970년대 7.4남북공동성명이 발표되고 안보불감증이 나타나는 상황에서 대통령을 만나 나누었던 대화를 다음과 같이 회고하였다.

"인민군의 배치나 전력불균형으로 볼 때 안보문제가 심상치 않습니다. 우리 군의 사기가 충천해 있고 무기 성능이 좋아서 균형을 이룰 수 있다고 합니다만 서울이 휴전선과 불과 40km 밖에 안 되는데 우리가 무난하게 서울을 방어할 수 있을까요? 그러자 박 대통령은 바로 청와대 상황실로 나를 안내하고 인민군의 배치상황, 국군의 방어망과 전략 등을 한 시간에 걸쳐 상세하게 설명을 해 주었다. 그래도 내가 안심이 안 된다고 하자 대통령은 눈을 동그랗게 뜨면서 '이봐, 문제가 생기면 우리 서울에서 같이 죽으면 되잖아.'라고 하였다. 그 말에 나는 눈물이 핑 돌았다. 최고 통치자의 생각과 행동이 국민과 국가를 위해서는 사생관을 떠날 정도의 용기와 결심이 있어야 한다."

경부고속도로를 건설할 때에는 고속도로 건설에 필요한 재원을 확보하기 위해 유류세 인상안을 국회에 제출해 놓고 통과만을 기다리고 있었는데 임시회기가 끝나는 날까지 통과시키지 못하고 여당 간부들이 청와대를 찾아 이를 다음 회기로 연기하려고 하였다. 이 때 박 대통령은 재떨이를 던지면서까지 야단을 쳐, 흔히 말하는 야당이 없는 날치기 통과를 시켰다. 이렇게 하면서까지 목표를 달성하는 것은 그분은 형식적인 논리보다는 정말 대한민국이 잘 사는 나라를 만드는데 실질적인 가치를 선택했다는 것을 알 수 있다.

김상현 전 의원이 1968년 3월 대통령을 면담하기 위해 집무실을 들어섰을 때 집무실의 광경을 증언한 것을 보면 그분의 나라 사랑정신을 이해할 수 있다. 그는 당시 야당의 중진의원으로 꼬인 정국을 풀기 위해 박 대통령과의 독대를 신청해 놓고 있었던 참이었다.

"집무실에 들어갔더니 대통령께서는 돋보기로 여러 장의 흑백사진들을 찬찬히 살펴보고 계셨어요. 한 3분 동안 저와 이후락 비서실장은 머쓱하게 앉아 있었지요. 집무실 벽을 둘러보니 벽면 전체가 대한민국 지도로 도배되다시피 되어 있더군요. 각종 도표도 중간 중간에 붙여져 있고 마치 전쟁 중의 작전 상황실 같다는 느낌이었습니다. 지도는 그 해에 막 시작됐던 경부고속도로 건설과 관련된 것이란 걸 한눈에 알 수 있었습니다. 색연필로, 연필로, 사인펜으로 예상 도로를 그려 넣거나 수정한 부분들이 여기저기 보였습니다. 이런 걸 구경하느라 한참을 두리번거리고 있는데 각하께서 돋보기를 책상 위에 놓더니 '아, 김 의원, 미안합니다.'라며 악수를 하더니 당신이 보고 계시던 사진들을 가리키며 이렇게 설명을 하는 거예요. '김신조가 참 정직한 사람입니다. 이 사진들은 김신조가 얘기해서 찍은 항공사진들인데 북한이 산 밑에 굴을 파 요새화한 지하 활주로 입구를 찍은 것들입니다. 이리 와서 한 번 보시지요.'라고 항공사진을 보여주셨다."

새마을 운동을 추진할 때는 많은 지식인이나 야당 인사들이 농민을 정치에 동원한다고 비판할 때도 그는 농민이 잘 사는 일이라면 자기는 비판받아도 끄떡하지 않았다. 그는 정치적 비판이나 지식인의 비판에도 불구하고 국민이 잘살고 부강한 나라를 만드는 일이라면 결코 물러서지 않았고 비굴하거나 비겁하지 않았다.

그는 국민들을 진정으로 사랑하였다. 1962년 초 당시 극장에서 영화 상영 전에 대통령의 얼굴이 자주 나오는 것을 알고는 '나를 찍을 필름이 있으면 진취적이고 국민을 계몽할 수 있는 문화영화를 만들어 국민들이 다 같이 즐길 수 있도록 하시오.'라고 국립영화제작소장에게 지시했다.

9사단장이었던 김종갑 장군의 증언에서도 당시 참모장이었던 박정희의 사람 사랑하는 모습을 볼 수 있다. 1951년 초 9사단에서는 북한군과의 싸움에서 하루 평균 30명꼴로 전사자가 발생했다고 한다. 그런데 어느 날 두 명밖에 죽지 않았다는 보고를 올린 작전참모가 '오늘은 좋은 날이니 회식을 시켜 주십시오.'라고 했다. 김종갑 장군은 박정희 참모장을 불러 준비를 시켰더니 그는 정색을 하고 말하는 것이었다.

"한 명도 안 죽었다면 모르지만 두 명밖에 안 죽었다고 축하하자는 데는 반대합니다. 그 두 사람의 부모는 아마 대통령이 죽은 것보다도 더 슬플 겁니다."(조갑제 '박정희의 결정적 순간들')

한 번은 가뭄이 극심한 영남지방을 돌아보던 중 차창 너머로 수로에 물이 흐르는 데도 모내기를 하지 않고 논바닥이 거북등처럼 갈라진 체 방치된 모습을 보고 나서 경북도청에서 한해대책회의를 주재한 적이 있었다. 박 대통령은 자신의 눈으로 확인한 이런 실상에 대해 따끔하게 몇 마디 한 다음 특히 한해가 심한 관내 8개 군의 군수로부터 모내기 현황을 보고받았다.

칠곡군이 가장 저조한 것으로 나타났다.

"여보시오, 군수! 그 팔뚝이 뭐요?"

칠곡군 군수의 하얀 팔뚝을 가리키면서 한 말이었다.

"제일 게으른 군의 군수 팔뚝이 제일 희구면, 들에 나가 모내기 독려를 하지 않고 사무실에 앉아 상황설명이나 듣고 있으니 그런 거 아니요? 대체 그래 갖고 뭘 어쩌자는 거요?"

이어서 박 대통령은 따끔하게 참석자들을 질책하였다.

"비가 안와 가뭄이 들긴 했어도 물은 땅 속에 얼마든지 있습니다. 관정을 파서 양수기로 물을 끌어 올리고 게으른 농민들을 끌어내 모를 심게 하세요. 항시 하늘은 스스로 돕는 자를 돕는 것이고 게으른 자에게는 절대 돌아갈 몫이 없다는 걸 알게 하세요."

그런 뒤 서울로 돌아온 날 밤에 비가 내리기 시작하자 그는 즉시 전화기로 마산시장을 불렀다.

"거기도 비가 옵니까?"

"네 각하, 마구 쏟아지고 있습니다."

"그래요, 하늘에서 수천, 수만 석이 쏟아지는군."

그제야 그는 만면의 미소를 지었다.

박 대통령은 전국 각지에서 내리는 비가 단순한 비가 아니라 국민들의 배고픔을 해결해 주는 쌀로 보였던 것이다. 그만큼 그는 국민을 사랑한 대통령이었다.

❀ 그는 국민들을 신바람 나게 했다

영국의 지리학자 이사벨라 비숍 여사는 1894년 한국을 방문하고 쓴 책 《조선과 그 이웃 나라들》에서 '조선은 모든 면에서 미흡하고 열악하고 뒤떨어지는 수준이었다. 서울에서 조차도 가장 큰 시장의 규모가 상점 정도이다. 계층적 특권, 국가와 양반들의 수탈, 불의, 불안정한 수입, 개혁되지 않은 다른 모든 동양 국가들이 기초하고 있는 최악의 전통을 수행해 온 정부, 책략에만 몰두하고 있는 공식적 약탈자들, 대궐과 대단찮은 후궁에 칩거하며 쇠약해진 군주, 국가내의 가장 부패한 사람들 간의 밀접한 연합, 이해관계가 얽힌 외국의 상호 질시, 널리 만연되어 두려움을 주는 미신이 이 나라를 무기력하고도 비참한 상태로 만들었다는 것이 내가 조선에서 겪은 첫 인상이었다.'라고 피력하고 있다.

전 워싱턴포스트지의 기자였던 돈 오버도퍼는 《두 개의 코리아》에서 한국방문 첫인상을 다음과 같이 기록하였다.

"부산에서 받은 한국의 첫 인상은 참으로 비참했다. 다른 어떤 곳에서도 볼 수 없던 지저분한 몰골의 아이들이 헌병들의 눈을 피해 열차를 타고 있는 미군병사들에게 구걸을 했다. 한 아이는 하나밖에 없는 다리를 끌며 열차주변을 기어 다녔다. 왼쪽 다리는 허벅지 부근에서 잘려져 있었다. 기차가 출발하자 아이들은 우리를 향해 돌을 던졌다. ---중략--- 아이들은 철로 변에 늘어서서 담배나 캔디, 아니면 값어치 있는 물건을 던져주기를 바라며 군용열차를 향해 '헬로우, 헬로우'라고 외쳤다."

한국전쟁 직후 한국의 복구를 돕기 위해 UN에서 파견된 특별조사단의 단장인 인도 대표 메논(Menon)이 일주일 동안의 한국 방문 후 1955년 10월 8일 UN한국재건위원회(UNKRA)에 보고하는 자리에서 '쓰레기통에서 과연 장미꽃이 피는가?'라는 말을 하였다. 그는 한국 땅에서 경제재건을 기대한다는 것은 마치 쓰레기통에서 장미꽃이 피기를 기대하는 것과 같다고 결론지었다. 그 당시 우리나라를 시찰하고 돌아간 영국《런던타임스》사이몬즈 기자도 똑같은 말을 신문 헤드라인으로 썼다.

이것은 바깥에서 본 우리들의 객관적인 모습이고 상태였다. 외국인, 그들이 본 한국은 희망보다는 절망을, 용기보다는 좌절을 보았다. 어느 곳을 가도 꿈과 희망을 가지고 도전하고자 하는 분위기는 볼 수 없었다. 1910년 일본으로부터 나라를 침탈당하고 36년 동안 우리가 가진 모든 자원을 송두리째 빼앗기고 타의에 의한 해방이 된 뒤에도 우리에게는 패배의식만 남아 있었다. 조센징은 비만와도 일하러 나오지 않는 게으름뱅이들이라는 조소와 냉소를 받았다. 1950년 한국전쟁은 그나마 남았던 모든 것을 바닥까지 쓸어가 버렸다. 자유당 정권은 복구하느라 시간을 다 보내고 민주당 정권은 자리다툼하느라 그들에게는 자리만 보였지 국민이 배곯는 것은 안중에도 없었다.

박 대통령은 혁명 후 10일도 되지 않아 재건국민운동을 설치하고 국민 의식개혁운동에 나섰고, 물질적 부에 또 하나의 바퀴인 정신적 부의 확대 운동을 펼쳐 게으름의 시대, 엽전의식, 짚신의식에 사로잡힌 국민들의 정신을 일깨우기 시작하였다.

독일 광부와 간호사의 파견으로 신뢰를 얻었고 베트남 전선에서 미군보다 우리가 우월하다는 자신감을 가지게 되었다. 영상 60도가 넘는 열사의 중동에서도 우리 기능공이 경쟁력이 있다는 것을 확인하였다. 기능올림픽을 제패하고 돌아온 기능공들에게 오픈카를 태우고 김포공항에서 부터 시청까지 카퍼레이드를 벌이게 해 준 사람도 박 대통령이었다. 여기서 일어난 신바람이 100억불 수출과 국민 소득 1,000달러 시대를 열면서 '부지런한 일본 국민을 게으른 사람으로 보이게 할 수 있는 유일한 국민은 한국인 밖에 없다.'는 《뉴스위크》의 기사를 낳게 하였다.

북한의 끈질긴 방해에도 불구하고 인도의 남북한 동시 수교를 달성시켰던 노신영 전 외무부 장관은 '조국을 위해 우리는 그저 미친 듯이 일했다.'고 박정희 시대를 회고하였다. 이처럼 박 대통령은 권력으로 충성을 강요한 것이 아니라 민족중흥의 동반자로 공무원들을 유도하는 리더십을 발휘했다.

정신과 의사인 이시형 박사는 박 대통령이 국민들 속에 잠재해 있는 신기(神氣)에 불을 붙여 그 에너지로 경제부흥을 일궈낸 이른바 '나라무당'이라고 주장하고 있다. 세발자전거 하나 만들지 못하던 나라에서 '한강의 기적'을 일으킨 것은 박 대통령의 감성적 리더십이 국민들 속에 잠재해 있는 신명에 불을 붙여 '우리도 잘 살 수 있다.'는 희망을 안겨줬기 때문이라는 것이다. 그리고 나라의 큰 무당답게 국민들의 잠재된 신기에 불을 붙여 새마을 운동을 일으킴으로써 잘 사는 나라를 창출해낼 수 있었다는 것이다. 그 원형질의 바탕은 우리 민족 오천년 역사가 무교적(巫教的)인 심성으로 이루어져 있다는 데기인한다고 했다.(정태룡 '박정희는 로맨티스트였다')

✢ 그는 지배층의 책임(노블레스 오블리주)을 강조하였다

북한이 1950년 6월 25일 새벽 4시부터 한국을 침략하여 3일 만에 서울이 함락되었다. 이 와중에 우리 한국의 지도부는 어떠했는가? 그들은 끗발 순서대로 몰래 서울을 빠져나갔다. 이승만 대통령은 6월 27일 새벽 2시에, 신성모 국방부장관은 오후 2시에, 채병덕 육군 총참모장은 28일 새벽 2시에···. 채병덕은 서울을 빠져나가기 전에 일선 전투부대에 철수명령을 하달하지도 않았다.

지도부의 비윤리성에 비추면 일반 졸병들의 애국정신은 오히려 달랐다. 6.25전쟁 당시 3일간의 전투 중에 부상당한 군인 약 3,200명이 서울대 부속병원 등 민간병원에 분산입원 중이었다. 6월 28일 인민군이 서울에 진입하자 움직일 수 있는 전상자 80여 명이 한 장교의 지휘 하에 뒷산에 올라가 싸우다가 모두 전사하였다. 남아 있던 전상자들은 인민군에 의하여 학살당했다.

맥아더 극동군 사령관이 1950년 6월 29일 수행원 10여명을 대동하고 노량진 쪽의 한강 방어선을 시찰하다가 병사들의 개인 참호가 있는 쪽으로 걸어갔다. 일등중사 한 명이 개인호 안에서 잔뜩 긴장된 자세로 서 있었다.

맥아더 장군이 말을 걸었다.

"하사관, 자네는 언제까지 그 호 속에 있을 것인가?"

맥아더 장군을 수행한 김종갑 대령이 통역했다. 김 대령은 이 때 시흥지구 전투사령부의 참모장이었다.

하사관은 부동자세로 또박또박 대답했다.

"옛! 각하께서도 군인이고 저 또한 대한민국의 군인입니다. 군인이란 명령에 따를 뿐입니다. 저의 직속상관으로부터 철수하라는 명령이 있을 때까지 여기 있을 겁니다."

"그 명령이 없을 때엔 어떻게 할 것인가?"

"옛! 죽는 순간까지 여기를 지킬 것입니다."

"오! 장하다!"

맥아더 장군은 고개를 크게 끄덕이면서 또 물었다.

"자네 말고 딴 병사들도 다 같은 생각인가?"

"옛! 그렇습니다. 각하."

"참으로 훌륭하구나. 여기 와서 자네 같은 군인을 만날 줄은 몰랐네. 지금 소원은 무엇인가?"

"옛! 우리는 지금 맨주먹으로 싸우고 있습니다. 소총뿐입니다. 북괴군의 전차와 대포에 밀리고 있습니다. 놈들의 전차와 대포를 까부술 수 있게 무기와 탄약을 도와주십시오."

"음! 그리고 또 없나?"

"옛! 그뿐입니다."

"알았네. 하사관. 여기까지 와 본 보람이 있었군."

맥아더 장군은 하사관의 손을 꼭 쥐고 나서 김 대령에게 말했다.

"대령. 이 씩씩하고 훌륭한 병사에게 전해 주시오. 내가 도쿄로 돌아가는 즉시로 미국 지원군을 보내줄 것이라고. 그리고 그 때까지 용기를 잃지 말고 훌륭히 싸우라고."

맥아더 장군은 이 한국 군인과의 약속을 지켰다. 도쿄 연합군 최고사령부로 돌아간 맥아더 장군은 6월 30일 오전 4시 워싱턴의 트루먼 대통령에게 미 지상군의 지원 없이는 기사회생이 불가능하다는 지급전보를 보냈다. 트루먼 대통령도 신속하게 이에 응하여 우선 필요한 응급책으로서, 도쿄의 맥아더에게 즉시 보병 1개 연대를 한국에 급파하도록 시달하고, 뒤이어 국가안전보장회의를 소집하여 보병 2개 사단의 증파를 결의했다.(정일권 '정일권 회고록')

짐 하우스먼 대위의 회고록에는 이런 내용이 있다.

"하버드 대학의 고풍어린 교내 예배당 벽에는 한국전에 목숨을 바친 20여 명의 하버드생 병사들의 이름이 동판으로 새겨져 있다. 미국은 한 도시에서 한 사람이 나올까 말까 한 '미국의 희망'들을 한국에서 자유를 지키기 위해서 내보냈다. 교수들도 참전해 더러 전사했다.

한국에도 많은 학도병들이 참전해 전사했다. 그러나 한국의 어느 학교에서도 전사 학도병들의 이름이 새겨져 지나는 자들의 머리를 숙이게 하는 표지는 없다. 존경하는 소대장님, 용감한 대대장님, 그리고 생명을 던져 진지를 지켜낸 병사들의 얘기는 입으로만 전해질 뿐 그들을 기릴 수 있는 흔적은 어디에도 없다. 한국은 전후 팔을 잃은 국회의원, 눈이 날아간 국방 장관을 갖지 못했다. 행사장이나 연회장 같은 데서 한국전 전상자들을 만나 본 적도 없다."

채명신 전 주월 한국군 사령관이 1952년 미8군 내 작전통제소에 파견 나가 있을 때 작전브리핑 회의장에서의 일이었다. 육군의 작전 보고가 끝나고 공군의 특별보고가 있었다. 특별보고는 당시 미 8군사령관 밴플리트 장군의 아들 제임스 벤플리트 2세 중위의 실종 수색작전 결과 보고였다. 폭격기 조종사로 참전한 아들 제임스 밴 플리트 2세가 1952년 4월 4일의 폭격작전에서 행방불명이 됐다. B-26 폭격기를 타고 전북 군산의 옥구 비행장에서 발진, 북한 지역으로 넘어가 야간 폭격을 한 뒤 사라졌다는 것이었다. 실종직후부터 공군은 수색작전을 벌였으나 결과를 얻지 못했다는 보고였다. 그날의 보고가 다 끝났을 때였다. 갑자기 밴플리트 사령관이 전혀 표정 없이 일어나 뒤로 돌아섰다. 그리고 입을 열었다.

"여러분 감사합니다. 특히 브리핑을 해준 장교들, 너무 훌륭했습니다. 다시 한번 감사드리는 바입니다. … 그리고 마지막으로 내가 명령하는 바입니다. 오늘 이 시간 이후로 내 아들을 수색하기 위한 특수작전은 중지하도록 명령합니다. 우리 공군은 누구든 행방불명됐을 때 수색작전을 펴는 것은 당연한 일입니다. 그러나 내 생각엔 공군의 이번 특수작전은 그 정도면 최선을 다한 겁니다. 이제부터는 시간낭비일 뿐이고 피로를 더해 줄 뿐입니다. 그간 작전에 참여해 준 장병들에게 밴플리트 중위의 아버지로서 심심한 감사를 표하는 바입니다."

하나밖에 없는 아들을 잃은 아버지였지만 그는 담담한 표정으로 명령을 내렸다. 그건 감동 그 자체였다. '미국의 힘'이 바로 그의 얼굴에 씌어져 있었던 것이다.

6.25전쟁의 최대 위기였던 낙동강 교두보 방어전에서 적을 물리쳤던 월턴 워커 8군 사령관과 그의 아들 샘 워커 대위가 보여준 태도도 한국지휘관으로서는 군인의 정신이 어때야 하는지를 보여주는 일화다.

아버지 워커 장군이 교통사고로 사망하자, 미군은 그에게 특별휴가를 준 뒤 부친의 장례식에 참석하도록 했다. 그러나 샘 워커는 이를 거부하고 전장에 남아 아버지의 뜻을 이어 계속 싸우겠다고 했다. 그 소식이 도쿄의 더글러스 맥아더 유엔군 총사령관 귀에 들어갔다. 맥아더 장군은 다시 샘 워커에게 '반드시 부친의 장례식에 참석해야 한다. 이건 명령이다.'라는 전문을 보내 아버지의 장례식에 참여를 독려했다. 한국의 보통 아들들과는 다른 미국의 정신을 우리에게 보여주는 대목이다.

박 대통령은 우리도 이러한 사회 지도층의 희생을 감수할 수 있는 제도와 문화를 만드는 데 임기 내내 노심초사하였다. 박 대통령은 군대에 갔다 오지 않은 사람들은 공무원으로 임용하지 않았다. 우리의 국난극복과정에 희생된 고귀한 선조들의 뜻을 기리기 위해 제도와 문화를 만들어 나갔다. 먼저 국난 극복과정에 희생된 사람들을 지원하기 위한 정부기구 원호처를 설립하고 가까이는 6.25전쟁 중에 희생되거나 부상당한 사람들을 보살피는 일에 심혈을 기울였다. 지금 우리나라의 지도층 인사들이 이 정도나마, 자녀들을 외국으로 빼돌리지 않고 군대에 보내는 풍토가 마련되고 '노블레스 오블리주'라는 단어가 자리를 잡게 된 데에는 박정희 대통령의 공이 상당 부분 있다 할 것이다.

❀ 그는 모든 것을 실적으로 말했다

　박 대통령의 업무수행방법은 먼저 주요국정지표를 세우고 이를 달성하기 위해 연차적으로 중·장기 계획을 수립하고 수립된 계획은 정기적으로 그 진행 상태를 점검하고 수시로 필요한 수정·보완을 하여 여하한 경우에도 당초의 목표를 달성하는 데 있었다.

　이러한 방식은 미국의 기획관리 시스템으로 우리나라에서 이 제도를 처음 도입한 곳은 군에서부터이다. 이 기법은 미국의 기업경영에서 활용되어온 것으로 미국 국방부에서 채택 발전시킨 심사·분석·통제 방법을 6.25전쟁 후 우리 군이 채택하고 5.16 혁명 후 모든 행정기관 및 국영기업체에서 채택 실시한 경영기법이다. 이 시스템은 일단 계획이 확정되면 그와 동시에 예산을 편성하여 집행단계로 접어들어 연간 사업목표, 세부사업, 진로계획서를 작성한다. 이와 같이 계획과 집행의 일관성을 통하여 목표를 성취하는 것이 중요한 특징이다. 박 대통령이 실천을 중시하게 된 배경에는 이와 같은 계획-집행의 일관성과 목표달성을 중시하는 군에서의 경험이 커다란 영향을 미쳤을 것이다.

　5.16혁명 후 수립 추진된 국가적 프로젝트는 4차에 걸친 경제개발5개년 계획, 식량증산 10개년계획, 4차에 걸친 전원개발 5개년계획, 산림녹화 10개년계획, 전자공업육성5개년계획,

전자부품수출 5개년계획, 전력증강계획, 국군현대화계획 등이 있었다.

박 대통령은 매년 연초 청와대에서 출입기자들 앞에서 신년 시정방침을 공개하여 모든 국민들에게 약속함으로써 당초 추진목표를 달성하도록 하는 일종의 '자가 담보' 역할을 했다.

박 대통령은 무엇보다 목표달성을 위해 실적을 확인하는 현장지도를 일상화하였다. 대통령은 연초만 되면 중앙의 행정 각 부처뿐만 아니라 지방정부까지도 모두 순시를 하면서 전년도의 실적을 보고받고 신년도의 업무계획을 청취하는 일을 한번도 거른 적이 없이 수행하였다. 이때 행정부처에서는 총리, 부총리, 관계부처 장관, 입법부와 여당의 지도급 인사, 청와대 비서진, 정부 산하기관장 등 주요 인사들이 모두 수행함으로써 현장에서 업무조정이 용이하게 하였다. 각 부처 장관들은 그 부처의 과장급 이상 간부들이 모두 참석한 가운데 보고함으로써 직원들이 업무추진에 주인의식을 갖도록 하였다. 그렇게 함으로써 초도순시 때 보고한 시정목표를 달성하기 위해 전 직원들이 최선을 다하게 된다.

중앙부처의 초도순시가 끝나면 서울특별시부터 제주도에 이르는 지방정부의 초도순시에 들어갔다. 지방정부는 중앙정부가 하는 모든 일들의 집행기관 역할과 자기 시도의 고유한 일들을 포함한 종합행정 기관으로 농업·어업·축산·임업·광업·석탄생산·공업 등 제반 산업과 도로 항만 등 사회간접

자본, 북한의 무장공비침투대비 및 국내치안 담당, 교육 등 그 직무가 다양하다. 박 대통령은 초도순시 때 현장에서 필요한 지시를 하였으며 특히 그 지방에 해결되지 않은 숙원사업이 있을 경우 관심을 갖고 애로사항을 해결해 주기도 하였다.

경제기획원이 주관하는 월례경제동향보고도 대표적인 실적점검회의 중의 하나이다. 월간경제동향보고는 경제기획원이 매월의 주요 경제동향을 조사·분석해서 대통령에게 보고하고 문제점이 있으면 그 대책을 논의하는 회의이다. 박 대통령은 총리 이하 각 부처장관, 중앙은행 총재와 관련이 있는 금융기관장, 경제과학심의회 위원, 대통령특별보좌관, 여당의 정책위 의장과 관계 상임위위원장 등이 배석한 자리에서 보고를 받고 토론을 시키며 질문을 하고 의견을 취합한 후 필요한 지시를 내렸다. 월간경제동향보고는 문제점을 대통령 이하 관계 부처와 정부여당의 고위인사들이 다 같이 알게 되어 대처방안에 대한 컨센서스가 이루어지고, 관계 부처간 협의가 용이하다는 장점을 가지고 있었다.

박 대통령이 분기마다 정기적으로 주제하는 회의 중의 하나가 심사분석회의이다. 심사분석회의는 정부 전 부처에서 추진하는 국정기본계획의 추진상황을 매분기마다 내각조정실(현재 국무조정실과 유사)에서 주관하여 대통령에게 보고하는 회의이다. 내각조정실은 행정부 또는 국무총리소속 여러 기관의 장기·중기·단기 계획의 조정 및 예산편성의 기준인 행정부기본운영계획의 목표와 방침을 결정하고 조정하는 기능을 담당하였다.

수출드라이브정책을 끌고 가는 구심체는 상공부가 주관하는 수출진흥확대회의로 현재의 무역진흥확대회의다. 수출진흥확대회의는 당초에는 수출진흥위원회라 하여 국무총리가 위원장이 되어 국무총리 주재로 회의를 진행하였다. 그러다가 1966년부터 박 대통령이 주재하는 회의로 격상하였다. 이 회의에는 총리 이하 각 부처장관 및 관계공무원, 여당의 고위간부, 경제4단체장 및 수출업계의 분야별 품목별 협회 또는 조합의 대표, 수출을 지원하는 금융기관의 장, 해운이나 보험 및 창고업자의 대표, 노동계 대표, 평가교수 등이 참석하였다. 이 회의는 매월 수출품목별, 해외공관별 수출실적을 심사분석하고 수출상의 애로사항을 하나하나 검토하여 즉석에서 해결하거나 관계부처에서 협의, 다음 달 회의까지 가부를 결정, 보고하도록 진행됐다. 수출업계의 고충과 진정이 해결되고 우리나라 수출지원제도가 모두 정비되어 나갔다.

방위산업진흥확대회의는 박 대통령이 1977년 1월 국방부 초도순시 때 1980년 말까지는 전투기와 첨단 전자무기를 제외한 모든 무기의 국산화와 양산화를 지시하고 이의 효율적인 추진을 위하여 정기적으로 청와대에서 방위산업진흥확대회의를 개최하기로 결정하면서 시작되었다. 방위산업진흥확대회의는 국무총리 이하 관계 국무위원, 국방부장관, 합참의장, 각

군 참모총장 및 군 고위책임자와 방위산업체대표가 참석한 가운데 방위산업의 현황과 애로사항 등이 보고되고 논의되었다. 방위산업진흥확대회의는 각종 중요병기의 개발과 수입 등 우리 군에 가장 적합한 기종을 선택하는 데서부터 예산집행에 이르는 전반적인 사항들을 점검하였다. 일종의 집단 의사결정 기구로서 비리가 발생할 소지를 최대한 줄일 수 있었다.

박 대통령은 일단 계획이 수립되면 반드시 실천해야 한다는 원칙을 갖고 있으면서도 실천과정에서 계획을 수정할 필요가 발생할 경우에는 토론절차를 거쳐 신속하고 신축성 있게 계획을 수정하거나 보완할 정도로 개방된 마인드를 가지고 있었다.

세계 제2차 대전 이후 많은 신생독립국가들이 국가개발계획을 수립하여 추진하였지만 유독 우리나라만 성공할 수 있었던 것은 여러 가지 요인이 있었겠지만 무엇보다 박 대통령의 계획이 수립되면 반드시 실천에 옮긴다는 실천 철학이 중요한 역할을 하였다고 보여 진다.

5·16혁명이 100년 전에 일어났다면 우리의 현대사는 어떻게 되었을까? 우리가 흔히 말하는 민주주의, 선거에 의해서 통치자를 바꿀 수 있는 선거민주주의가 보편화되지 않은 시대에 5·16혁명이 일어나 국가 운영의 모든 시스템을 개혁했다면 일본으로부터 받은 36년의 질곡의 역사가 있었을까?

박정희, 그는 누구인가? 우리 현대사에 그를 빼놓고는 정치도 경제도 이야기할 수 없다. 그는 우리 현대사에 그의 이름으로 된 산업, 즉, '박정희 산업'을 일으킨 장본인이다. 그를 찬양하는 사람이든, 그를 비난하는 사람이든 그를 통해서 먹고사는 학자나 정치인이 얼마나 많은가 말이다.

선거 민주주의 입장에서보면 그는 매도되어 마땅하다 할 것이다. 그러나 국가가 무엇이며 국민이 무엇인가? 국가에는 왜 치자와 피치자가 존재해야 하는가? 영토를 배경으로 하는 국가에서 치자를 결정하는 방법으로 피치자에 의한 선거가 지고지순한 방법인가? 선거에 의해서 선출된 치자는 모두 애국적이고 모두 훌륭하고 현명한가? 선거의 요체인 다수는 반드시 소수에 비해서 정의로운가? 선거민주주의가 발달된 나라는 그렇지 않은 나라에 비해 모두 골고루 잘 사는가? 모두 행복한가? 이 모두에 대해 '예'라고 답하지 못한다면 박정희 대통령에 대해 비난하지 말아야 할 것이다.

인간의 삶 속에 존재하는 사실들 중에서 무엇이 정의로운 것인지, 또한 무엇이 진실인지에 대한 명쾌한 답을 말하지 못한다면 박 대통령을 비난할 자격이 없다고 생각한다.

인간의 존재를 가능케 하는 일차적 조건은 먹어야 한다는 사실이다. 더 이상의 진리는 없다. 박정희 대통령은 국민들의 먹는 문제를 해결한 위대한 지도자였다. 오천 년 대물림되는 빈곤의 고리를 끊어야 하겠다는 강한 집념의 소유자였다. 이를 해결하는 과정에서 민주화라 외치는 미성숙한 학생들과 정치적 가치를 추구하는 사람들이 던지는 수많은 돌팔매와 화염병을 맞으면서도 끝내 신념을 잃지 않았다. 독재자란 불명예를 마다하지 않았으며 현재를 희생해서 후손들이 잘 사는 나라를 만들자고 국민을 설득하는데 혼신을 다했던 국가개혁주의자였다.

북한 공산주의자들이 세 번씩이나 그의 목숨을 노렸지만 그는 부강한 나라를 만드는 길에서 도피하지 않았고 비겁하지도 않았다. 정치든 경제든 어떠한 어려움이 있더라도 그는 우회하지 않았다.

1960년대 경제성장에 필요한 투자재원을 확보하기 위해 국민들이 굴욕외교라 비난해도 계엄령을 선포하면서까지 일본과의 국교정상화를 이뤄냈고, 용병이라 비난하고 비인도적이라는 베트남 전쟁에도 파병을 결정했고, 남의 나라 총리한테 가서도 차관을 달라고 애원했던 그런 지도자였다. 국민의 삶의 질을 향상시키는 일이라면 오랜 관행을 깨면서 농어촌의 고리사채를 정리하였고, 기업의 경쟁력을 높이는 일이라면 자본주의 시장경제의 원칙에 역행하면서까지 8·3조치를 밀어붙였다. 이렇게 한 것은 민족중흥이라는 그의 신념 때문이었다. 그의 꿈은 대통령이 아니라 부강한 나라를 만드는 것이었다. 그리고 그 꿈은 현재도 진행 중에 있다.

세계은행(IBRD)의 통계에 따르면 1961년도 한국의 1인당 국민소득은 82달러였다. 당시 전 세계 125개 국가 중 한국은 101번째인 바닥그룹에 속했다. 우간다, 방글라데시, 에티오피아, 토고, 파키스탄 등이 당시 우리와 같은 처지였다. 그 당시 북한은 1인당 국민소득이 320달러로 포르투갈, 브라질의 바로 위인 50위였다. 1인당 국민소득은 1961년 82 달러에서 1979년에는 1,597 달러로 16배 뛰었다. 그리고 1989년에는 5천 달러, 1995년에는 1만 달러 벽을 넘는 기반이 되었다. 2014년 지금은 2만 5천달러에 육박하는, 전 세계의 220개 나라들 중에서 10위권을 넘나드는 나라가 되었다.

로스토우는 서구 선진국이 근대적 산업화에 성공하는 데 걸린 기간을 영국은 131년(1783~1914), 프랑스는 84년(1830~1914),

독일은 74년(1840~1914), 러시아는 72년(1890~1962), 일본은 72년(1880~1952)이 걸렸다고 밝혔다. 반면에 이러한 나라들에 비해 훨씬 뒤늦게 시작한 우리는 불과 20여 년 만에 근대적 산업화에 성공했다.

지금도 박정희 대통령에 대한 평가는 시비가 엇갈리는 상황이다. 찬양하는 자들은 소극적이며 비난하는 자들은 벌떼처럼 달려드는 것이 현실이다.

필자가 이렇게 박 대통령을 변호하고 나선 것은 동시대에 살면서 시대상황을 직접 경험하면서 살아왔고 박 대통령의 의사결정에 대해 때로는 박수를, 때로는 비난을 하면서 살아왔지만 되돌아보면 그분이 아니었다면 오늘 우리가 누리는 이러한 풍요와 자유를 누릴 수 있겠는가 하는 나 나름대로의 판단 때문이다. 그리고 한 지도자의 역사적 평가는 상과 벌을 구분해서 평가되어야 한다는 데 있다.

지금 우리나라는 전 세계의 후진국들이 학습의 모델로 삼으려고 혈안이 되어 있는 나라이다. 한국을 배우겠다고 몰려든 외국 학생들이 10만 명에 육박하는 나라이며 원조 받던 나라에서 원조를 하는 나라가 되었다. 2차 대전 후에 독립한 국가 중에서 가장 경제성장이 높은 나라, 모든 사회 인프라들이 선진국에 도달한 나라, 밤 12시 이후에도 가장 안전하게 돌아다닐 수 있는 나라이며, 인터넷이 가장 빠른 나라, 반도체의 경쟁력이 가장 높은 나라, 첨단 선박을 가장 잘 만드는 나라이다. 그뿐인가? 전 세계 공항중에서 공항의 서비스가 가장 좋은 나라, 국가 행정이 가장 잘되는 나라, 선거 민주주의가 민주주의 본고장보다 더 발전한 나라로 일컬어지는 나라가 바로 대한민국이다.

물론 필자가 제시한 여러 가지 내용에 동의하는 분들도 있을 것이고 그렇지 않은 분들도 있을 것이다. 다만, 박 대통령이 재임 중에 추진한 많은 정책들이 현재도 살아있고 미래를 연결하는 징검다리 역할을 하고 있다는 사실이 중요하다.

강광하 〈경제개발 5개년 계획〉 서울대학교 출판부 2005

공제욱 〈국가와 일상 박정희 시대 중 가정의례의 재편과 균열〉 한울 2008

국가재건최고회의 〈한국군사혁명사〉 한국군사혁명사 편찬위원회 1963

기미야 다다시 〈박정희 정부의 선택〉 후마니타스 2009

김광중 〈경지정리사업의 현황과 문제점에 관한 연구〉 한남대학교 1999

김광희 〈박정희와 개발독재〉 선인 2008

김석야 〈실록 박정희와 김종필, 프로젝트 409, 1997〉

김성진 〈박정희를 말하다, 그의 개혁정치, 그리고 과잉충성〉삶과 꿈 2006

김영섭 외 15인 〈과학대통령 박정희와 리더십〉 (주)엠에스미디어 2010

김용환 〈임자, 자네가 사령관 아닌가〉 매일경제신문사 2002

김인만 〈박정희 일화에서 신화까지〉 서림문화사 2009

김일영 〈건국과 부국〉 기파랑 2010

김정렴 〈한국경제정책30년사〉 중앙일보 · 중앙경제신문사 1990

김종신 〈박정희 대통령과 주변 사람들〉 한국논단 1997

김행선 〈6.25 전쟁과 한국사회 문화변동〉 선인 2009

김회식 〈가정의례준칙의 생활화 실태에 관한 연구〉 공주교대 1984

다니엘 최 〈박정희 다시 태어나다〉 행복우물 2007

대한무역진흥공사 〈한국의 수출〉 1982

루비페인(김우열 역) 〈계층이동의 사다리〉 황금사자 2011

박기석 〈정암유성〉 도서출판 어럼 2005

박정희 〈국가와 혁명과 나〉 지구촌 1997

박정희육영수 연구원 〈We can do, 박정희 리더십〉 2010

백선엽 〈내가 물러서면 나를 쏴라 2,3〉 중앙일보 2010

백영철 〈제2공화국과 한국민주주의〉 나남출판 1996

백영훈 〈아우토반에 뿌린 눈물〉 연암 1997

삼성경제연구소 〈호암의 경영철학〉 삼성경제연구소 1988

서갑영 〈철강왕 박태준 경영이야기〉 한언 2011

송 복 〈위대한 만남 서애 류성룡〉 지식마당 2008

송원영 〈제2공화국〉 샘터 1990.

신국환 〈한국경제의 선택과 도전〉 우신사 1994

신민정 〈한국정부의 화전정리사업 전개과정과 화전민의 실태〉
　　　　경제사학 2011

예종석 〈노블레스 오블리주〉 살림 2009

오원철 〈박정희는 어떻게 경제강국 만들었나〉 동서문화사 2006

육군사관학교팔기생회 〈노병들의 증언〉 군인공제회제일인쇄사업소 1992

이기홍 〈경제근대화의 숨은 이야기〉 1999

이대환 〈세계 최고의 철강인 박태준〉 현암사 2008

이동원 〈브라운 각서와 나의 외무장관 시절, 세대 제8권〉 세대사 1970
　　　　〈대통령을 그리며〉 고려원 1992

이명휘 〈농어촌 고리채 정리사업 연구〉 경제사학회 2009

이병옥 〈농어촌 전화(電化)사업의 현황과 확대방안〉 1970

이병철 〈호암자전〉 중앙일보사 1986

이사벨라 비숍(신복룡 역) 〈조선과 그 이웃 나라들〉 집문당 1897

이완범 〈삼팔선 확정의 진실〉 지식산업사 2001

이완범 〈해방전후사의 인식6〉 한길사 2011
　　　　〈박정희와 한강의 기적〉 선인 2006

이용원 〈제2공화국과 장면〉 범우사 1999

장도영 〈망향〉 숲속의 꿈 2001

전기통신사 편찬위원회 〈한국 전기통신 100년사〉 체신부 1985

전대열 〈전대열의 e-mail 소통 가슴을 뛰게하다〉 성우애드컴 2011

전상근 〈한국의 과학기술정책〉 정우사 1982

전성근 〈경지정리사업의 경제적 효과분석〉 전북대학교 대학원 1999

전진문 〈아일랜드명문오닐가1500년 지속성장의 비밀〉 위즈덤하우스 2009

정광모 〈청와대〉 어문각 1967

정재경 〈박정희 실기〉 집문당 1994

정주영 〈이 땅에 태어나서〉 솔 1998

정태룡 〈박정희는 로맨티스트였다〉 도서출판 청어 2012

조갑제 〈박정희 1~13〉 조갑제닷컴 2008
 　　　〈내 무덤에 침을 뱉어라 2권, 3권, 6권, 8권〉 조선일보사 2001
 　　　〈박정희 결정적 순간들〉 기파랑 2009

조동성 외 〈한국자본주의의 개척자들〉 월간조선사 2004

조이제 · 카터 에커트 〈한국 근대화, 기적의 과정〉 월간조선사 2005

주돈식 〈우리도 좋은 대통령을 갖고 싶다〉 사람과 책 2004

짐콜린스(이무열 역) 〈좋은 기업을 넘어 위대한 기업으로〉 김영사 2002

채명신 〈채명신 회고록, 베트남 전쟁과 나〉 팔복원 2006

최외출 〈과학대통령 박정희와 리더십〉 엠에스디미디어 2010

최용호 〈박정희시대연구의 쟁점과 과제〉 선인 2005

최형섭 〈개발도상국의 공업연구〉 일조각 1976
 　　　〈개발도상국의 과학기술개발 전략〉 보진제 1981

한국농지개발연구소 〈경지정리 사후평가 및 효율적인 추진방안에 관한 연구〉 1997

해외건설협회 〈해외건설협회5년사〉 1982

정성화 외 9인 〈박정희 시대연구의 쟁점과 과제〉 선인 2005

홍하상 〈주식회사 대한민국 CEO박정희〉 국일미디어 2005

황병태 〈박정희 패러다임〉 조선뉴스프레스 2011

황인성 〈돌뫼이에서 돌뫼이로〉 형설Life 2010

동북공정
– 중국의 음모를 분쇄하라

김경도 지음 / 356쪽 / 13,000원

아, 정녕 북한은 중국의 '동북제4성'으로 편입되고야
마는가?
중국의 동북공정 속에 숨겨져 있는 역사왜곡과 영토
확장 음모를 가장 정확히 파헤친 기념비적인 작품!

문화의 벽을 넘어라
–선교와 해외봉사

드와인 엘머 지음 / 김창주 옮김 / 326쪽 / 13,000원

이 책은 선교나 해외봉사에서 필요한 지혜를
가르쳐 줄 뿐만아니라 국제사업 분야에서도
활용될 수 있는 통찰력을 제공한다.

4차원의 세계

유광호 지음 / 신국판 288쪽 / 13,000원

누가 구름을 사라지게 하고 비를 멈추게 하는가?

양자물리학과 양자생물학을 파고 들어서
마침내 밝혀낸 4차원, 그 신비의 세계!

여의도 스티브잡스의
성공10계명

트위터 100만 대군의 신화

국내 트위터 인구가 모두 190만 명이던 2010년 10월, 단일부
서 최초로 무려 100만 팔로워라는 엄청난 대기록을 수립한
하나금융지주 박인규 팀장의 성공비결 공개

우리는 왜 여기에 있는가?

유광호 지음 / 신국판 312쪽 / 올 컬러 / 15,000원

우리의 몸은 137억년 우주의 신비를 고스란히
간직하고 있는 기적, 그 자체이다.
우리가 품는 모든 생각은 그 즉시 온 우주에 공명된다.
이러한 공명(共鳴)의 원리를 이용하면 어떠한 육체의 질병
이라도 치료할 수 있다. 이것이 대자연의 법칙이다.

부부치유학

임종천 지음 / 332 쪽 / 14,000원

가정 치유사역의 전문가인 임종천 목사가 오랜 임상/상
담 결과를 바탕으로 이룩한 부부 관계 개선의 금자탑이자
건강한 가정을 꿈꾸는 사람들에게 선물하는 종합처방전.

가난이 선물한 행복

다니엘 최 지음 / 368쪽 / 11,000원

직장에서의 퇴출, 창업, 사업실패, 극빈층으로의 전락…
갑작스런 환경의 변화를 견디지 못한 아내는 급기야 불륜
의 늪에 빠지고…

슬픔이 밀려올때

컬크 나일리 지음 / 지인성 옮김 / 240쪽 / 12,000원

이제 막 결혼하여 행복한 가정을 이루며 살아가고 있는
아들과 며느리의 삶을 지켜보는 것은 노 목사 부부의 크
나 큰 기쁨이었다. 그러던 어느 날 아들의 갑작스런 죽음
은 그들 가정에 엄청난 충격을 몰고 오는데…

나는 상상한다
고로 창조한다

이 책은 상상하는 능력, 그중에서도 공상이 창조성에 미치는 영향을 분석한 최초의 보고서이다. 저자는 이 책에서 과학, 예술, 스포츠, 비즈니스 분야에서 공상이 어떻게 성적을 끌어올리고 생산성을 향상시켰는지를 풍부한 예를 들어가면서 자세히 설명하고 있다. 앞으로의 시대는 단 한방의 창조적 상상이 100만 명을 먹여 살리는 시대가 될 것이다.

에이미 프라이스 지음 | 박인규·최우수 옮김 | 320쪽 | 15,000원

여우사냥

다니엘 최 지음 / 반양장 368쪽 / 각권 13,000원

제1권　조선의 왕비를 제거하라

제2권　원수 찾아 삼만리

이 책은 명성황후 시해사건의 핵심 3인방인 이노우에 가오루, 미우라 고로, 그리고 이토 히로부미의 젊은 시절을 추적함으로써 그들과 이 사건의 연관관계를 파헤친다.

나는 자랑스런
흉부외과 의사다

한전병원 김응수 (전)원장의 흉부외과 이야기. 삶과 죽음이 교차하는 응급실. 그 긴박한 순간에 적나라하게 드러나는 환자, 환자가족, 그리고 의료진들의 생생하고도 가슴 뭉클한 이야기들.

김응수 지음 | 280쪽 | 12,000원

악마의 계교

무신론의 과학적 위장 – 신은 만들어지지 않았다!

데이비드 벌린스키 지음 / 현승희 옮김 / 양장 254쪽 / 16,500원

이 책은 무신론 과학자들의 억지 주장 속에 숨겨져 있는 허구들을 낱낱이 들추어낸다. 그리고 그들의 공격으로 인해 고통당하고 있는 수백만의 믿는 사람들에게 자신감을 갖게 해 준다.